谨以此书

献给亲爱的父母，您们的儿子自立了
献给未来的妻子，这家伙正在向一个好丈夫的方向努力
献给未来的孩子们，我爱你们！

呈现一种掌握 WPF 的轻松方式

分享一个微软技术粉丝的治学精神!

深入浅出 WPF

刘铁猛 著

谨以此书,呈现一种掌握WPF的轻松方式,分享一个微软技术粉丝的治学精神

深入之美
精辟分析WPF源代码,洞察功能背后隐藏的深刻设计理念

浅出之美
最浅显的生活案例,融化最抽象的高级概念

分离之美
掌握UI与逻辑如何真正分离,享受变与不变的快感

自然之美
全新的数据驱动UI理念,让数据重归核心地位

感观之美
强大的图形引擎,实现绝对震撼的UI视觉

中国水利水电出版社
www.waterpub.com.cn

内 容 提 要

WPF 是微软新一代开发技术，涵盖了桌面应用程序开发、网络应用程序开发和移动应用程序开发，是微软开发技术未来十年的主要方向。

本书的内容分为两大部分。第一部分是学习 WPF 开发的基础知识，包括 XAML 语言的详细剖析、WPF 控件的使用、用户界面布局的介绍。第二部分是作为优秀 WPF 程序员所应掌握的知识，包括依赖对象和数据关联、路由事件与命令、数据模板与控件模板、绘图与动画等。

本书作者具有多年 WPF 开发经验，历经多个大型项目，现任微软（美国）下载中心项目组高级开发工程师。本书是作者多年来学习和使用 WPF 的经验总结。

本书包含了众多 WPF 面试点，作者凭借书中的知识顺利通过微软（美国）的面试。

图书在版编目（CIP）数据

深入浅出WPF / 刘铁猛著. -- 北京：中国水利水电出版社，2010.7（2025.9重印）
ISBN 978-7-5084-7635-3

Ⅰ. ①深… Ⅱ. ①刘… Ⅲ. ①窗口软件，Windows Vista—用户界面—程序设计 Ⅳ. ①TP316.7

中国版本图书馆CIP数据核字(2010)第120800号

策划编辑：周春元　　　责任编辑：杨元泓　　　封面设计：李　佳

书　　名	深入浅出 WPF
作　　者	刘铁猛　著
出版发行	中国水利水电出版社 （北京市海淀区玉渊潭南路 1 号 D 座　100038） 网址：www.waterpub.com.cn E-mail：mchannel@263.net（答疑） 　　　　sales@mwr.gov.cn 电话：（010）68545888（营销中心）、82562819（组稿）
经　　售	北京科水图书销售有限公司 电话：（010）68545874、63202643 全国各地新华书店和相关出版物销售网点
排　　版	北京万水电子信息有限公司
印　　刷	三河市鑫金马印装有限公司
规　　格	184mm×240mm　16 开本　19 印张　437 千字
版　　次	2010 年 7 月第 1 版　2025 年 9 月第 17 次印刷
印　　数	33501—35500 册
定　　价	45.00 元

凡购买我社图书，如有缺页、倒页、脱页的，本社营销中心负责调换

版权所有·侵权必究

写作缘起

本书的写作缘起几年前我学习 WPF。因为我是从 Windows Forms 开发转来做 WPF 开发的,学习过程中遇到很多新概念、新特性,其中包括 Data Binding、路由事件、命令、各种模板等。我的工作风格是对于每个新知识,一定先把它理解透彻、搞明白再应用于项目中,不然总感觉使用起来不放心,于是就对照已有的英文书籍和 MSDN 逐一研究这些知识点。每有所得,都喜欢写成博客发表在网上,一来供大家学习参考,二来做一个积累、防止以后遗忘。博客发表之后收到很多读者的反馈和鼓励,大家希望我能把这些文章编撰成册、形成一本学习教材,于是我下决心开始写这本书。这本书的名字也就随了系列博客文章的名字——《深入浅出 WPF》。

之所以叫"深入浅出",原因有两个。名为"深入",是想把 WPF 也诠释一番,所以书中的每个例子都有可供剖析的实例,对于一些重要概念,我通过分析 WPF 的源代码给予阐述(.NET Framework 的部分源代码是向开发人员开放的,其中就包含 WPF 的源代码)。名为"浅出",是因为几乎每个概念我都会用生活中浅显易懂的例子进行类比,让读者可以轻松理解,降低学习抽象知识的痛苦。

为本书起这个名字,也是出于我对《深入浅出 MFC》这本书的景仰之情。我刚刚开始学编程的时候正是 MFC 流行的年代,《深入浅出 MFC》这本书给我的学习风格打下了深深的烙印。其中对我影响最深刻的,一个是它对 MFC 源码的分析,另一个是"勿在浮沙筑高台"、凡事必究其理的探索精神。在后来的近十年工作中,分析和学习微软开发框架的源码成为我工作的方法论。本书中包含了一些对 WPF 源码的分析,帮助大家对 WPF 有个透彻的理解。我以《深入浅出 MFC》一书为准绳和鞭策自己的力量,希望能为大家奉上一本有用的好书。

写博客容易,写书难。写博客,内容上可以不那么连贯、不太严谨,写书就不一样了,要求每个知识点都要仔细琢磨、谨慎下笔,经常是写了满满一篇之后感觉不满意又删掉重来,直到我认为初级读者也能顺畅理解为止。多少个不眠之夜就是在这种字斟句酌中转瞬即逝,一年下来,头上也冒出了很多白发。我想,既然写书,那就要把自己的心血奉献给读者,这样才对得起读者也对得起自己。

本书并不是一本大而全的 WPF 宝典,而是 WPF 在实际工作中用到最多的部分。所以在"轻松幽默、深入浅出"的风格基础上,本书力求实用。写书的过程其实也是对 WPF 进行深耕的过程,本书写作过半时,我偶然获得一个机会可以参加微软的一个开发项目,面试我的是美国微软的一位高级项目经理(现在是我的老板),面试的内容就是 WPF 开发。我基本上都是用书中的原话作答,十分顺利——我获得了来美国工作的机会,目前负责微软下载中心管理工具的开发。我想,这也算是对本书内容的一次检验,衷心希望大家在学习完这本书中的内容后也能在自己的职业发展上获得进步。

毕竟我的水平有限,尽管下力气去写但还是感觉很粗浅;有些知识超出微软官方文档的覆盖,我也融入一点自己的判断,对 WPF 源码的阅读也是在探索中前行,所以,书中疏漏之处再所难免。希望大家能够多多给予宽容并提出宝贵的建议。我将在本书的后续版本中不断丰富内容、修改错误,让这本书成为一本"活书"、一直为大家服务下去。本书的纠错及更正将发布在 http://www.cnblogs.com/prism。我的 MSN 是 wpfgeek@live.com,期待与热爱 WPF 技术的朋友共同学习和探讨。

II

WPF 之 What & Why

自古以来，生产工具就代表着生产力的先进程度——生产力的发展要求人们不断研发出新的生产工具，新生产工具的诞生又使生产效率出现飞跃。作为劳动生产的一种，计算机软件开发也需要工具，随着程序员们手中的工具越来越强大，软件开发的效率和质量也越来越高。善于学习和掌握新工具、新技术的程序员们也总是能得到更多的实惠。

微软 Windows 操作系统成功推出已有十多年，在 Windows 系统平台上从事图形用户界面（Graphic User Interface，GUI）程序开发的程序员数不胜数。GUI 程序员们手中的开发工具历经了 Win32 API→MFC（及同类产品）→ActiveX/COM/Visual Basic→Windows Forms 的变迁，每一次变迁都使开发效率和质量产生飞跃。从 2007 年开始，微软推出了它的新一代 GUI 开发工具 Windows Presentation Foundation（直译为 Windows 表示基础，WPF），并且把 WPF 定为未来十年 Windows 平台 GUI 开发的主要技术。时至今日，不但 Windows Vista、Windows 7、Windows Server 2008、Windows Server 2008 R2 等系统已经无缝集成了 WPF，连 Visual Studio 2010 等重要产品业已使用 WPF 进行开发。可见微软在 WPF 技术方面的务实精神与决心。

什么是 WPF

WPF 是 Windows Presentation Foundation 的简称，顾名思义是专门用来编写程序表示层的技术和工具。

WPF 是做什么用的呢？让我们从分析一个客户的需求开始，解答这个问题。经常会有一些朋友找我写项目，有一次，一家医疗单位的技术主管找到我说："你能不能用 WPF 为我们开发一套管理系统呀？"其实，这就是一个对 WPF 的典型误解。误解在何处呢？主要是没有弄清 WPF 的功用。当今的程序，除了一些非常小巧的实用工具外，大部分程序都是多层架构的程序。一提到多层架构，一般就至少包含 3 层：数据层、业务逻辑层和表示层（它们的关系如图 1 所示）。

这 3 层的功能大致如下：

- 数据层：用于存储数据，多由数据库构成，有时候也用数据文件能辅助存储数据。比如医院的药品列表、人员列表、病例列表等都存储在这一层。
- 业务逻辑层：用于根据需求使用计算机程序表达现实的业务逻辑。比如哪些医生可以给哪些病人看病，从挂号到取药都有什么流程，从住院到出院有哪些流程，都可以由这层来实现。这一层一般会通过一组服务（Service）向表示层公开自己的各个功能。因为这一层需要与数据层进行交互，所以经常会划分出一个名为"数据访问层"（Data Access Layer，DAL）的子层专门负责数据的存取。

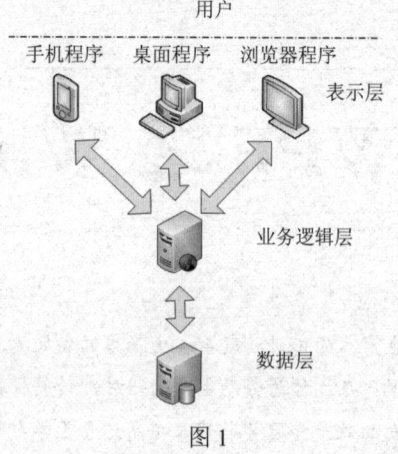

图 1

- 表示层：负责把数据和流程展示给用户看。对于同一组来自业务逻辑层的数据，我们可以选择多种表达方式。比如对于同一张药品单，如果想以短信的形式发送给药房，可以以一串字符的形式来表达；如果客户想打印药品单的详细内容，可以以表格的形式来表达；如果客户想直观地看到每种药品占总价格的比例，我们可以使用饼图来表达。除了用于表示数据，表示层还负责展示流程、响应用户操作等。而且，表示层程序并不拘泥于桌面程序，很多表示层程序都运行在手机或浏览器里。表示层程序也常被称为客户端程序。

WPF 的功能就是用来编写应用程序的表示层，至于业务逻辑层和数据层的开发也有专门的新技术。比如业务逻辑层的新技术是 WCF（Windows Communication Foundation）和 WF（Windows Workflow Foundation）。微软平台上用于开发表示层的技术不算少，包括 WPF、Windows Forms、ASP.NET、Silverlight 等。换句话说，无论使用哪种技术作为表示层技术，程序的逻辑层和数据层都是相同的。所以"使用 WPF 开发管理系统"这个提法是不对的。

WPF 与 Silverlight 的关系

目前，.NET 开发人员学习 WPF 的回报是相当高的，原因是几乎整个微软新一代开发框架都能看到 WPF 的影子。微软的新一代开发技术框架包括 Windows Presentation Foundation（WPF）、Windows Communication Foundation（WCF）和 Windows Workflow Foundation（WF，据说因为与 World Wildlife Fund 的缩写 WWF 冲突了，所以去掉了一个 W）。本书无疑是讲 WPF，而 WCF 的用途是编写分布式应用程序的业务逻辑层，并以网络服务的形式暴露给客户端的服务消费者，基于 WCF 和 Entity Framework 的 WCF Data Service 和 WCF RIA Service 是微软迄今最佳的数据访问层，而这一数据访问层的最佳消费者就是 WPF 和 Silverlight。所以，学习 WPF 技术可以为 WCF 的学习锦上添花。WF 的主要作用是设计工作流，而设计工作流的编程语言正是 WPF

中的界面设计语言——XAML，也就是说，学习完 WPF，WF 也会了一小半。

如果说学会 WPF 后 WF 算是会了一小半，那么学习完 WPF 后，Silverlight 可以算是会了 80%，为什么这么说呢？因为微软原本就定义 Silverlight 是 WPF 的一个子集、是 WPF 的 "网络版"（Silverlight 的开发代号是 WPF/E，意为 WPF 简化版）。为了让 WPF 在浏览器里跑起来，微软所做的事情就是在技术理念不变的情况下对 WPF 进行 "瘦身"——去掉一些不常用的功能、简化一些功能的实现，对多组实现同一目的的类库进行删减、只保留一组，再添加一些网络通信的功能。通过下表，我们就能看到 Silverlight 与 WPF 的技术重叠率之高：

技术项目	在 WPF 中	在 Silverlight 中
XAML 语言	完整	完整
控件	完整	完整
布局	完整	完整
Binding	完整	基本完整
依赖属性	完整	基本完整
路由事件	完整	简化
命令	完整	无
资源	完整	完整
控件模板	完整	基本完整
数据模板	完整	基本完整
绘图	完整	完整
2D/3D 动画	完整	简化

如今 Silverlight 炙手可热的另一个原因是微软新一代手机平台 Windows Phone 7 也采用它来作为开发平台（此前的 Windows Mobile 系统使用的是简化版的 Windows Forms 开发平台）。Windows Phone 7 中运行的 Silverlight 与浏览器中运行的 Silverlight 别无二致，因此学习完 WPF 之后连手机平台上的程序也会写了。

所以说学习 WPF 是 "一本万利" 的投资，一点也不过分。

为什么要学习 WPF

有的朋友会问：既然已经有这么多表示层技术，为什么还要推出 WPF 技术呢？我们花精力学习 WPF 技术有什么收益和好处呢？这个问题可以从两方面来回答。

首先，只要开发表示层程序就不可避免地要与 4 种功能性代码打交道，它们分别是：

- 数据模型：现实世界中事物和逻辑的抽象。
- 业务逻辑：数据模型之间的关系与交互。
- 用户界面：由控件构成的、与用户进行交互的界面，用于把数据展示给用户并响应用户的输入。

- 界面逻辑：控件与控制之间的关系与交互。

这 4 种代码的关系如图 2 所示。

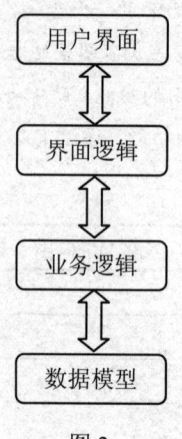

图 2

在保持代码可维护性的前提下，如何让数据能够顺畅地到达界面并灵活显示，同时方便地接收用户的操作历来都是表示层开发的核心问题。为此，人们研究出了各种各样的设计模式，其中有经久不衰的 MVC（Model-View-Controler）模式、MVP（Model-View-Presenter）模式等。在 WPF 出现之前，Windows Forms、ASP.NET（Web Forms）等技术均使用"事件驱动"理念，这种由"事件→订阅→事件处理器"关系交织在一起构成的程序，尽管可以使用 MVC、MVP 等设计模式，但一不小心就会使界面逻辑和业务逻辑纠缠在一起，造成代码变得复杂难懂，bug 难以排除。而 WPF 技术则是微软在开发理念上的一次升级——由"事件驱动"变为"数据驱动"。

事件驱动时代，用户每进行一个操作用会激发程序发生一个事件，事件发生后，用于响应事件的事件处理器就会执行。事件处理器是一个方法（函数），在这个方法中，程序员可以处理数据或调用别的方法，这样，程序就在事件的驱动下向前执行了。可见，事件驱动时代的数据是静态的、被动的；界面控件是主动的、界面逻辑与业务逻辑之间的桥梁是事件。而数据驱动正好相反，当数据发生变化时，会主动通知界面控件、推动控件展示最新的数据；同时，用户对控件的操作会直接送达数据，就好像控件是"透明"的。可见，在数据驱动理念中，数据占据主动地位、控件和控件事件被弱化（控件事件一般只参与界面逻辑，不再染指业务逻辑，使程序复杂度得到有效控制）。WPF 中，数据与控件的关系就是哲学中内容与形式的关系——内容决定形式所以数据驱动界面，这非常符合哲学原理。数据与界面之间的桥梁是数据关联（Data Binding），通过这个桥梁，数据可以流向界面，再从界面流回数据源。

简而言之，WPF 的开发理念更符合自然哲学的思想（除了 Data Binding 之外，还有 Data Template 和 Control Template 等，本书都将着力描述）。使用 WPF 进行开发较之 Windows Forms 开发要简单，程序更加简洁清晰。

其次，微软已经把 WPF 的理念扩展到了几乎全部开发平台，包括桌面平台、浏览器平台和手机平台。WPF 的完整版可用于在 Windows 平台上开发桌面应用程序(这些桌面应用程序也可以运行在浏览器中); WPF

的"简化版",也就是Silverlight,不但可以用于编写运行在浏览器中富客户端程序(Rich Internet Application),也可以用于编写运行于微软最新手机平台Windows Phone 7中的程序。所有这些程序的开发理念都是一样的,仅在类库方面有细微的差别,也就是说,学会WPF开发、Silverlight开发和Windows Phone 7开发均可触类旁通。所以学习WPF的发展前景非常好、回报很大,投入些精力是非常值得的。

最后,为大家提供一个微软官方集动画和效果为一体的实例,photoSuru。下载地址是:http://windowsclient.net/appfeeds/SubscriptionCenter/Gallery/photosuru.aspx。

致 谢

本书的出版要感谢中国水利水电出版社万水分社的周春元编辑。在整个成书过程中，春元兄一直保持着极大的耐心，总是给予我真诚的支持和鼓励。记得有一次，我对自己的技术水平不够自信，春元兄问我："你为什么要写这本书？"我说是想为学习 WPF 的朋友做点事情、对中国的 IT 行业做点推动。春元兄说："是啊！所以只要你尽心尽力、把真知奉献给读者，就已经是在帮助大家学习、实现自己的理想了。至于书是不是好卖，这个不用担心，只要是好书，就算赔着钱我们也要出、也要卖。"当我思路枯竭的时候，春元兄从来没有以稿期为由催过我，只是鼓励我让我静下心来慢慢写；春元兄也从来没有要求我为迎合销售而对书稿做丝毫改动，是春元兄帮助我保证了这本书是一本没有铜臭、不掺杂名利的书。

最让我感动的是，为了保证本书的质量，春元兄作为一个非计算机编程人士竟然通读了整本书、几乎弄懂了 WPF 的所有概念，最后提出了很多非常宝贵的意见和见解，有些意见甚至精确到一个词或一个字母的使用。

成书过程中与我直接沟通的是春元兄，但站在春元兄背后的是一个完整的编辑团队——他们默默无闻地工作着，保证书籍以最快的速度、最优雅的阅读体验、最精美的印刷与读者们见面。在此，向杨元泓、胡海家、陈洁等编辑朋友致以真诚的感谢。

我之所以能成为程序员、成为技术作者，首先要感谢我的父母，是他们培养我勤于动手、乐于思考、善于表达。刘晓林先生是我的计算机启蒙老师，如果没有他带我从 DOS 学起，很难想象我会成为一名程序员。初中的李全兴老师和高中的郭惠清老师是两位对我影响最大的语文老师，没有二位老师在写作方面的指导和帮助，别说是写书，恐怕写作文都成问题。一路走来，有良师，还有益友——刘扬、张博、谢志威、常诚等，他们不但是在计算机学习方面对我帮助最大的朋友，也是我的知心朋友，在此，对你们表示衷心的感谢，愿友谊长青！

在成长过程中，无数的朋友帮助过我、引导过我，众多的领导关心我、鼓励我，在此一并表示感谢。如今的我已经懂得在平和中稳步前行，而在此之前，很多前进的动力则来源于挫折和挑战，对曾经的挫折与挑战，我也表示深深的感谢——感谢你们让我思考、成长和成熟。

刘铁猛
2010 年 6 月 18 日
于 Redmond，Microsoft Building Mil-E

目 录

写作缘起
WPF 之 What & Why
致谢

第一部分　深入浅出话 XAML

第 1 章　XAML 概览 ·········· 2
- 1.1　XAML 是什么 ··········· 2
- 1.2　XAML 的优点 ··········· 3

第 2 章　从零起步认识 XAML ·········· 5
- 2.1　新建 WPF 项目 ··········· 5
- 2.2　剖析最简单的 XAML 代码 ··········· 8

第 3 章　系统学习 XAML 语法 ·········· 14
- 3.1　XAML 文档的树形结构 ··········· 14
- 3.2　XAML 中为对象属性赋值的语法 ··········· 17
  - 3.2.1　使用标签的 Attribute 为对象属性赋值 ··········· 18
  - 3.2.2　使用 TypeConverter 类将 XAML 标签的 Attribute 与对象的 Property 进行映射 ··········· 19
  - 3.2.3　属性元素 ··········· 21
  - 3.2.4　标记扩展（Markup Extensions） ··········· 24
- 3.3　事件处理器与代码后置 ··········· 26
- 3.4　导入程序集和引用其中的名称空间 ··········· 28
- 3.5　XAML 的注释 ··········· 30
- 3.6　小结 ··········· 30

第 4 章　x 名称空间详解 ·········· 31
- 4.1　x 名称空间里都有什么 ··········· 31
- 4.2　x 名称空间中的 Attribute ··········· 32
  - 4.2.1　x:Class ··········· 32
  - 4.2.2　x: ClassModifier ··········· 33
  - 4.2.3　x: Name ··········· 34
  - 4.2.4　x:FieldModifier ··········· 36
  - 4.2.5　x:Key ··········· 36
  - 4.2.6　x:Shared ··········· 38
- 4.3　x 名称空间中的标记扩展 ··········· 38
  - 4.3.1　x:Type ··········· 38
  - 4.3.2　x:Null ··········· 40
  - 4.3.3　标记扩展实例的两种声明语法 ··········· 42
  - 4.3.4　x:Array ··········· 42
  - 4.3.5　x:Static ··········· 44
- 4.4　XAML 指令元素 ··········· 45
- 4.5　小结 ··········· 46

第 5 章　控件与布局 ·········· 47
- 5.1　控件到底是什么 ··········· 47
- 5.2　WPF 的内容模型 ··········· 49

5.3 各类内容模型详解 ·············· 51
　5.3.1 ContentControl 族 ············· 51
　5.3.2 HeaderedContentControl 族 ···· 52
　5.3.3 ItemsControl 族 ·············· 53
　5.3.4 HeaderedItemsControl 族 ····· 57
　5.3.5 Decorator 族 ················· 57
　5.3.6 TextBlock 和 TextBox ········ 58
　5.3.7 Shape 族元素 ················ 58
　5.3.8 Panel 族元素 ················· 58
5.4 UI 布局（Layout） ·············· 59
　5.4.1 布局元素 ···················· 59
　5.4.2 Grid ························ 61
　5.4.3 StackPanel ·················· 70
　5.4.4 Canvas ····················· 71
　5.4.5 DockPanel ··················· 72
　5.4.6 WrapPanel ·················· 74
5.5 小结 ··························· 75

第二部分 游历 WPF 内部世界

第 6 章 深入浅出话 Binding ········ 80
6.1 Data Binding 在 WPF 中的地位 ··· 81
6.2 Binding 基础 ···················· 82
6.3 Binding 的源与路径 ·············· 87
　6.3.1 把控件作为 Binding 源与 Binding
　　　 标记扩展 ···················· 87
　6.3.2 控制 Binding 的方向及数据更新 ··· 88
　6.3.3 Binding 的路径（Path） ······ 89
　6.3.4 "没有 Path" 的 Binding ······ 92
　6.3.5 为 Binding 指定源（Source）的
　　　 几种方法 ···················· 93
　6.3.6 没有 Source 的 Binding——使用
　　　 DataContext 作为 Binding 的源 ··· 94
　6.3.7 使用集合对象作为列表控件的
　　　 ItemsSource ················· 98
　6.3.8 使用 ADO.NET 对象作为
　　　 Binding 的源 ················ 102
　6.3.9 使用 XML 数据作为 Binding 的源 ·· 105
　6.3.10 使用 LINQ 检索结果作为
　　　　Binding 的源 ··············· 109
　6.3.11 使用 ObjectDataProvider 对象
　　　　作为 Binding 的 Source ······ 111
　6.3.12 使用 Binding 的 RelativeSource ·· 116
6.4 Binding 对数据的转换与校验 ···· 120
　6.4.1 Binding 的数据校验 ········· 120
　6.4.2 Binding 的数据转换 ········· 123
6.5 MultiBinding（多路 Binding） ··· 128
6.6 小结 ·························· 131

第 7 章 深入浅出话属性 ·········· 132
7.1 属性（Property）的来龙去脉 ···· 132
7.2 依赖属性（Dependency Property） ··· 136
　7.2.1 依赖属性对内存的使用方式 ··· 136
　7.2.2 声明和使用依赖属性 ········· 137
　7.2.3 依赖属性值存取的秘密 ······· 143
7.3 附加属性（Attached Properties） ·· 148

第 8 章 深入浅出话事件 ·········· 155
8.1 近观 WPF 的树形结构 ·········· 155
8.2 事件的来龙去脉 ················ 157
8.3 深入浅出路由事件 ·············· 160
　8.3.1 使用 WPF 内置路由事件 ····· 160
　8.3.2 自定义路由事件 ············· 164
　8.3.3 RoutedEventArgs 的 Source 与
　　　 OriginalSource ·············· 169
　8.3.4 事件也附加——深入浅出
　　　 附加事件 ··················· 171

第 9 章 深入浅出话命令 ·········· 175
9.1 命令系统的基本元素与关系 ····· 176
　9.1.1 命令系统的基本元素 ········ 176

9.1.2　基本元素之间的关系 ················ 176
　9.1.3　小试命令 ···························· 177
　9.1.4　WPF 的命令库 ····················· 180
　9.1.5　命令参数 ···························· 180
　9.1.6　命令与 Binding 的结合 ············ 182
9.2　近观命令 ···································· 183
　9.2.1　ICommand 接口与
　　　　 RoutedCommand ················· 183
　9.2.2　自定义 Command ·················· 186
第 10 章　深入浅出话资源 ···················· 192
10.1　WPF 对象级资源的定义与查找 ········· 192
10.2　且"静"且"动"用资源 ················· 195
10.3　向程序添加二进制资源 ··················· 196
10.4　使用 Pack URI 路径访问二进制资源 ···· 199
第 11 章　深入浅出话模板 ···················· 202
11.1　模板的内涵 ································ 202
11.2　数据的外衣 DataTemplate ············· 205
11.3　控件的外衣 ControlTemplate ········· 214
　11.3.1　庖丁解牛看控件 ··················· 215
　11.3.2　ItemsControl 的 PanelTemplate ······ 220
11.4　DataTemplate 与 ControlTemplate 的
　　　关系与应用 ······························· 221
　11.4.1　DataTemplate 与 ControlTemplate
　　　　　的关系 ······························ 221
　11.4.2　DataTemplate 与 ControlTemplate
　　　　　的应用 ······························ 223
　11.4.3　寻找失落的控件 ··················· 230
11.5　深入浅出话 Style ························· 236
　11.5.1　Style 中的 Setter ··················· 236
　11.5.2　Style 中的 Trigger ················· 237
第 12 章　绘图和动画 ························· 244
12.1　WPF 绘图 ································· 245
12.2　图形的效果与滤镜 ······················· 263
　12.2.1　简单易用的 BitmapEffect ········ 263
　12.2.2　丰富多彩的 Effect ················· 264
12.3　图形的变形 ································ 267
　12.3.1　呈现变形 ··························· 268
　12.3.2　布局变形 ··························· 270
12.4　动画 ·· 272
　12.4.1　简单独立动画 ····················· 272
　12.4.2　场景 ································· 285

第一部分 深入浅出话 XAML

1

XAML 概览

1.1 XAML 是什么

自人类社会诞生,社会分工就在不断地进行着。从原始社会畜牧业与农业分离到当今数以万计行业的存在,无不是社会分工的杰作。社会分工的意义在于它能使从事固定工作的人群更加专业化,并通过合作的形式提高生产效率。换句话说,在合作不是问题的情况下,若干群专业人士配合工作要比同等数量的一群"大而全"人士的工作效率高。

这种分工与合作的关系不仅存在于行业之间,也存在于行业内部。软件开发中最典型的分工合作就是设计师(Designer)与程序员(Programmer)之间的协作。在 WPF 出现之前,协作一般是这样展开的:

(1)需求分析结束后,程序员对照需求设计一个用户界面(User Interface,UI)的草图,然后把精力主要放在实现软件的功能上。

(2)与此同时,设计师们对照需求、考虑用户的使用体验(User Experience,UX)、使用专门的设计工具(比如 Photoshop)设计出优美而实用的 UI。

(3)最后,程序员按照设计师绘制的效果图,使用编程语言实现软件的 UI。

经验告诉我们,即便是优秀的设计师团队和优秀的开发团队合作,花费在沟通和最终整合上的精力也是巨大的。经常出现的问题有:

- 设计师的设计跟不上程序逻辑的变化。
- 程序员未能完全实现设计师提供的效果图。
- 效果图与程序功能不能完全匹配。
- 从效果图到软件 UI 的转化耗费很多时间。

这些并不是谁对谁错的问题——只要存在分工,合作的成本就不可能为零。问题的核心在于,设计师与程序员的合作是"串行"的,即先由设计师完成效果图、再由程序员通过编程实现。如果设计师能与程序员"并行"工作并直接参与到程序的开发中来，上述问题就解决了。

解决方案是什么呢？是让设计师们使用编程语言来设计 UI 效果图，还是让程序员们使用 Photoshop 来开发程序？显然都行不通。

网络程序开发团队的经验倒是很值得借鉴：草图产生后，设计师们可以使用 HTML、CSS、JavaScript 直接生成 UI，程序员则在这个 UI 产生的同时实现它背后的功能逻辑。在这个并行的合作中，设计师们可以使用 Dreamweaver 等设计工具，程序员使用 Visual Studio 来进行后台编程。有经验的设计师和程序员往往还具备互换工具的能力，使得他们能基于 HTML+CSS+JavaScript 这个平台进行有效的沟通。

为了把这种开发模式从网络开发移植到桌面开发和富媒体网络程序的开发上，微软创造了一种新的开发语言——XAML（读作 zaml）。XAML 的全称是 Extensible Application Markup Language，即可扩展应用程序标记语言。它在桌面开发及富媒体网络程序的开发中扮演了 HTML+CSS+JavaScript 的角色、成为设计师与程序员之间沟通的枢纽。

现在，设计师和程序员们一起工作、共同维护软件的版本，只是他们使用的工具不同——设计师们使用 Blend（微软 Expression 设计工具套件中的一个）来设计 UI，程序员则使用 Visual Studio 开发后台逻辑代码。Blend 使用起来很像 Photoshop 等设计工具，因此可以最大限度地发挥出设计师的特长。使用它，设计师不但可以制作出绚丽多彩的静态 UI，还可以让 UI 包含动画——虽然程序员们也能做出这些东西，但从专业性、时间开销以及技术要求上显然是划不来的。更重要的是，这些绚丽的 UI 和动画都会以 XAML 的形式直接保存进项目，无需转化就可以直接编译，节省了大量的时间和成本。

> **注意**
>
> 下次，当你在面试被问到"什么是 XAML"时，你可以回答：XAML 是 WPF 技术中专门用于设计 UI 的语言。

1.2 XAML 的优点

前面一节已经向我们透露了 XAML 的几个优点：
- XAML 可以设计出专业的 UI 和动画——好用。
- XAML 不需要专业的编程知识，它简单易懂、结构清晰——易学。
- XAML 使设计师能直接参与软件开发，随时沟通、无需二次转化——高效。

然而，XAML 这位翩翩君子的才华可远不止这些。

自从应用程序从控制台界面（Console User Interface，CUI）升级为图形用户界面（Graphic User Interface，GUI）后，程序员们就一直追求将视图（View，也就是 UI）与逻辑代码的分离。以往的开发模式中，程序员很难保证用来实现 UI 的代码完全不与用来实现程序逻辑的代码纠缠在一起。UI 代码与逻辑代码纠缠在一起称为 UI 与逻辑的紧耦合，它往往带来以下的后果：
- 无论是软件的功能还是 UI 设计有所变化或者是出了 bug，都将导致大量代码的修改。

- 会让逻辑代码更加难以理解——修改往往比重写更困难，因为在修改之前必须先读懂。
- 重用逻辑代码变成了 Mission Impossible。

　　XAML 另一个巨大的优点就是：它帮助开发团队真正实现了 UI 与逻辑的剥离。XAML 是一种单纯的声明型语言，也就是说，它只能用来声明一些 UI 元素、绘制 UI 和动画（在 XAML 里实现动画是不需要编程的），根本无法在其中加入程序逻辑，这就强制地把逻辑代码从 UI 代码中赶走了。这样，与 UI 相关的元素统统集中在程序的 UI 层、与逻辑相关的代码统统集中在程序逻辑层，形成了一种"高内聚－低耦合"的结构。形成这种结构后，无论是对 UI 进行较大改动还是打算重用底层逻辑，都不会花费太大力气。这就好比有一天你给 A 客户做了一个橘子，A 客户很喜欢；A 客户把你的产品介绍给了 B 客户，B 客户很喜欢橘子味道，但希望它看上去像个香蕉——这时候，你只需要把橘子皮撕下来、换一套香蕉皮即可。只需很少的成本就可以获得与先前一样大的收益（对于软件的"换肤"行为，WPF 提供了丰富的 Template 功能，将在后面详述）。

2 从零起步认识 XAML

尽管在命令行模式下直接使用编译器把 XAML 文件编译成程序,能够让我们更加清晰地欣赏 XAML 代码,但我一直不认为那是一种对待初学者足够"友好"的方式。更何况 XAML 本来就是为了"可视化"UI 设计准备的,我们何必再"蒙上眼睛"编程、自己折磨自己呢?因此,还是让我们在 Visual Studio 2008(简称 VS 2008)里开始 XAML 之旅吧!

2.1 新建 WPF 项目

在新建项目之前,先让我们看看什么是"项目模板"。在 Visual Studio 2008 中,当你使用 File→New→Project 菜单命令时,会弹出如图 2-1 所示的窗口。

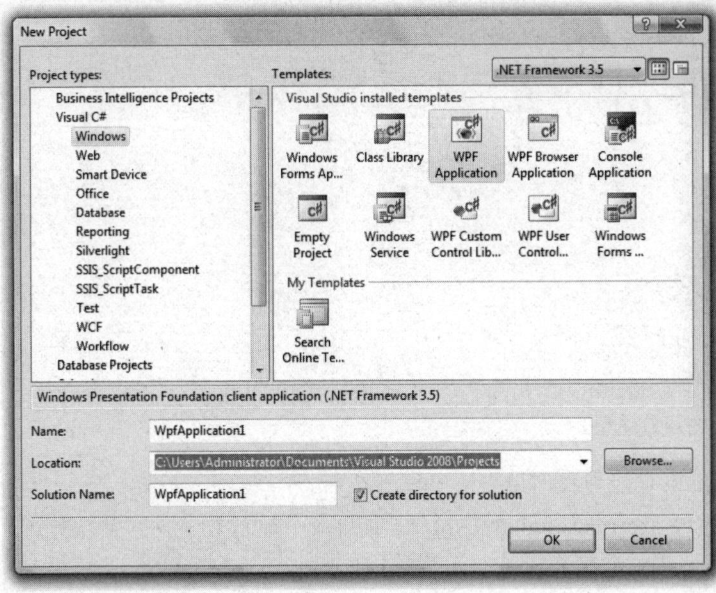

图 2-1 项目模板窗口

这个窗口就是项目模板窗口（也有人称之为"新建项目向导"窗口）。模板（Template）也就是"模具"和"样板"。项目模板，意思是说你选择使用哪个模板，写出来的就是哪种程序。为什么要使用项目模板呢？大家知道，为了满足用户的各种需求，能在 Windows 上运行的程序种类能达到数十种之多。想要得到一个程序，首先要由程序员使用编程语言编写出源代码，然后再使用编译器将源代码编译成成品程序。编译器也是一个程序，它的职责就是把源代码编译成目标程序。在编译过程中，编译器会根据它获得的指令，把源代码编译成相应种类的程序。就拿 C#语言的编译器来说，同样一段代码，如果在编译时使用了/t:exe 参数，那么将编译出一个命令行程序（Console Application），如果把/t:exe 换成/t:winexe，则编译结果是一个图形用户界面程序（GUI Application），如果把/t:winexe 换成/t:library，则编译结果是一个动态链接库（Dynamic Link Library，DLL）。

C#的编译器有几十个参数，每种应用程序都有相应的编译参数，这还不算有些种类的应用程序需要在源代码中进行相应的配置（如需要哪些文件和文件夹、代码的基本格式是什么样）。如果每次写程序都让程序员手动配置这些参数和初始设置，那开销就太大了，因此，VS 2008 准备了对应各种应用程序的模板。所以，当你选择了哪个模板，实际上就是 VS 2008 自动配置好了编译器的参数并准备好了一套基本的源代码。

了解了什么是项目模板，就可以动手写第一个 WPF 程序了。从项目模板里选择 WPF Application，并在窗口下部 Name 文本框里填写 MyFirstWpfApplication，然后单击 OK 按钮，一个基本的 WPF 项目就创建好了。执行 Debug→Start Debugging 菜单命令或者使用工具栏上的▶图标（默认快捷键为 F5），就可以编译这个程序并在调试模式下启动它，如图 2-2 所示。

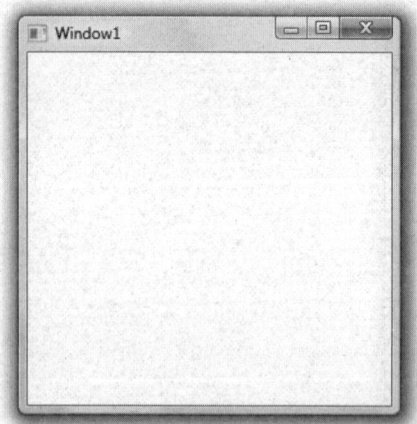

图 2-2　启动 MyFirstWpfApplication 后的运行结果

别看这个程序非常简单，可是剖析它能为我们带来很多收获。

在 Solution Explorer 窗口（可通过 View→Solution Explorer 菜单命令显示）中我们可以看到，VS 2008 的 WPF 项目模板为我们准备了一系列源代码，如图 2-3 所示。

可以把所有"+"都展开，如图 2-4 所示。

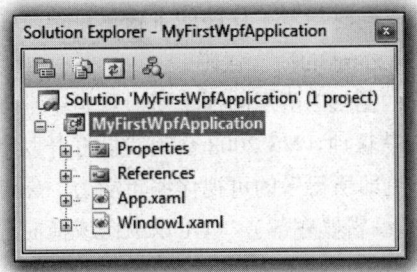

图 2-3　VS 2008 的 WPF 项目模板中自带的源代码文件夹

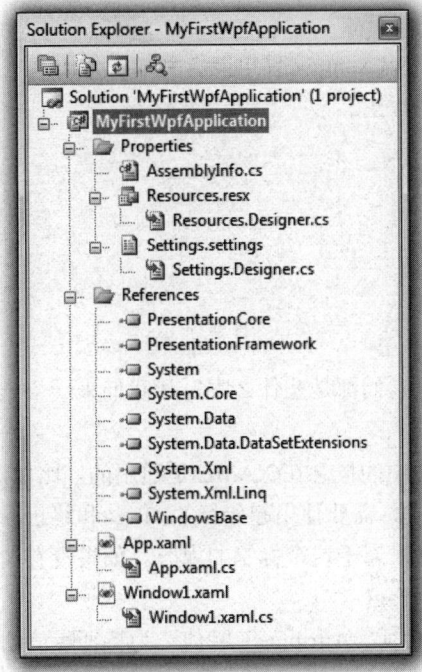

图 2-4　源代码文件夹中包含的内容

下面来介绍一下这些分支都是做什么的：
- Properties 分支：里面的主要内容是程序要用到的一些资源（如图标、图片、静态的字符串）和配置信息。
- References 分支：标记了当前这个项目需要引用哪些其他的项目。目前里面列出来的条目都是.NET Framework 中的类库，有时候还要添加其他.NET Framework 类库或其他程序员编写的项目及类库。
- App.xaml 分支：程序的主体。大家知道，在 Windows 系统里，一个程序就是一个进程（Process）。Windows 还规定，一个 GUI 进程需要有一个窗体（Window）作为"主窗体"。

App.xaml 文件的作用就是声明了程序的进程会是谁，同时指定了程序的主窗体是谁。在这个分支里还有一个文件——App.xaml.cs，它是 App.xaml 的后台代码。

- Window1.xaml 分支：程序的主窗体。上面我们看到的图 2-2 所示的那个窗口就是由它声明的。它也具有自己的后台代码 Window1.xaml.cs。默认地，VS 2008 会为我们打开以上两个文件。对于 XAML 文件，VS 2008 还具有"所见即所得"的可视化编辑能力，你可以在 XAML 代码和预览视图之间切换（切换标签在编辑器底部），也可以纵向或横向地同时显示 XAML 代码和预览视图。

2.2 剖析最简单的 XAML 代码

分析的重点是 Window1.xaml 和它的后台代码。在 Window1.xaml 文件里能看到如下代码：

```
<Window x:Class="MyFirstWpfApplication.Window1"
    xmlns="http://schemas.microsoft.com/winfx/2006/xaml/presentation"
    xmlns:x="http://schemas.microsoft.com/winfx/2006/xaml"
    Title="Window1" Height="300" Width="300">
    <Grid>
        
    </Grid>
</Window>
```

花花绿绿一大片，还有两个看着很像主页地址的东西……它们都是些什么呢？让我们来一个一个地分析。

XAML 是一种由 XML 派生而来的语言，所以很多 XML 中的概念在 XAML 是通用的。比如，使用标签声明一个元素（每个元素对应内存中的一个对象）时，需要使用起始标签<Tag>和终止标签</Tag>，夹在起始标签和终止标签中的 XAML 代码表示是隶属于这个标签的内容。如果没有什么内容隶属于某个标签，则这个标签称为空标签，可以写为<Tag/>。

为了表示同类标签中的某个标签与众不同，可以给它的特征（Attribute）赋值。为特征赋值的语法如下：

- 非空标签：<Tag Attribute1=Value1 Attribute2=Value2>Content</Tag>
- 空标签：<Tag Attribute1=Value1 Attribute2=Value2/>

在这里，有必要把 Attribute 和 Property 这两个词仔细地辨别一下。

这两个词的混淆由来已久。混淆的主要原因就是大多数中文译本里既把 Attribute 译为"属性"，也把 Property 译为"属性"。其实，这两个词所表达的不是一个层面上的东西。

Property 属于面向对象理论范畴。在使用面向对象思想编程的时候，常常需要对客观事物进行抽象，再把抽象出来的结果封装成类，类中用来表示事物状态的成员就是 Property。比如要写一个模拟赛车的游戏，那么必不可少的就是对现实汽车的抽象。现实中的汽车身上会带有很多数据，但在游戏中可能只关心它的长度、宽度、高度、重量、速度等有限的几个数据，同时，还会把汽车"加速"、"减速"等一些行为也提取出来并用算法模拟，这个过程就是抽象（结果是 Car 这个类）。显然，Car.Length、Car.Height、Car.Speed 等表达的是汽车当前处在一个什么状态，而 Car.Accelerate()、Car.Break()表达的是汽车能做什么。因此，Car.Length、Car.Height、Car.Speed 就是 Property 的典型代表，将 Property 译为"属性"也很贴切。总结一句话就是：Property（属性）是针对对象而言的。

Attribute 则是编程语言文法层面的东西。比如有两个同类的语法元素 A 和 B，为了表示 A 与 B 不完全相同或者 A 与 B 在用法上有些区别，这时候就要针对 A 和 B 加一些 Attribute。也就是说，Attribute 只与语言层面上的东西相关，与抽象出来的对象没什么关系。因为 Attribute 是为了表示"区分"的，所以把它译为"特征"。C#中的 Attribute 就是这种应用的典型例子，我们可以为一个类添加 Attribute，这个类的类成员中有很多 Property。显然 Attribute 只是用来影响类在程序中的用法，而 Property 则对应着抽象对象身上的性状，它们根本不是一个层面上的东西。

习惯上，英文中把标签式语言中表示一个标签特征的"名称-值"对称作 Attribute。如果恰好又是用一种标签语言在进行面向对象编程，这时候两个概念就有可能混淆在一起了。实际上，使用能够进行面向对象编程的标签式语言只是把标签与对象做了一个映射，同时把标签的 Attribute 与对象的 Property 也做了一个映射——针对标签还是叫 Attribute，针对对象还是叫 Property，仍然不是一个层面上的东西。而且，标签的 Attribute 与对象的 Property 也不是完全映射的，往往是一个标签所具有的 Attribute 多于它所代表的对象的 Property。

因为 XAML 是用来在 UI 上绘制控件的，而控件本身就是面向对象抽象的产物，所以 XAML 标签的 Attribute 里就有一大部分是与控件对象的 Property 互相对应的。当然，这还意味着 XAML 标签还有一些 Attribute 并不对应控件对象的 Property。

明白了 XAML 的格式以及 Attribute 与 Property 的关系，对上面的代码即可一目了然。它的总体结构是一个<Window>标签内部包含着一个<Grid>标签（或者说<Grid>标签是<Window>标签的内容，如下代码段所示），代表的含义是一个窗体对象内嵌套着一个 Grid 对象。

```
<Window>
    <Grid>

    </Grid>
</Window>
```

XAML 是一种"声明"式语言，当你见到一个标签，就意味着声明了一个对象，对象之间的层级关系要么是并列、要么是包含，全都体现在标签的关系上。

下面这些代码就都是<Window>标签的 Attribute。

```
x:Class="MyFirstWpfApplication.Window1"
xmlns="http://schemas.microsoft.com/winfx/2006/xaml/presentation"
xmlns:x="http://schemas.microsoft.com/winfx/2006/xaml"
Title="Window1" Height="300" Width="300"
```

其中，Title、Height 和 Width 一看就知道是与 Window 对象的 Property 相对应的。中间两行（即两个 xmlns）是在声明名称空间。最上面一行是在使用名为 Class 的 Attribute，这个 Attribute 来自于 x:前缀所对应的名称空间。下面仔细解释。

前面已经说过，XAML 语言是从 XML 语言派生出来的。XML 语言有一个功能就是可以在 XML 文档的标签上使用 xmlns 特征来定义名称空间（Namespace），xmlns 也就是 XML-Namespace 的缩写了。定义名称空间的好处就是，当来源不同的类重名时，可以使用名称空间加以区分。xmlns 特征的语法格式如下：

```
xmlns[:可选的映射前缀]="名称空间"
```

xmlns 后可以跟一个可选的映射前缀，之间用冒号分隔。如果没有写可选映射前缀，那就意味着所有来自于这个名称空间的标签前都不用加前缀，这个没有映射前缀的名称空间称为"默认名称空间"——默认名称空间只能有一个，而且应该选择其中元素被最频繁使用的名称空间来充当默认名称空间。上面的例子中，<Window>和<Grid>都来自由第二行声明的默认名称空间。而第一行中的 Class 特征则来自于第三行中 x:前缀对应的名称空间。这里可以做一个有趣的小实验：如果给第二行声明的名称空间加上一个前缀，比如 n，那么代码就必须改成这样才能编译通过：

```
<n:Window x:Class="MyFirstWpfApplication.Window1"
    xmlns:n="http://schemas.microsoft.com/winfx/2006/xaml/presentation"
    xmlns:x="http://schemas.microsoft.com/winfx/2006/xaml"
    Title="Window1" Height="300" Width="300">
    <n:Grid>

    </n:Grid>
</n:Window>
```

XAML 中引用外来程序集和其中.NET 名称空间的语法与 C#是不一样的。在 C#中，如果想使用 System.Windows.Controls 名称空间里的 Button 类，需要先把包含 System.Windows.Controls 名称空间的程序集 PresentationFramework.dll 通过添加引用的方式引用到项目中，然后再在 C#代码的顶部写上一句 using System.Windows.Controls;。在 XAML 中做同样的事情也需要先添加对程序集的引用，然后再在根元素的起始标签中写上一句：xmlns:c="clr-namespace:System.Windows.Controls;assembly=PresentationFramework"。c 是映射前缀，换成其他的字符串（如 control）也可以。因为 Button 来自前缀 c 对应的名称空间，所以在使用 Button 的时候就要写成<c:Button>…</c:Button>。

xmlns:c="clr-namespace:System.Windows.Controls;assembly=PresentationFramework"，这么长的一串字符看上去的确有点恐怖，但不用担心，VS 2008 是有自动提示功能的，如图 2-5 所示。

在 VS 2008 自动提示的顶部，你会看到几个看上去像网页地址的名称空间，如图 2-6 所示，其中就包含例子代码中的那两行。为什么名称空间看上去像是一个主页地址呢？其实把它 copy 到 IE 的地址栏里尝试跳转也不会打开网页。这里只是 XAML 解析器的一个硬性编码（hard-coding），只要见到这些固定的字符串，就会把一系列必要的程序集（Assembly）和程序集中包含的.NET 名称空间引用进来。

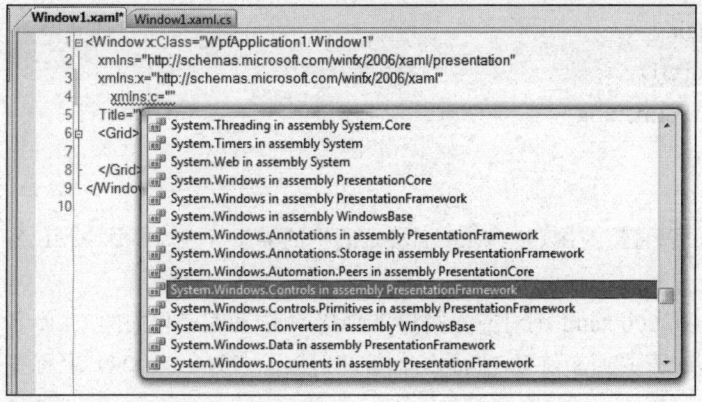

图 2-5　VS 2008 的自动提示功能

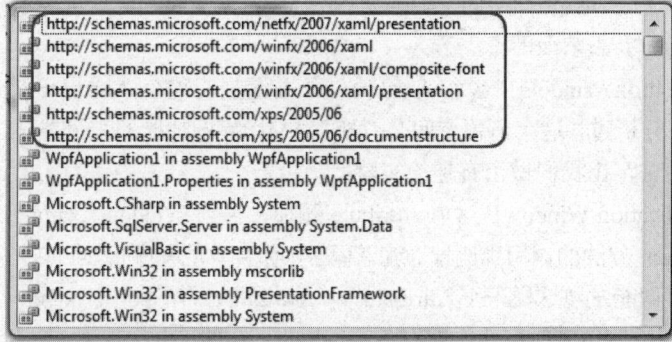

图 2-6　VS 2008 自动提示顶部的几个名称空间

默认引用进来的两个名称空间格外重要，它们所对应的程序集和 .NET 名称空间如下：

http://schemas.microsoft.com/winfx/2006/xaml/presentation 对应：

- System.Windows
- System.Windows.Automation
- System.Windows.Controls
- System.Windows.Controls.Primitives
- System.Windows.Data
- System.Windows.Documents
- System.Windows.Forms.Integration
- System.Windows.Ink
- System.Windows.Input
- System.Windows.Media
- System.Windows.Media.Animation
- System.Windows.Media.Effects

- System.Windows.Media.Imaging
- System.Windows.Media.Media3D
- System.Windows.Media.TextFormatting
- System.Windows.Navigation
- System.Windows.Shapes

也就是说，你在 XAML 代码中可以直接使用这些 CLR 名称空间中的类型（因为默认 XML 名称空间没有前缀）。

http://schemas.microsoft.com/winfx/2006/xaml 则对应一些与 XAML 语法和编译相关的 CLR 名称空间。使用这些名称空间中的类型时需要加 x 前缀，因为它们被映射到了名为 x 的 XML 名称空间中（后面章节中有详细叙述）。

从这两个名称空间的名字和它们所对应的.NET 程序集上，我们不难看出，第一个名称空间对应的是与绘制 UI 相关的程序集，是表示（Presentation）层面上的东西；第二个名称空间则对应 XAML 语言解析处理相关的程序集，是语言层面上的东西。

还剩下 x:Class="MyFirstWpfApplication.Window1"这个 Attribute。x:前缀说明这个 Attribute 来自于 x 映射的名称空间——前面我刚刚分析过，这个名称空间是对应 XAML 解析功能的。x:Class，顾名思义它与类有些关系，是何种关系呢？让我们做个有趣的实验：

首先，把 x:Class="MyFirstWpfApplication.Window1"这个 Attribute 删掉，再到 Window1.xaml.cs 文件里，把构造器中对 InitializeComponent 方法的调用也删掉。编译程序，你会发现程序仍然可以运行。为什么呢？打开 App.xaml 这个文件，你能发现这样一个 Attribute——StartupUri="Window1.xaml"，它是在告诉编译器把由 Window1.xaml 解析后生成的窗体作为程序启动时的主窗体。也就是说，只要 Window1.xaml 文件能够被正确解析成一个窗体，程序就可以正常运行。

然后，只恢复 x:Class 这个 Attribute（不恢复对 InitializeComponent 方法的调用），并更改它的值为 x:Class="MyFirstWpfApplication.WindowABC"。编译之后，仍然可以正确运行。这时，使用 IL Disassembler（中间语言反编译器，如图 2-7 所示）打开项目的编译结果，你会发现在由项目编译生成的程序集里包含一个名为 WindowABC 的类，如图 2-8 所示。

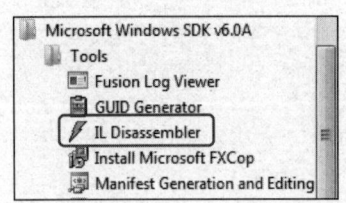

图 2-7　中间语言反编译器的位置

这说明，x:Class 这个 Attribute 的作用是当 XAML 解析器将包含它的标签解析成 C#类后，这个类的类名是什么。这里，已经触及到了 XAML 的本质。前面我们已经看到，示例代码的结构就是使用 XAML 语言直观地告诉我们，当前被设计的窗体是在一个<Window>里嵌套一个<Grid>。如果是使用 C#来完成同样的设计呢?显然,我们不可能去更改 Window 这个类,我们能做的是从 Window 类派生出一个类(比如叫 WindowABC),再为这个类添加一个 Grid 类型的字段,然后把这个字段在初始化的时候赋值给派生类的内容属性。代码看起来大概是这样:

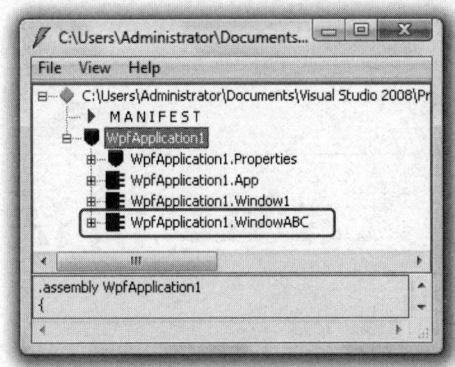

图 2-8 项目编译后生成的 WindowABC 类

```
using System.Windows;
using System.Windows.Controls;

class WindowABC : Window
{
    private Grid grid;

    public WindowABC()
    {
        grid = new Grid();
        this.Content = grid;
    }
}
```

最后,让我们回到最初的代码。你可能会问:在 XAML 里有 x:Class="MyFirstWpfApplication.Window1",在 Window1.xaml.cs 里也声明了 Window1 这个类,难道它们不会冲突吗?仔细看看 Window1.xaml.cs 中 Window1 类的声明就知道了——在声明时使用了 partial 这个关键字。使用 partial 关键字,可以把一个类分拆在多处定义,只要各部分代码不冲突即可。显然,由 XAML 解析器生成的 Window1 类在声明时也使用了 partial 关键字,这样,由 XAML 解析成的类和 C#文件里定义的部分就合二为一。正是由于这种 partial 机制,我们可以把类的逻辑代码留在.cs 文件里,用 C#语言来实现,而把那些与声明及布局 UI 元素相关的代码分离出去,实现 UI 与逻辑分离。并且,用于绘制 UI 的代码(如声明控件类型的字段、设置它们的外观和布局等)也不必再使用 C#语言,使用 XAML 和 XAML 编辑工具就能轻松搞定!

至此,你应该对这个最简单的 XAML 程序了然于胸了。

3

系统学习 XAML 语法

有了前面那个例子开疆破土，我们对 XAML 已经不再陌生。下面，我们将系统地学习 XAML 的语法和编程知识。为了让大家更透彻地理解 XAML，我尽可能地在每个 XAML 实例后跟上一个用 C#实现同样功能的实例。

回顾前面的例子，我们已经知道 XAML 是一种专门用于绘制 UI 的语言，借助它可以把 UI 定义与运行逻辑分离开来。XAML 使用标签来定义 UI 元素（UI Element），每个标签对应.NET Framework 类库中的一个控件类。通过设置标签的 Attribute，不但可以对标签所对应控件对象的 Property 进行赋值，还可以做一些额外的事件（如声明名称空间、指定类名等）。在这个大框架下，我们来详细地了解 XAML 的一些细节。

3.1 XAML 文档的树形结构

UI 在用户眼里是个平面结构。以如图 3-1 所示图为例，在用户看来，这个界面就是一个窗体上平铺着四个文本框和一个按钮的界面。

图 3-1 用户眼里的 UI 布局

在传统的 Visual C++、Delphi、Visual Basic 6 和 Windows Form 程序员的思维里，UI 也是一个

平面的结构。因此，程序员要做的事情就是按照设计师给定的 UI 布局把控件安置在窗体表面，并用使用长度、宽度和间距把控件对齐。

与传统设计思维不同，XAML 使用树形逻辑结构来描述 UI。下面是用来描述上图 UI 布局的 XAML 代码。

```xml
<Window x:Class="WpfApplication1.Window1"
    xmlns="http://schemas.microsoft.com/winfx/2006/xaml/presentation"
    xmlns:x="http://schemas.microsoft.com/winfx/2006/xaml"
    Title="Window" Height="173" Width="296">
    <StackPanel Background="LightBlue">
        <TextBox x:Name="textBox1" Margin="5"/>
        <TextBox x:Name="textBox2" Margin="5"/>
        <StackPanel Orientation="Horizontal">
            <TextBox x:Name="textBox3" Width="140" Margin="5"/>
            <TextBox x:Name="textBox4" Width="120" Margin="5"/>
        </StackPanel>
        <Button x:Name="button1" Margin="5">
            <Image Source="p0009.png" Width="23" Height="23"/>
        </Button>
    </StackPanel>
</Window>
```

因为代码中带有很多对 Attribute 的赋值，所以结构看起来并不是那么清晰。如果我们把对 Attribute 的赋值都去掉，那么上面这段代码就显露出了它的树形框架结构。

```xml
<Window>
    <StackPanel>
        <TextBox />
        <TextBox />
        <StackPanel>
            <TextBox />
            <TextBox />
        </StackPanel>
        <Button>
            <Image/>
        </Button>
    </StackPanel>
</Window>
```

如果用一张图表示上面的树形结构，它会是如图 3-2 所示的样子。

有意思的是，针对同一个"看上去一样"的 UI 布局，XAML 代码不一定是唯一的。拿上面的 UI 布局来说，我们还可以使用不同的 XAML 代码来描述它。

```xml
<Window x:Class="WpfApplicationTree.Window1"
    xmlns="http://schemas.microsoft.com/winfx/2006/xaml/presentation"
    xmlns:x="http://schemas.microsoft.com/winfx/2006/xaml"
```

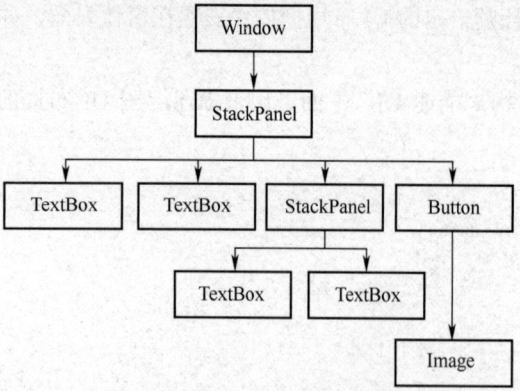

图 3-2　XAML 使用树形逻辑结构描述 UI

```
        Title="Window" Height="175" Width="300">
    <Grid Background="LightSlateGray">
        <Grid.ColumnDefinitions>
            <ColumnDefinition Width="7*"/>
            <ColumnDefinition Width="3*"/>
        </Grid.ColumnDefinitions>
        <Grid.RowDefinitions>
            <RowDefinition Height="33"/>
            <RowDefinition Height="33"/>
            <RowDefinition Height="33"/>
            <RowDefinition Height="40"/>
        </Grid.RowDefinitions>
        <TextBox x:Name="textBox1" Grid.Column="0" Grid.Row="0" Grid.ColumnSpan="2" Margin="5"/>
        <TextBox x:Name="textBox2" Grid.Column="0" Grid.Row="1" Grid.ColumnSpan="2" Margin="5"/>
        <TextBox x:Name="textBox3" Grid.Column="0" Grid.Row="2" Grid.ColumnSpan="1" Margin="5"/>
        <TextBox x:Name="textBox4" Grid.Column="1" Grid.Row="2" Grid.ColumnSpan="1" Margin="5"/>
        <Button x:Name="button1" Grid.Column="0" Grid.Row="3" Grid.ColumnSpan="2" Margin="5">
            <Image Source="p0009.png" Width="23" Height="23"/>
        </Button>
    </Grid>
</Window>
```

精减后的代码是：

```
<Window>
    <Grid>
        <TextBox />
        <TextBox />
        <TextBox />
        <TextBox />
        <Button>
            <Image />
        </Button>
```

```
</Grid>
</Window>
```

框架则变成了如图 3-3 所示的样子。

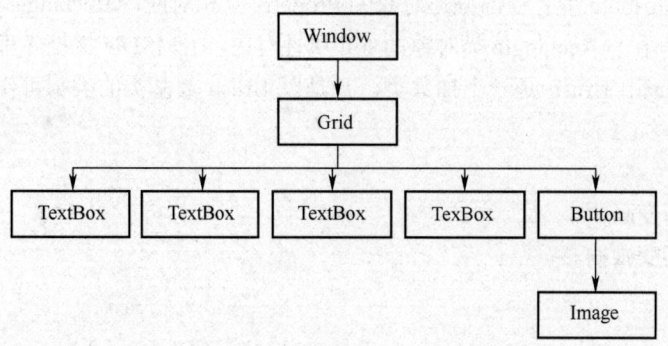

图 3-3　同样的 UI 可能对应不同的 XAML 实现

尽管两段代码对 UI 的实现方法不同（实际上还有很多方法），但框架都是树状的，以<Window>对象为根结点，一层一层向下包含。这种树形结构对于 WPF 整个体系都具有非常重要的意义，它不但影响着 UI 的布局设计，还深刻地影响着 WPF 的属性（Property）子系统和事件（Event）子系统等方方面面。在实践编程中，我们经常要在这棵树上进行按名称查找元素、获取父/子结点等操作，为了方便操作这棵树，WPF 基本类库里为程序员准备了 VisualTreeHelper 和 LogicalTreeHelper 两个助手类（Helper Class），同时还在一些重要的基类里封装了一些专门用于操作这棵树的方法。

你可能会问：既然有这么多种方法来实现同一个 UI，那到底应该选择哪种方法来实现 UI 呢？实际上，设计师给出的 UI 布局是软件的一个静态快照（Static Snap），这个静态快照加上用户有可能的动态操作才能构成选择布局实现方式的完整依据。拿上面两段代码举例，如果你期望用户在改变窗体尺寸后控件能够成比例缩放自己的尺寸，那么应该选用第二段代码；如果只期望控件在纵向上做一个简单排列，第一段代码就已足够。

3.2　XAML 中为对象属性赋值的语法

XAML 是一种声明性语言，XAML 编译器会为每个标签创建一个与之对应的对象。对象创建出来之后要对它的属性进行必要的初始化之后才有使用意义。因为 XAML 语言不能编写程序的运行逻辑，所以一份 XAML 文档中除了使用标签声明对象就是初始化对象的属性了。

> **注意**
>
> XAML 中为对象属性赋值共有两种语法：
> - 使用字符串进行简单赋值
> - 使用属性元素（Property Element）进行复杂赋值

我们以一个<Rectangle>标签的 Fill 为例来介绍这两种方法。

3.2.1 使用标签的 Attribute 为对象属性赋值

前面我们已经知道，一个标签的 Attribute 里有一部分与对象的 Property 互相对应，<Rectangle>标签的 Fill 这个 Attribute 就是这样——它与 Rectangle 类对象的 Fill 属性对应。在 MSDN 文档库里可以查到，Rectangle.Fill 的类型是 Brush。Brush 是一个抽象类，凡是以 Brush 为基类的类都可作为 Fill 属性的值。Brush 的派生类有很多：

- SolidColorBrush：单色画刷。
- LinearGradientBrush：线性渐变画刷。
- RadialGradientBrush：径向渐变画刷。
- ImageBrush：位图画刷。
- DrawingBrush：矢量图画刷。
- VisualBrush：可视元素画刷。

下面这个例子中只使用 SolidColorBrush 和 LinearGradientBrush 两种。

我们先学习使用字符串对 Attribute 进行简单赋值。假设我们的 Rectangle 只需要填充成单一的蓝色，那么只需要简单地写成：

```
<Window x:Class="WpfApplicationTree.Window1"
    xmlns="http://schemas.microsoft.com/winfx/2006/xaml/presentation"
    xmlns:x="http://schemas.microsoft.com/winfx/2006/xaml"
    Title="Window" Height="188" Width="300">
    <Grid VerticalAlignment="Center" HorizontalAlignment="Center">
        <Rectangle x:Name="rectangle" Width="200" Height="120" Fill="Blue"/>
    </Grid>
</Window>
```

运行的效果如图 3-4 所示。

图 3-4　用字符串对 Attribute 简单赋值的效果图

我们看到，Blue 这个字符串最终被翻译成了一个 SolidColorBrush 对象并赋值给了 rectangle 对象。换成 C#代码是这样：

```
// ...
SolidColorBrush sBrush = new SolidColorBrush();
sBrush.Color = Colors.Blue;
this.rectangle.Fill = sBrush;
// ...
```

需要注意的是，通过这种 Attribute=Value 语法赋值时，由于 XAML 的语法限制，Value 只可能是一个字符串值。这就引出了两个问题：

- 如果一个类能使用 XAML 语言进行声明，并允许它的 Property 与 XAML 标签的 Attribute 互相映射，那就需要为这些 Property 准备适当的转换机制。
- 由于 Value 是个字符串，所以其格式复杂程度有限，尽管可以在转换机制里包含一定的按格式解析字符串的功能以便转换成较复杂的目标对象，但这会让最终的 XAML 使用者头疼不已。因为他们不得不在没有编码辅助的情况下手写一个格式复杂的字符串以满足赋值要求。

第一个问题的解决方案是使用 TypeConverter 类的派生类，在派生类里重写 TypeConverter 的一些方法，第二个问题的解决办法就是使用属性元素（Property Element）。

3.2.2 使用 TypeConverter 类将 XAML 标签的 Attribute 与对象的 Property 进行映射

> **注意**
> 本小节的例子对于初学者来说理解起来比较困难而且实用性不大，主要是为喜欢刨根问底的 WPF 程序员准备的，初学者可以跳过这一小节。

首先，我们准备了一个类：

```
public class Human
{
    public string Name { get; set; }
    public Human Child { get; set; }
}
```

这个类具有两个属性：

- string 类型的 Name。
- Human 类型的 Child。

现在我的期望是，如果在 XAML 里这样写：

```
<Window.Resources>
    <local:Human x:Key="human" Child="ABC"/>
</Window.Resources>
```

则能够为 Human 实例的 Child 属性赋一个 Human 类型的值，并且 Child.Name 就是这个字符串的值。我们先看看直接写行不行。在 UI 上添加一个按钮 button1，并在它的 Click 事件处理器里写上：

```
private void button1_Click(object sender, RoutedEventArgs e)
{
```

```
        Human h = (Human)this.FindResource("human");
        MessageBox.Show(h.Child.Name);
    }
```

编译没有问题，但在单击按钮之后程序抛出异常，告诉 Child 不存在，为什么 Child 不存在呢？原因很简单，Human 的 Child 属性是 Human 类型，而 XAML 代码中的 ABC 是个字符串，编译器不知道如何把一个字符串实例转换成一个 Human 实例。那我们应该怎么做呢？办法是使用 TypeConverter 和 TypeConverterAttribute 这两个类。

首先，我们要从 TypeConverter 类派生出自己的类，并重写它的一个 ConvertFrom 方法。这个方法有一个参数名为 value，这个值就是在 XAML 文档里为它设置的值我们要做的就是把这个值"翻译"成合适类型的值赋给对象的属性：

```
public class StringToHumanTypeConverter : TypeConverter
{
    public override object ConvertFrom(ITypeDescriptorContext context, System.Globalization.CultureInfo culture, object value)
    {
        if (value is string)
        {
            Human h = new Human();
            h.Name = value as string;
            return h;
        }
        return base.ConvertFrom(context, culture, value);
    }
}
```

有了这个类还不够，还要使用 TypeConverterAttribute 这个特征类把 StringToHumanTypeConverter 这个类"粘贴"到作为目标的 Human 类上。

```
[TypeConverterAttribute(typeof(StringToHumanTypeConverter))]
public class Human
{
    public string Name { get; set; }
    public Human Child { get; set; }
}
```

因为特征类在使用的时候可以省略 Attribute 这个词，所以也可以写成：

```
[TypeConverter(typeof(StringToHumanTypeConverter))]
public class Human
{
    public string Name { get; set; }
    public Human Child { get; set; }
}
```

但这样写，我们需要认清写在方括号里的是 TypeConverterAttribute 而不是 TypeConverter。

完成之后,再次单击按钮,我们想要的结果就出来了!如图 3-5 所示。

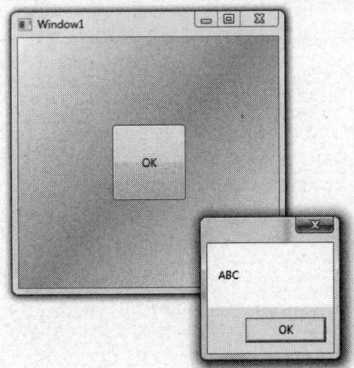

图 3-5 运行结果

> **注意**
> 需要注意的是,TypeConverter 类的使用远远不是只重载一个 ConvertFrom 方法那么简单。为了配合这个方法的运行,还需要重载其他几个方法。详细的使用方法请参阅 TypeConverter 的类库文档。

3.2.3 属性元素

在 XAML 中,非空标签均具有自己的内容(Content)。标签的内容指的就是夹在起始标签和结束标签之间的一些子级标签,每个子级标签都是父级标签内容的一个元素(Element),简称为父级标签的一个元素。顾名思义,属性元素指的是某个标签的一个元素对应这个标签的一个属性,即以元素的形式来表达一个实例的属性。代码描述为:

```
<ClassName>
    <ClassName.PropertyName>
        <!--以对象形式为属性赋值-->
    </ClassName.PropertyName>
</ClassName>
```

这样,在这个标签的内部就可以使用对象(而不再局限于简单的字符串)进行赋值了。
如果把上面的例子用属性标签式语法改写一下,XAML 代码将是这样:

```
<Grid VerticalAlignment="Center" HorizontalAlignment="Center">
    <Rectangle x:Name="rectangle" Width="200" Height="120">
        <Rectangle.Fill>
            <SolidColorBrush Color="Blue"/>
        </Rectangle.Fill>
    </Rectangle>
</Grid>
```

效果与先前代码别无二致。所以,对于简单赋值而言属性元素语法并没有什么优势,反而让代码看起来有点冗长。但遇到属性是复杂对象时这种语法的优势就体现出来了，如使用线性渐变画刷来填充这个矩形。

```xml
<Grid VerticalAlignment="Center" HorizontalAlignment="Center">
    <Rectangle x:Name="rectangle" Width="200" Height="120">
        <Rectangle.Fill>
            <LinearGradientBrush>
                <LinearGradientBrush.StartPoint>
                    <Point X="0" Y="0"/>
                </LinearGradientBrush.StartPoint>
                <LinearGradientBrush.EndPoint>
                    <Point X="1" Y="1"/>
                </LinearGradientBrush.EndPoint>
                <LinearGradientBrush.GradientStops>
                    <GradientStopCollection>
                        <GradientStop Offset="0.2" Color="LightBlue"/>
                        <GradientStop Offset="0.7" Color="Blue"/>
                        <GradientStop Offset="1.0" Color="DarkBlue"/>
                    </GradientStopCollection>
                </LinearGradientBrush.GradientStops>
            </LinearGradientBrush>
        </Rectangle.Fill>
    </Rectangle>
</Grid>
```

效果如图3-6所示。

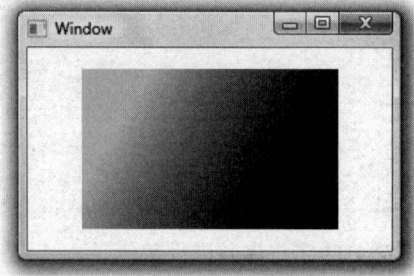

图3-6　用线性渐变画刷填充矩形

LinearGradientBrush 的 GradientStops 属性是一个 GradientStop 对象的集合（GradientStopCollection），即一系列的矢量渐变填充点。在这些填充点之间，系统会自动进行插值运算、计算出过渡色彩。填充矢量的方向是 StartPoint 和 EndPoint 两个属性（类型为 Point）的连线方向，矩形的左上角为0,0、右下角为1,1。这段代码中，针对这三个属性都使用了属性标签式赋值方法。

古语道："过犹不及"。上面的代码为了突出属性元素语法我将所有属性都展开成属性元素，结果是代码的可读性一落千丈。经过优化，代码变成这样（少了三分之一）：

```xml
<Grid VerticalAlignment="Center" HorizontalAlignment="Center">
    <Rectangle x:Name="rectangle" Width="200" Height="120">
        <Rectangle.Fill>
            <LinearGradientBrush>
                <LinearGradientBrush.GradientStops>
                    <GradientStop Offset="0.2" Color="LightBlue"/>
                    <GradientStop Offset="0.7" Color="Blue"/>
                    <GradientStop Offset="1.0" Color="DarkBlue"/>
                </LinearGradientBrush.GradientStops>
            </LinearGradientBrush>
        </Rectangle.Fill>
    </Rectangle>
</Grid>
```

> **注意**
>
> 这里有几个简化 XAML 的技巧：
> - 能使用 Attribute=Value 形式赋值的就不使用属性元素。
> - 充分利用默认值，去除冗余：StartPoint="0,0" EndPoint="1,1"是默认值，可以省略。
> - 充分利用 XAML 的简写方式：XAML 的简写方式有很多，需要在实际工作中慢慢积累。本书也会在用到的地方逐一提及，比如本例，LinearGradientBrush.GradientStops 的数据类型是 GradientStopCollection，如果严格按照语法来写，这个属性元素的内容应该是一个< GradientStopCollection >标签，实际上，XAML 允许你省略这个标签而把集合元素直接写在属性元素的内容里。控件的"内容属性"也有类似简写。

最后，用一个小例子（稍微动用一点我们的美学知识）来结束这一节：

```xml
<Grid VerticalAlignment="Center" HorizontalAlignment="Center">
    <Ellipse Width="120" Height="120">
        <Ellipse.Fill>
            <RadialGradientBrush GradientOrigin="0.25,0.25" RadiusX="0.75" RadiusY="0.75">
                <RadialGradientBrush.GradientStops>
                    <GradientStop Color="White" Offset="0"/>
                    <GradientStop Color="Black" Offset="0.65"/>
                    <GradientStop Color="Gray" Offset="0.8"/>
                </RadialGradientBrush.GradientStops>
            </RadialGradientBrush>
        </Ellipse.Fill>
    </Ellipse>
</Grid>
```

这是一个径向渐变画刷的例子，效果如图 3-6 所示。

千万不要以为我是在 VS 2008 里一行一行写出的 XAML——这段代码的大部分内容是我使用 Blend 通过绘图的形式自动生成的。由 Blend 生成的代码里会包含一些冗余的细节。常见的冗余细节包括：

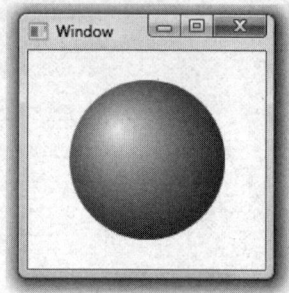

图 3-6　径向渐变画刷效果图

- 值过于精确：比如 0.7910310830 这样的值，一般可以简化成 0.8 以提高可读性。
- 默认值被显式地写出：比如为 StackPanel 显式地写出 Orientation="Vertical"，一般删掉即可。
- 专门用于 Blend 绘图的标记：比如用于锁定图形的标记，建议程序员与设计师协商保留还是删除。

一般情况下，对于复杂的绘图和动画创作，应该先在 Blend 里进行操作，然后回到 VS 2008 里进行精确的微调，在保证不影响效果的情况下尽可能地提高代码的可读性和可维护性。

3.2.4　标记扩展（Markup Extensions）

仔细观察 XAML 中为对象属性赋值的语法，你会发现大多数赋值都是为属性生成一个新对象。但有时候需要把同一个对象赋值给两个对象的属性，还有的时候需要给对象的属性赋一个 null 值，WPF 甚至允许将一个对象的属性值依赖在其他对象的某个属性上。当需要为对象的属性进行这些特殊类型赋值时就需要使用标记扩展了。

> **注意**
> 所谓标记扩展，实际上是一种特殊的 Attribute=Value 语法，其特殊的地方在于 Value 字符串是由一对花括号及其括起来的内容组成，XAML 编译器会对这样的内容做出解析、生成相应的对象。

因为本章内容重在讲述 XAML 的语法，所以不必过分追究下面这段代码的编程细节，只需要关注标记扩展的语法即可。在下面的代码中，将使用 Binding 类的实例将 TextBox 的 Text 属性依赖在 Slider 的 Value 上，这样，当 Slider 的滑块滑动时 TextBox 就会显示 Slider 当前的值。

```xml
<Window x:Class="WpfApplication1.Window1"
    xmlns="http://schemas.microsoft.com/winfx/2006/xaml/presentation"
    xmlns:x="http://schemas.microsoft.com/winfx/2006/xaml"
    Title="Window1" Height="110" Width="240">
    <StackPanel Background="LightSlateGray">
        <TextBox Text="{Binding ElementName=slider1, Path=Value, Mode=OneWay}" Margin="5"/>
        <Slider x:Name="slider1" Margin="5"/>
```

```
        </StackPanel>
</Window>
```

其中，Text="{Binding ElementName=slider1, Path=Value, Mode=OneWay}"这句就是标记扩展了。我们分析一下这句代码：

- 当编译器看到这句代码时就会把花括号里的内容解析成相应的对象。
- 对象的数据类型名是紧邻左花括号的字符串。
- 对象的属性由一串以逗号连接的子字符串负责初始化（注意，属性值不再加引号）。

初学者常认为这个语法比较难记，其实这个语法与 C# 3.0 中的对象初始化语法非常相近。如果使用 C# 3.0 的语法来创建一个 Binding 类的实例，最佳的语法应该是：

```
Binding binding = new Binding() { Source = slider1, Mode = BindingMode.OneWay };
```

C# 3.0 中对象初始化器也是这样，使用一对花括号包围一组由逗号分隔的子字符串，这些子字符串用来初始化对象的属性。只是 XAML 的标签扩展把对象的数据类型也搬到括号里面来了。

标记扩展亦是对属性的赋值，所以完全可以使用属性标签的形式来替换标记扩展，只是简洁性使然没人那么做罢了。下面是使用属性标签替换标记扩展后的代码：

```
<Window x:Class="WpfApplication1.Window1"
    xmlns="http://schemas.microsoft.com/winfx/2006/xaml/presentation"
    xmlns:x="http://schemas.microsoft.com/winfx/2006/xaml"
    Title="Window1" Height="110" Width="240">
    <StackPanel Background="LightSlateGray">
        <TextBox Margin="5">
            <TextBox.Text>
                <Binding ElementName="slider1" Path="Value" Mode="OneWay"/>
            </TextBox.Text>
        </TextBox>
        <Slider x:Name="slider1" Margin="5"/>
    </StackPanel>
</Window>
```

这样写的弊端是使代码量增加、阅读不便，但也有一个好处：VS 2008 没有对标记扩展提供智能语法提示，VS 2010 已经很好地支持了对标记扩展进行智能语法提示，而使用属性标签却可以充分利用 VS 2008 的智能提示。

尽管标记扩展的语法简洁方便，但并不是所有对象都能用标记扩展的语法来书写，只有 MarkupExtension 类的派生类（直接或间接均可）才能使用标记扩展语法来创建对象。MarkupExtension 的直接派生类并不多，它们是：

- System.Windows.ColorConvertedBitmapExtension
- System.Windows.Data.BindingBase
- System.Windows.Data.RelativeSource
- System.Windows.DynamicResourceExtension
- System.Windows.Markup.ArrayExtension

- System.Windows.Markup.NullExtension
- System.Windows.Markup.StaticExtension
- System.Windows.Markup.TypeExtension
- System.Windows.ResourceKey
- System.Windows.StaticResourceExtension
- System.Windows.TemplateBindingExtension
- System.Windows.ThemeDictionaryExtension

后面的章节将对这些标记扩展类进行详细说明。

> **注意**
>
> 最后，使用标记扩展时还需要注意以下几点：
> - 标记扩展是可以嵌套的，例如 Text="{Binding Source={StaticResource myDataSource}, Path=PersonName}"是正确的语法。
> - 标记扩展具有一些简写语法，例如"{Binding Value, …}"与"{Binding Path=Value, …}"是等价的、"{StaticResource myString, …}"与"{StaticResource ResourceKey=myString, …}"是等价的。两种写法中，前者称为固定位置参数（Positional Parameter），后者称为具名参数（Named Parameters）。固定位置参数实际上就是标记扩展类构造器的参数，其位置由构造器参数列表决定。
> - 标记扩展类的类名均以单词 Extension 为后缀，在 XAML 使用它们的时候 Extension 后缀可以省略不写，比如写 Text="{x:Static …}"与写 Text="{x:StaticExtension …}"是等价的。

3.3 事件处理器与代码后置

我们已经知道，当一个 XAML 标签对应着一个对象时，这个标签的一部分 Attribute 会对应这个对象的 Property。除了这部分对应着对象 Property 的 Attribute 外，还有一部分 Attribute 对应着对象的事件（Event）。<Button>标签有一个名为 Click 的 Attribute，它对应的就是 Button 类的 Click 事件。

在.NET 事件处理机制中，可以为对象的某个事件指定一个能与该事件匹配的成员函数，当这个事件发生时，.NET 运行时会去调用这个函数，即表示对这个事件的响应和处理。因此，我们把这个函数称为"事件处理器"（Event Handler）。WPF 支持在 XAML 里为对象的事件指定事件处理器，方法是使用事件处理器的函数名为对应对象事件的 Attribute 进行赋值：

```
<ClassName EventName="EventHandlerName" />
```

当我们为一个 XAML 标签的事件性 Attribute 进行赋值时，XAML 编辑器会自动为我们生成相应的事件处理器。事件处理器是使用 C#语言编写的函数。以<Button>标签为例，当为 Click 赋值时，你会看到如图 3-7 中所示的提示。

如果此时按下 Enter 键，VS 2008 会自动为我们生成一个事件处理器，并把它的名字（函数名）

赋值给 Click。此时的 XAML 代码是：

```
<Button x:Name="button1" Click="button1_Click"/>
```

图 3-7　为 Click 赋值时显示的提示信息

在 button1_Click 上右击，在弹出菜单中选择 Navigate to Event Handler（如图 3-8 所示），就可跳转到由 VS 2008 自动生成的事件处理器中。

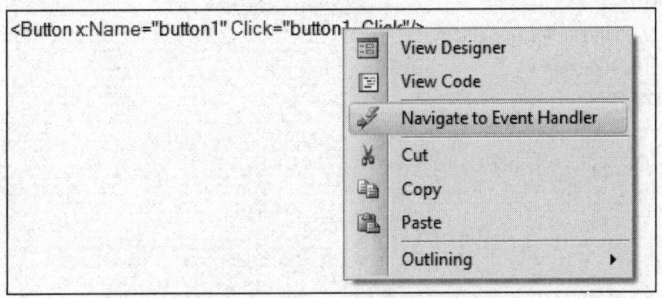

图 3-8　弹出菜单中的 Navigate to Event Handler 选项

事件处理器的函数声明与用于声明 Button.Click 事件的委托保持类型和参数上的一致，它的名字已经被拷贝到 XAML 代码中。

```
private void button1_Click(object sender, RoutedEventArgs e)
{

}
```

如果把<Button x:Name="button1" Click="button1_Click"/>这句代码翻译成 C#代码，基本上是这样：

```
Button button1 = new Button();
button1.Click+=new RoutedEventHandler(button1_Click);
```

我们知道，C#语言编写的代码应该用于处理程序的逻辑，需要让它与表示 UI 的 XAML 代码分开。这些 C#函数会放在哪里呢？由于 C#支持 partial 类，XAML 标签又可以使用 x:Class 特征指定将由 XAML 代码解析生成的类与哪个类合并，因此，我们完全可以把用于实现程序逻辑的 C#代码放在一个文件里，把用于描述程序 UI 的 XAML 代码放在另一个文件里，并且让事件性 Attribute 充当 XAML 与 C#之间沟通的纽带——设计师用 XAML 为程序创建漂亮的"壳"（UI）并展现给客户；程序员用 C#编写程序的"瓤"（逻辑）、从后台支持前面的"壳"——这种将逻辑代码与 UI 代码分离、隐藏在 UI 代码后面的形式就叫作"代码后置"（Code-Behind）。

> **注意**
>
> 之所以能实现代码后置功能，是因为.NET 支持 partial 类并能将解析 XAML 所生成的代码与 x:Class 所指定的类进行合并。有两点需要注意的是：
> - 不只是事件处理器，一切用于实现程序逻辑的代码都要放在后置的 C#文件中。
> - 默认情况下，VS 2008 为每个 XAML 文件生成的后置代码文件名为"XAML 文件全名.cs"，比如 XAML 文件名为 MyWindow.xaml，那么它的后置代码文件名为 MyWindow.xaml.cs。这样做是为了方便管理文件，但并不是必须的，只要 XAML 解析器能找到 x:Class 所指定的类，无论你的文件叫什么名字都可以。

最后，给大家介绍一个有意思的标签——x:Code，使用它可以把本来应该呆在后置代码里的 C#代码搬到 XAML 文件里来。x:Code 的内容一定要使用 XML 语言的<![CDATA[...]]>转义标签。

```xml
<Window x:Class="WpfApplicationTree.Window1"
    xmlns="http://schemas.microsoft.com/winfx/2006/xaml/presentation"
    xmlns:x="http://schemas.microsoft.com/winfx/2006/xaml"
    Title="Window" Height="200" Width="200">
    <Grid>
        <Button x:Name="button1" Content="OK" Click="button1_Click"/>
    </Grid>

    <x:Code>
        <![CDATA[
                private void button1_Click(object sender, RoutedEventArgs e)
                {
                    MessageBox.Show("Bye! Code-Behind!");
                }
        ]]>
    </x:Code>
</Window>
```

3.4 导入程序集和引用其中的名称空间

大多数情况下，根据架构设计一个程序会被分成若干个相对独立的模块来编写，每个模块可以独立编译、进行版本升级。模块与模块之间有时会存在一些依赖关系，即有些模块需要"借用"其他模块中的功能。.NET 的模块称为程序集（Assembly）。一般情况下，使用 VS 2008 创建的是解决方案（Solution），一个解决方案就是一个完整的程序。解决方案中会包含若干个项目（Project），每个项目是可以独立编译的，它的编译结果就是一个程序集。常见的程序集是以.exe 为扩展名的可执行程序或者是以.dll 为扩展名的动态链接库，大多数情况下，我们说"引用其他程序集"的时候，说的都是动态链接库。因为.NET 编程接口（Application Programming Interface，API）以类和类级别的单元为主（Win32 API 是以函数为主），所以我们又常把引用程序集说成是引用类库。

类库中的类一般都会安置在合适的名称空间中，名称空间的作用是避免同名类的冲突。比如一个程序中引用了 LibA.dll 和 LibB.dll 两个类库，这两个类库中都有一个叫 Converter 的类，如果没有名称空间来限定的话，编译器将分不清程序员打算使用哪个类。如果 LibA.dll 中的 Converter 放在一个名为 Microsoft 的名称空间里，LibB.dll 中的 Converter 放在名为 Google 名称空间里，程序员就可以通过 Microsoft.Converter 和 Google.Converter 来区分这两个类了。

> **注意**
> 想在自己的程序里引用类库，需要分三步来做：
> （1）编写类库项目并编译得到.dll 文件或者获得别人编译的.dll 文件。
> （2）将类库项目或者.dll 文件引用进自己的项目。
> （3）在 C#和 XAML 中引用类库中的名称空间。

作为常识，编写和引用类库项目在此不再赘述。我们只看如何在 XAML 里引用类库中的名称空间和类。需要记住一点：把类库引用到项目中是引用其中名称空间的物理基础，无论是 C#还是 XAML 都是这样。一旦将一个类库引用进程序，就可以引用其中的名称空间。假设我的类库程序集名为 MyLibrary.dll，其中包含 Common 和 Controls 两个名称空间，而且已经把这个程序集引用进 WPF 项目，那么在 XAML 中引用这两个名称空间的语法是：

```
xmlns:映射名="clr-namespace:类库中名称空间的名字;assembly=类库文件名"
```

对于 MyLibrary.dll 里的两个名称空间，XAML 中的引用会是：

```
xmlns:common="clr-namespace:Common;assembly=MyLibrary"
xmlns:controls="clr-namespace:Controls;assembly=MyLibrary"
```

让我们分析一下 XAML 引用名称空间的语法。

- xmlns 是用于在 XAML 中声明名称空间的 Attribute，它从 XML 语言继承而来，是 XML Namespace 的缩写。
- 冒号后的映射名是可选的，但由于可以不加映射名的默认名称空间已经被 WPF 的主要名称空间占用，所以所引用的名称空间都需要加上这个映射名。映射名可以根据喜好自由选择，但团队内部最好使用一致的命名。一个建议就是使用类库中名称空间的原名或者缩写。
- 引号中的字符串值确定了你要引用的是哪个类库以及类库中的哪个名称空间。我知道这个字符串的写法看上去挺麻烦，幸好 XAML 编辑器可以帮助我们自动填充它（如图 3-9 所示）。

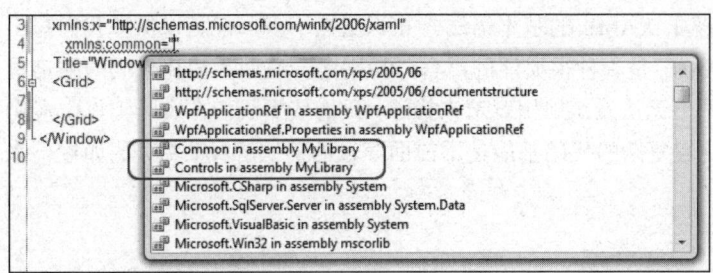

图 3-9　XAML 编辑器的自动填充功能

一旦我们将类库中的名称空间引用 XAML 文档，我们就可以使用这些名称空间里的类。语法格式是：

```
<映射名:类名>...</映射名:类名>
```

例如使用 Common 和 Controls 中的类，代码是这样：

```
<common:MessagePanel x:Name="window1"/>
<controls:LedButton x:Name="button1"/>
```

附加一点额外的小知识。我们发现，XAML 中引用名称空间的语法与 C#不太一样。最大的差别就是 XAML 需要为被引用的名称空间添加一个映射名，用这个映射名来代表被引用的名称空间。其实，C#也可以这样引用名称空间，只是不经常用罢了。比如，在 C#中引用 Common 和 Controls 名称空间时可以这样写：

```
using Cmn = Common;
using Ctl = Controls;
```

这种写法在名称较长的名称空间中有同名类时比较有用。

3.5　XAML 的注释

XAML 的注释语法亦继承自 XML。语法是：

```
<!--需要被注释掉的内容 -->
```

> **注意**
>
> 有几点需要注意的是：
> - XAML 注释只能出现在标签的内容区域，即只能出现在开始标签和结束标签之间。
> - XAML 注释不能用于注释标签的 Attribute。
> - XAML 注释不能嵌套。

3.6　小结

至此，我们已经走马观花地了解了 XAML 的基本语法。知识虽然不多，但足以保障我们写出美观的程序。要提醒大家的是，XAML 是一种很灵活的语言，特别是一些用于简化代码的缩略写法。这些看上去比较奇怪的写法基本上无法系统地用章节来描述，只能依靠我们在实际工作中慢慢积累。不过不用担心，一般情况下比较复杂的代码都能使用前面学过的语法解释清楚，比如接下来的一章——x 名称空间详解。

4

x 名称空间详解

字母"x"给人的感觉历来是未知、神秘、酷……不过，初学者却经常被它搞得晕头转向。那么 x 名称空间是怎么来的、又是做什么用的呢？简单来说，"x 名称空间"的这个 x 是映射 XML 名称空间时给它取的名字（如果用的是字母 y，那它就应该叫"y 名称空间了"）；x 名称空间里的成员（如 x:Class、x:Name）是专门写给 XAML 编译器看、用来引导 XAML 编译器把 XAML 代码编译成 CLR 代码的（所以这个 x 不是为了酷，而是 XAML 的首字母）。

大凡包含 XAML 代码的 WPF 程序都需要通过语句 xmlns:x="http://schemas.microsoft.com/winfx/2006/xaml"来引入 http://schemas.microsoft.com/winfx/2006/xaml 这个名称空间。

这一章我们将深入这个名称空间去一探究竟，研究一下里面到底都有些什么东西。

4.1 x 名称空间里都有什么

x 名称空间映射的是http://schemas.microsoft.com/winfx/2006/xaml，望文生义，它包含的类均与解析 XAML 语言相关，所以亦可称之为"XAML 名称空间"。

与 C#语言一样，XAML 也有自己的编译器。XAML 语言会被解析并编译，最终形成微软中间语言存储在程序集中。在解析和编译 XAML 语言的过程中，我们经常需要告诉编译器一些重要的信息，比如 XAML 代码的编译结果应该与哪个 C#代码的编译结果合并、使用 XAML 声明的元素是 public 还是 private 访问级别等等。这些让程序员能够与 XAML 编译器沟通的工具就存放在 x 名称空间中。如表 4-1 所示。

表 4-1　x 名称空间中包含的工具

名称	种类（在 XAML 中出现的形式）
x:Array	标签扩展
x:Class	Attribute
x:ClassModifier	Attribute

续表

名称	种类（在 XAML 中出现的形式）
x:Code	XAML 指令元素
x:FieldModifier	Attribute
x:Key	Attribute
x:Name	Attribute
x:Null	标签扩展
x:Shared	Attribute
x:Static	标签扩展
x:Subclass	Attribute
x:Type	标签扩展
x:TypeArguments	Attribute
x:Uid	Attribute
x:XData	XAML 指令元素

我们注意到，它们可以分为 Attribute、标记扩展和 XAML 指令元素三类。下面分别说一说它们的功能。

4.2　x 名称空间中的 Attribute

前面我们已经知道，Attribute 与 Property 是两个层面的东西。Attribute 是语言层面的东西、是给编译器看的，Property 是面向对象层面的东西、是给编程逻辑用的，而且一个 XAML 标签的 Attribute 里大部分都对应着对象的 Property。在使用 XAML 编程的时候，如果你想给它加上一些特殊的标记从而影响 XAML 编译器对它的解析，这时候就需要额外为它添加一些 Attribute 了。比如，你想告诉 XAML 编译器将编译结果与哪个 C#编译的类合并，这时候就必须为这个标签添加 x:Class="目标类名"这样一个 Attribute 以告知 XAML 编译器。x:Class 这个 Attribute 并不是对象的成员，而是我们把它从 x 名称空间里拿出来硬贴上去的。

让我们浏览一下常用的 Attribute。

4.2.1　x:Class

这个 Attribute 的作用是告诉 XAML 编译器将 XAML 标签的编译结果与后台代码中指定的类合并。在使用 x:Class 时必须遵循以下要求：

- 这个 Attribute 只能用于根结点。
- 使用 x:Class 的根结点的类型要与 x:Class 的值所指示的类型保持一致。
- x:Class 的值所指示的类型在声明时必须使用 partial 关键字。
- x:Class 已经在剖析最简单的 WPF 程序时讲过，此处不再赘述。

4.2.2 x: ClassModifier

这个 Attribute 的作用是告诉 XAML 编译由标签编译生成的类具有怎样的访问控制级别。

> **注意**
> 使用这个 Attribute 时需要注意：
> - 标签必须具有 x:Class Attribute。
> - x: ClassModifier 的值必须与 x:Class 所指示类的访问控制级别一致。
> - x: ClassModifier 的值随后台代码的编译语言不同而有所不同，参见 TypeAttributes 枚举类型。

这里举个例子。先创建一个 WPF 项目并编译它，把编译结果用 IL 反编译器打开，你会看到 Window1 这个类的访问级别为 public，如图 4-1 所示。

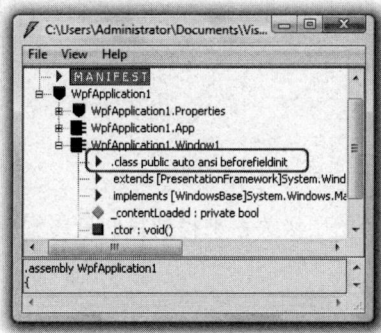

图 4-1　类 Window1 的访问级别为 public

然后，为 XAML 文档中的<Window>标签加上 x:ClassModifier="internal"。此时如果编译则会收到一个编译错误，告诉你类的定义有冲突。我们去 C#文件里找到 Window1 类的声明，把声明中的 public 也改成 internal，然后再编译。把编译的结果用 IL 反编译器打开，你会看到类的访问级别变成了 private（之所以是 private 而不是 internal 是因为程序集级别的 internal 与 private 等价），如图 4-2 所示。

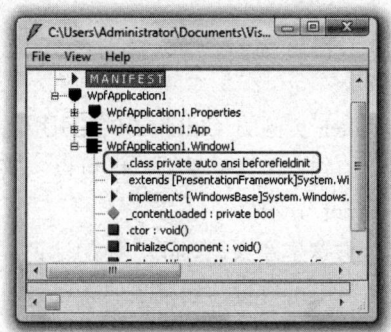

图 4-2　类 Window1 的访问级别变为了 private

4.2.3 x:Name

我们已经多次提到 XAML 是一种声明式语言，但你是否想过 XAML 标签声名的是什么呢？其实，XAML 的标签声明的是对象，一个 XAML 标签会对应着一个对象，这个对象一般是一个控件类的实例。在.NET 平台上，类是引用类型。引用类型的实例在使用时一般是以"引用者→实例"的形式成对出现的，而且我们只能通过引用者来访问实例。当一个实例不再被任何引用者所引用时，它就会被当作内存垃圾而被销毁。

常见的引用者是引用变量，但这并不是唯一的。比如下面这段 XAML 代码：

```xml
<Window x:Class="WpfApplication1.Window1"
    xmlns="http://schemas.microsoft.com/winfx/2006/xaml/presentation"
    xmlns:x="http://schemas.microsoft.com/winfx/2006/xaml"
    Title="Window1" Height="300" Width="300">
    <StackPanel>
        <TextBox Margin="5" />
        <Button Content="OK" Margin="5" Click="Button_Click" />
    </StackPanel>
</Window>
```

这段代码中通篇没有出现一个名字，但我们却可以通过引用者的层级关系来找到我们最终想要的控件。下面是 Button 的 Click 事件处理器：

```csharp
private void Button_Click(object sender, RoutedEventArgs e)
{
    StackPanel stackPanel = this.Content as StackPanel;
    TextBox textBox = stackPanel.Children[0] as TextBox;
    if (string.IsNullOrEmpty(textBox.Name))
    {
        textBox.Text = "No name!";
    }
    else
    {
        textBox.Text = textBox.Name;
    }
}
```

Window1.Content 属性引用着 StackPanel 的实例，而 StackPanel 实例的 Children[0]又引用着 TextBox 的实例（在 C#中，集合索引器又称为"带参数的属性"）。知道了这个关系，就可以一路顺着查找下来并同时进行类型转换。最后，文本框里显示"No name!"。

虽然理论上我们可以使用这种方法访问到 UI 上的所有元素，但这毕竟太烦琐了。换句话说：XAML 这种对象声明语言只负责声明对象而不负责为这些对象声明引用变量。如果我们需要为对象准备一个引用变量以便在 C#代码中直接访问就必须显式地告诉 XAML 编译器——为这个对象声明引用变量，这时 x:Name 就派上用场了。

> **注意**
>
> x:Name 的作用有两个：
>
> （1）告诉 XAML 编译器，当一个标签带有 x:Name 时除了为这个标签生成对应实例外还要为这个实例声明一个引用变量，变量名就是 x:Name 的值。
>
> （2）将 XAML 标签所对应对象的 Name 属性（如果有）也设为 x:Name 的值，并把这个值注册到 UI 树上，以方便查找。

让我们做个小实验——把上面的代码的编译结果用 IL 反编译器打开，你会发现 Window1 类里不包含任何字段。然后为 <TextBox> 标签添加 x:Name，代码变成这样：

```xml
<StackPanel>
    <TextBox x:Name="textBox" Margin="5" />
    <Button Content="OK" Margin="5" Click="Button_Click" />
</StackPanel>
```

因为 TextBox 的实例由名为 textBox 的引用变量所引用，所以我们可以通过引用变量直接访问实例，Button.Click 事件处理器中的间接查找代码也就可以省略掉：

```csharp
private void Button_Click(object sender, RoutedEventArgs e)
{
    //StackPanel stackPanel = this.Content as StackPanel;
    //TextBox textBox = stackPanel.Children[0] as TextBox;
    if (string.IsNullOrEmpty(textBox.Name))
    {
        textBox.Text = "No name!";
    }
    else
    {
        textBox.Text = textBox.Name;
    }
}
```

单击按钮后，TextBox 中出现"textBox"，说明 x:Name 不但让编译器声明了引用变量，同时还为实例的 Name 属性赋了值。使用 IL 反编译器查看编译结果，你能在 Window1 类中找到 textBox 这个字段。注意，如果一个标签对应的实例没有 Name 这个属性，那么 x:Name 作用就只剩下为这个实例创建引用变量了。

经常会有初学者问：在 XAML 代码中是应该使用 Name 呢，还是 x:Name？Name 属性定义在 FrameworkElement 类中，这个类是 WPF 控件的基类，所以所有 WPF 控件都具有 Name 这个属性。当一个元素具有 Name 属性时，你使用 Name 或 x:Name 效果是一样的。比如<Button x:Name="btn"/> 和<Button Name="btn"/>，XAML 编译器的动作都是声明名为 btn 的 Button 类型变量并引用一个 Button 类型实例，而且此实例的 Name 属性值亦为 btn。此时，Name 和 x:Name 是可以互换的，只是不能同时出现在一个元素中。对于那些没有 Name 属性的元素，为了在 XAML 声明时也创建引用变量以便在 C#代码中访问，我们就只能使用 x:Name。因为 x:Name 的功能涵盖了 Name 属性的功能，所以全部使用 x:Name 以增强代码的统一性和可读性。

4.2.4　x:FieldModifier

使用 x:Name 后，XAML 标签对应的实例就具有了自己的引用变量，而且这些引用变量都是类的字段。既然是类的字段就免不了要关注一下它们的访问级别。默认情况下，这些字段的访问级别按照面向对象的封装原则被设置成了 internal。在编程的时候，有时候我们需要从一个程序集访问另一个程序集中窗体的元素，这时候就需要把被访问控件的引用变量改为 public 级别，x:FieldModifier 就是用来在 XAML 里改变引用变量访问级别的。

如果这样声明一个窗体中的控件：

```
<StackPanel>
    <TextBox x:Name="textBox1" x:FieldModifier="public" Margin="5"/>
    <TextBox x:Name="textBox2" x:FieldModifier="public" Margin="5"/>
    <TextBox x:Name="textBox3"    Margin="5"/>
</StackPanel>
```

使用 IL 反编译器打开编译结果，就会看到如图 4-3 所示的结果。

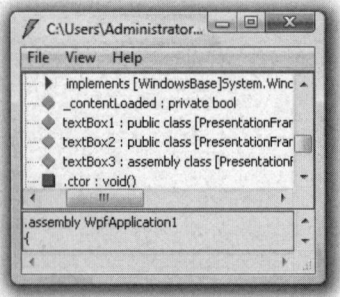

图 4-3　使用与不使用 x:FieldModifier 的引用变量的编译结果的对比

textBox1 和 textBox2 的访问级别被设置为 public，而 textBox3 的访问级别仍为默认的 internal（即程序集级别）。

> **注意**
> 因为 x:FieldModifier 是用来改变引用变量访问级别的，所以使用 x:FieldModifier 的前提是这个标签同时也使用 x:Name，不然何来的引用变量呢？

4.2.5　x:Key

最自然的检索方式莫过于使用 "Key-Value" 对的形式了。在 XAML 文件中，我们可以把很多需要多次使用的内容提取出来放在资源字典（Resource Dictionary）里，需要使用这个资源的时候就用它的 Key 把它检索出来。

x:Key 的作用就是为资源贴上用于检索的索引。在 WPF 中，几乎每个元素都有自己的 Resources

属性，这个属性是个"Key-Value"式的集合，只要把元素放进这个集合，这个元素就成为资源字典中的一个条目，当然，为了能够检索到这个条件，就必须为它添加 x:Key。资源（Resources）在 WPF 中非常重要，需要重复使用的 XAML 内容，如 Style、各种 Template 和动画等都需要放在资源里，我们将在后面的章节详细讨论。

在这里，我们使用一个例子简单地说明 x:Key 的用法。我们先在 Window1 的资源字典里添加一个条目，这个条目是一个字符串，我们将在 XAML 和 C#中多次使用这个字符串。

先让我们看 XAML 代码：

```
<Window x:Class="WpfApplication1.Window1"
    xmlns="http://schemas.microsoft.com/winfx/2006/xaml/presentation"
    xmlns:x="http://schemas.microsoft.com/winfx/2006/xaml"
    xmlns:sys="clr-namespace:System;assembly=mscorlib"
    Title="Window1" Height="130" Width="200">
    <Window.Resources>
        <sys:String x:Key="myString">Hello WPF Resource!</sys:String>
    </Window.Resources>
    <StackPanel Background="Gray" >
        <TextBox Text="{StaticResource ResourceKey=myString}" Margin="5"/>
        <TextBox x:Name="textBox1" Margin="5"/>
        <Button Content="Show" Click="Button_Click" Margin="5"/>
    </StackPanel>
</Window>
```

为了在 XAML 中使用 String 类，我们用 xmlns:sys="clr-namespace:System;assembly=mscorlib" 引用了 mscorlib.dll，并把其中的 System 名称空间映射为 XAML 中的 sys 名称空间。然后，我们使用属性标签语法向 Window.Resources 里添加了一个字符串，并把它的 x:Key 设置为 myString。窗体的 StackPanel 里包含了两个 TextBox 和一个 Button。在为第一个 TextBox 设置 Text 属性时，我们用到了 myString 这个资源，因此，程序一运行我们就可以看到第一个 TextBox 显示了资源字符串的值，如图 4-4 所示。

图 4-4　示例代码运行结果

资源不但可以在 XAML 中访问，在 C#中也可以访问。下面是 Button.Click 的事件处理器：

```
private void Button_Click(object sender, RoutedEventArgs e)
{
```

```
    string str = this.FindResouce("myString") as string;
    this.textBox1.Text = str;
}
```

调用一个拥有 Resources 属性的对象的 FindResouce 方法就可以在它的资源字典里检索资源，检索到资源之后再把它恢复成正确的数据类型就可以使用了。单击按钮之后，我们可以看到第二个文本框显示出同样的字符串，如图 4-5 所示。

图 4-5　C#中访问资源的结果

4.2.6　x:Shared

在学习 x:Key 时我们已经知道，一旦我们把某些对象当作资源放进资源字典里后就可以把它们检索出来重复使用。那么，每当它们检索到一个对象时，我们得到的究竟是同一个对象呢，还是这个对象的多个副本呢？这就要看我们给 x:Shared 赋什么值了。x:Shared 一定要与 x:Key 配合使用，如果 x:Shared 的值为 true，那么每次检索到这个对象时，我们得到的都是同一个对象，否则如果 x:Shared 的值为 false，每次我们检索到这个对象时，我们得到的都是这个对象的一个新副本。XAML 编译器会为资源隐藏地添加 x:Shared="true"，也就是说，默认情况下我们得到的都是同一个对象。

4.3　x 名称空间中的标记扩展

从前面的章节我们已经知道，标记扩展（Markup Extension）实际上就是一些 MarkupExtension 类的直接或间接派生类。x 名称空间中就包含有一些这样的类，所以常称它们为 x 名称空间内的标记扩展。让我们近观一下那些常用的标记扩展。

4.3.1　x:Type

顾名思义，x:Type 的值应该是一个数据类型的名称。一般情况下，我们在编程中操作的是数据类型的实例或者是实例的引用，但有时候我们也会用到数据类型本身。

初学者往往搞不清数据类型与类、结构、枚举这些名词之间的关系。在此，我来澄清一下。我们拿类（Class）来做分析。就"类"这个名词而言，它是具有双重身份的：在逻辑层面上，类是现实世界对象经过抽象和封装后的结果；在编程层面上，我们会使用这个类去创建对象和引用。当我们使用一个类去创建对象的时候，编译器会以这个类为蓝本、按照类的成员的多寡在内存中开辟出相应大小的一块内存，并用程序员指定的构造器刷新（即初始化）这块内存。这时候，类所充当的角色就是对象的"模具"，使用它创建出来的对象在型号（即内存大小）和内部布局上都完全一样。在这个层面上，我们把类称为数据类型（Type），其实，Type 这个词本身就具有型号的意思。以此类推，结构、枚举等也都是数据类型。同时，为了能让程序员在编程层面上自由地操作这些数据类型，比如在不知道具体数据类型的情况下创建这个类型的实例并尝试调用它的方法，.NET Framework 中还包含了名为 Type 的类作为所有数据类型在编程层面上的抽象。

当我们在 XAML 中想表达某个数据类型时就需要使用 x:Type 标记扩展。比如某个类的一个属性，它的值要求是一种数据类型，当我们在 XAML 为这个属性赋值时就要使用 x:Type。请看下面这个例子：

首先，我创建了一个 Button 的派生类。

```
class MyButton : Button
{
    public Type UserWindowType { get; set; }

    protected override void OnClick()
    {
        base.OnClick(); // 激发 Click 事件
        Window win = Activator.CreateInstance(this.UserWindowType) as Window;
        if (win != null)
        {
            win.ShowDialog();
        }
    }
}
```

这个类具有一个 Type 类型的属性，即 UserWindowType，你需要把一种数据类型当作值赋给它。同时，这个类还重写了基类的 OnClick 方法——除了可以像基类那样触发 Click 事件外，还会使用 UserWindowType 所存储的类型创建一个实例，如果这个实例是 Window 类（或其派生类）的实例，那么就把这个窗体显示出来。

然后，在项目里添加了一个名为 MyWindow 的 Window 派生类。它的 UI 包含三个 TextBox 和一个 Button，背景为浅蓝色：

```
<Window x:Class="WpfApplication1.MyWindow"
    xmlns="http://schemas.microsoft.com/winfx/2006/xaml/presentation"
    xmlns:x="http://schemas.microsoft.com/winfx/2006/xaml"
    Title="MyWindow" Height="170" Width="200">
    <StackPanel Background="LightBlue">
        <TextBox Margin="5"/>
        <TextBox Margin="5"/>
        <TextBox Margin="5"/>
        <Button Content="OK" Margin="5"/>
    </StackPanel>
</Window>
```

最后，把自定义按钮添加到主窗口的界面上，并把 MyWindow 作为一种数据类型赋值给 MyButton.UserWindowType 属性：

```xml
<Window x:Class="WpfApplication1.Window1"
    xmlns="http://schemas.microsoft.com/winfx/2006/xaml/presentation"
    xmlns:x="http://schemas.microsoft.com/winfx/2006/xaml"
    xmlns:local="clr-namespace:WpfApplication1"
    Title="Window1" Height="300" Width="300">
    <StackPanel>
        <local:MyButton Content="Show" UserWindowType="{x:Type TypeName=local:MyWindow}" Margin="5"/>
    </StackPanel>
</Window>
```

> **注意**
> 因为 MyButton 和 MyWindow 这两个自定义类都包含在当前项目的名称空间里，所以把当前项目的名称空间引用进来并用 local 前缀映射：xmlns:local="clr-namespace: WpfApplication1"。在使用 MyButton 和 MyWindow 时也要为它们加上 local 前缀。

回顾一下标记扩展的语法，因为 TypeExtension 类的构造器可以接受数据类型名作为参数，所以我们完全可以这样写：

UserWindowType="{x:Type local:MyWindow}"

编译并运行程序，单击主窗体上的按钮，自定义窗体就会显示出来，如图 4-6 所示。我们还可以多写几个自定义窗体类来扩展这个程序，到时候只需要在 XAML 里更换 UserWindowType 的值就可以了。

图 4-6　程序的运行结果

4.3.2　x:Null

有时候我们需要显式地对一个属性赋一个空值。在 C#语言里，使用 null 关键字来表示空值，在 XAML 里用来表示空值的是 x:Null。让我们来看一个例子。

大多数时候我们不用显式地为一个属性赋 null 值,但如果一个属性具有默认值而我们又不需要这个默认值时就需要显式地设置 null 值了。在 WPF 中,Style 的作用是按照一定的审美规格设置控件的各个属性,程序员可以通过为控件更换 Style 来产生各种风格迥异的效果。程序员可以逐个为控件设置 Style,也可以为一个 Style 指定目标控件类型,一旦指定了目标类型那么这类控件的实例将都使用这个 Style——除非你显式地将某个实例的 Style 属性设置为 x:Null。

```xml
<Window x:Class="WpfApplication1.Window1"
    xmlns="http://schemas.microsoft.com/winfx/2006/xaml/presentation"
    xmlns:x="http://schemas.microsoft.com/winfx/2006/xaml"
    Title="x:Null Sample" Height="300" Width="300">
    <Window.Resources>
        <Style x:Key="{x:Type Button}" TargetType="{x:Type Button}">
            <Setter Property="Width" Value="60"/>
            <Setter Property="Height" Value="36"/>
            <Setter Property="Margin" Value="5"/>
        </Style>
    </Window.Resources>
    <StackPanel>
        <Button Content="OK"/>
        <Button Content="OK"/>
        <Button Content="OK"/>
        <Button Content="OK" Style="{x:Null}"/>
    </StackPanel>
</Window>
```

上面的例子把一个 Style 放在了 Window 的资源里并把它的 x:Key 和 TargetType 都设置成了 Button 类型,这样,UI 上的所有 Button 控件都会默认地被套用这个 Style——除了最后一个 Button——因为它显式地把 Style 设置为了 x:Null。

在这个 Style 中,把按钮的 Width 和 Height 设置成近似"黄金分割比"并在四周加了 5 个像素的留白,效果如图 4-7 所示。

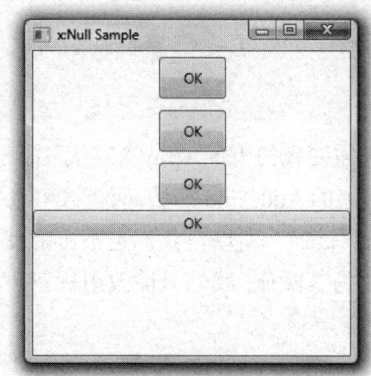

图 4-7　x:Null 示例

4.3.3 标记扩展实例的两种声明语法

前面我们已经认识了 x:Type 和 x:Null 两个标记扩展，并使用了它们的转义字符串式声明（即使用花括号括起来的字符串作为值赋给标签 Attribute 的形式）。因为标记扩展也是标准的.NET 类，所以，我们也可以使用 XAML 标签来声明标记扩展的实例。拿上面 x:Null 的例子来说，最后一个 Button 的代码完全可以写成这样：

```xml
<Button Content="OK">
    <Button.Style>
        <x:Null/>
    </Button.Style>
</Button>
```

这样做的缺点显而易见，就是代码太啰嗦。所以，为了保持代码的简洁，我们很少使用这种语法。但有一个例外，那就是 x:Array 标记扩展——如果想在 XAML 文档里声明一个包含数据的 x:Array 实例，必须使用标签式声明才能做到。

4.3.4 x:Array

x:Array 的作用就是通过它的 Items 属性向使用者暴露一个类型已知的 ArrayList 实例，ArrayList 内成员的类型由 x:Array 的 Type 指明。下面这个例子是把一个 x:Array 当作数据源向一个 ListBox 提供数据。

在 WPF 中把包含数据的对象称为数据源（Data Source）。如果想把一个 x:Array 的实例作为数据源提供给一个 ListBox 的话，代码是这样：

```xml
<Window x:Class="WpfApplication1.Window1"
    xmlns="http://schemas.microsoft.com/winfx/2006/xaml/presentation"
    xmlns:x="http://schemas.microsoft.com/winfx/2006/xaml"
    xmlns:sys="clr-namespace:System;assembly=mscorlib"
    Title="Window1" Height="120" Width="160">
    <Grid Background="LightBlue">
        <ListBox Margin="5" ItemsSource="{x:Array Type=sys:String}"/>
    </Grid>
</Window>
```

此时，作为数据源的 x:Array 实例是没有数据可提供的，所以需要我们为 x:Array 实例添加一些数据。这时问题就出现了：向 ArrayExtension 中添加数据需要调用它的 AddChild 方法，而在 XAML 中我们无法编写逻辑代码。同时，ArrayExtension 的 Items 属性是只读的，所以，我们也不可能使用 ItemsSource="{x:Array Type=sys:String Items=XXXXXX}"的形式为其赋值。我们只能改用标签声明语法：

```xml
<ListBox Margin="5">
    <ListBox.ItemsSource>
```

```xml
            <x:Array Type="sys:String">
                <sys:String>Tim</sys:String>
                <sys:String>Tom</sys:String>
                <sys:String>Victor</sys:String>
            </x:Array>
        </ListBox.ItemsSource>
</ListBox>
```

这样，在解析<x:Array>标签的时候编译器会生成调用 AddChild 方法的代码把<x:Array>标签的子元素逐个添加到 x:Array 实例的 Items 里。运行程序，效果如图 4-8 所示。

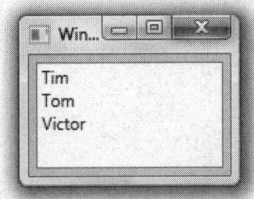

图 4-8　x:Array 应用示例

最后，让我们看一下 ArrayExtension 的源代码片断：

```csharp
public class ArrayExtension : MarkupExtension, IAddChild
    {
        private ArrayList _arrayList = new ArrayList();
        private Type _arrayType;

        // 默认构造器
        public ArrayExtension() { }

        // 带 Type 参数的构造器
        public ArrayExtension(Type arrayType)
        {
            // ...
            _arrayType = arrayType;
        }

        // 带 Array 参数的构造器
        public ArrayExtension(Array elements)
        {
            _arrayList.AddRange(elements);
            _arrayType = elements.GetType().GetElementType();
        }

        // 向内部 ArrayList 实例添加元素
        public void AddChild(Object value)
        {
```

```
            _arrayList.Add(value);
        }

        public void AddText(string text)
        {
            AddChild(text);
        }

        // Type 属性,并指明是 XAML 中的固定位置参数
        [ConstructorArgument("type")]
        public Type Type
        {
            get { return _arrayType; }
            set { _arrayType = value; }
        }

        // Items 属性,并没有要求具体类型,但一定是 IList 的派生类
        // 特别注意:Items 属性是只读的
        public IList Items
        {
            get { return _arrayList; }
        }

        // 向使用者提供数据
        // 注意:它是将内部 ArrayList 根据 Type 属性转换成 Array 后以对象的形式提供的
        public override object ProvideValue(IServiceProvider serviceProvider)
        {
            // ...
            object retArray = null;
            // ...
            retArray = _arrayList.ToArray(_arrayType);
            // ...
            return retArray;
        }
    }
```

4.3.5　x:Static

x:Static 是一个很常用的标记扩展,它的功能是在 XAML 文档中使用数据类型的 static 成员。因为 XAML 不能编写逻辑代码,所以使用 x:Static 访问的 static 成员一定是数据类型的属性或字段。我们看一个例子:

首先,为 Window1 添加两个 static 成员,一个是 static 字段,一个是 static 属性。

```
public partial class Window1 : Window
{
```

```
        public static string WindowTitle = "山高月小";
        public static string ShowText { get { return "水落石出"; } }

        public Window1()
        {
            InitializeComponent();
        }
    }
}
```

然后，在 XAML 中使用 x:Static 来访问这两个成员：

```
<Window x:Class="WpfApplication1.Window1"
    xmlns="http://schemas.microsoft.com/winfx/2006/xaml/presentation"
    xmlns:x="http://schemas.microsoft.com/winfx/2006/xaml"
    xmlns:local="clr-namespace:WpfApplication1"
    Title="{x:Static local:Window1.WindowTitle}" Height="120" Width="300">
    <StackPanel>
        <TextBlock FontSize="32" Text="{x:Static local:Window1.ShowText}"/>
    </StackPanel>
</Window>
```

运行程序，看到的结果如图 4-9 所示。

图 4-9　运行效果

> **注意**
>
> 如果一个程序需要国际化支持，一般会把需要显示的字符串保存在一个资源类的 static 属性中，所以支持国际化的程序 UI 中对 x:Static 的使用非常频繁。

4.4　XAML 指令元素

XAML 指令元素只有两个
- x:Code
- x:XData

我们已经在代码后置一节介绍过<x:Code>标签，它的作用就是可以包含一些本应放置在后置代码中的 C#代码。这样做的好处是不用把 XAML 代码和 C#代码分置在两个文件中，但若不是遇到某些极端环境我想应该没人这么干，这样做最大的问题就代码不好维护、不易调试。

x:XData 标签是一个专用标签。WPF 中把包含数据的对象称为数据源，用于把数据源中的数据提供给数据使用者的对象被称为数据提供者（Data Provider）。WPF 类库中包含多种数据提供者，其中有一个类叫 XmlDataProvider，专门用于提供 XML 化的数据。如果想在 XAML 里声明一个带有数据的 XmlDataProvider 实例，那么 XmlDataProvider 实例的数据就要放在 x:XData 标签的内容里。示例如下：

```xml
<Window.Resources>
    <XmlDataProvider x:Key="InventoryData" XPath="Inventory/Books">
        <x:XData>
            <Supermarket xmlns="">
                <Fruits>
                    <Fruit Name="Peach"/>
                    <Fruit Name="Banana"/>
                    <Fruit Name="Orange"/>
                </Fruits>
                <Drinks>
                    <Drink Name="Coca Cola"/>
                    <Drink Name="PEPSI Cola"/>
                </Drinks>
            </Supermarket>
        </x:XData>
    </XmlDataProvider>
</Window.Resources>
```

4.5 小结

至此，我们可以说已经比较完整地掌握了 XAML 的语法和常用元素。有了这些知识，我们就可以动手去创建优雅的布局和炫丽的界面了。接下来的章节将使用前面学到的 XAML 语法和 x 名称空间里的元素、结合琳琅满目的 WPF 控件建立实用的软件界面。

5

控件与布局

5.1 控件到底是什么

程序的本质是"数据+算法"——用户输入原始数据，算法处理原始数据并得到结果数据。问题就在于程序如何将结果数据显示给用户。同样一组数据，你可以使用 LED 阵列显示出来，或者是以命令行模式借助各种格式控制字符（如 Tab）对齐并输出，但这些都不如图形化用户界面（Graphic User Interface，GUI）来的友好和方便。GUI 的方便之处在于它对数据表达的直观性，程序员可以使用编程手段把数据之间的关系以图形的方式展现出来，从而免除了用户面对一大堆抽象数据的痛苦，提高了工作效率、普及了计算机的操作。

GUI 是程序界面的优胜者，但在 Windows 上实现图形化的界面却有多种方法，每种方法又拥有自己的一套开发理念和工具。每种 GUI 开发方法与它的理念和工具共同组成一种方法论，常见的有：

- Windows API（Win API）：调用 Windows 底层绘图函数，使用 C 语言，最原始也最基础。
- Microsoft Foundation Class（MFC）：使用 C++语法将原始的 Win32 API 函数封装成控件类。
- Visual Component Library（VCL）：Delphi 和 C++ Builder 使用的与 MFC 相近的控件类库。
- Visual Basic + ActiveX 控件（VB6）：使用组件化的思想把 Win API 封装成 UI 控件，以期多语言共用。
- Java Swing/AWT：Java SDK 中用于跨平台开发 GUI 程序的控件类库。
- Windows Form：.NET 平台上进行 GUI 开发的老牌劲旅，完全组件化但需要.NET 运行时支持。
- Windows Presentation Foundation（WPF）：后起之秀，使用全新的数据驱动 UI 的理念。

纵览 Windows GUI 开发历史，可以把上述这些方法论分为四代：

- Win API 时代：函数调用+Windows 消息处理。
- 封装时代：使用面向对象理念把 Win API 封装成类；由来自 UI 的消息驱动程序处理数据。

- 组件化时代：使用面向组件理念在类的基础上封装成组件；消息被封装成事件，变成事件驱动。
- WPF 时代：在组件化的基础上，使用专门的 UI 设计语言并引入由数据驱动 UI 的理念。

WPF 之所以能够称得上是新的一代关键在于两点：第一，之前几代 GUI 方法论只能使用编程语言进行 UI 设计，而 WPF 具有专门用于 UI 设计的 XAML；第二，前几代在 UI 与数据的交互方面是由 Windows 消息到控件事件一脉相承，始终是把 UI 控件放在主导地位而把数据放在被动地位，用 UI 来驱动数据的改变，WPF 在事件驱动的基础上引入了数据驱动界面的理念，让数据重归核心地位而让 UI 回归数据表达者的位置。

从现在开始，你就要在心中树立起这样一个概念——WPF 中是数据驱动 UI，数据是核心、是主动的；UI 从属于数据并表达数据、是被动的。

UI 的功能是让用户观察和操作数据，为了让用户观察数据，我们需要用 UI 元素来显示数据；为了让用户操作数据，我们需要用 UI 元素响应用户的操作。WPF 把那些能够展示数据、响应用户操作的 UI 元素称为控件（Control）。控件所展示的数据，我们称之为控件的"数据内容"；控件在响应用户的操作后会执行自己的一些方法或以事件（Event）的形式通知应用程序（程序员可以决定如何处理这些事件），我们称之为控件的"行为"或"算法内容"。可见，WPF 中的控件扮演着双重角色、是个非常抽象的概念——Control 是数据和行为的载体，而无需具有固定的形象。换句话说，Button 之所以是 Button 不是因为它长得方方正正、显示一串文字并且能够响应用户单击，而是应该倒过来想——凡是符合"能显示一些提示内容（可以是文字，也可以是图片、动画甚至视频）并能响应用户单击"这一抽象概念的 UI 元素都可以是 Button，至于一个 Button 具体长成什么样子（是方是圆、是显示文字还是显示动画）完全由它的风格（Style）和模板（Template）来决定；CheckBox 之所以是 CheckBox 也不是因为它有一个 Box 可供你 Check——只要是用来显示一个 bool 类型值并允许用户通过单击来切换 true/false/null 的 UI 元素，那它就是一个 CheckBox。总之，在 WPF 中谈控件，我们关注的应该是抽象的数据和行为而不是控件具体的形象。控件的 Template 和 Style 在后面章节有详细讨论。

粗略而言，日常工作中我们打交道最多的控件无外乎 6 类，即：

（1）布局控件：可以容纳多个控件或嵌套其他布局控件，用于在 UI 上组织和排列控件。Grid、StackPanel、DockPanel 等控件都属此类，它们拥有共同的父类 Panel。

（2）内容控件：只能容纳一个其他控件或布局控件作为它的内容。Window、Button 等控件属于此类，因为只能容纳一个控件作为其内容，所以经常需要借助布局控件来规划其内容。它们的共同父类是 ContentControl。

（3）带标题内容控件：相当于一个内容控件，但可以加一个标题（Header），标题部分亦可容纳一个控件或布局。GroupBox、TabItem 等是这类控件的典型代表。它们的共同父类是 HeaderedContentControl。

（4）条目控件：可以显示一列数据，一般情况下这列数据的类型相同。此类控件包括 ListBox、ComboBox 等。它们的共同基类是 ItemsControl。此类控件在显示集合类型数据方面功能非常强大。

（5）带标题条目控件：相当于一个条目控件加上一个标题显示区。TreeViewItem、MenuItem 都属于此类控件。这类控件往往用于显示层级关系数据，结点显示在其 Header 区域，子级结点则显示在其条目控件区域。此类控件的共同基类是 HeaderedItemsControl。

（6）特殊内容控件：比如 TextBox 容纳的是字符串、TextBlock 可以容纳可自由控制格式的文本、Image 容纳图片类型数据……这类控件相对比较独立。

6 类控件的派生关系如图 5-1 所示。

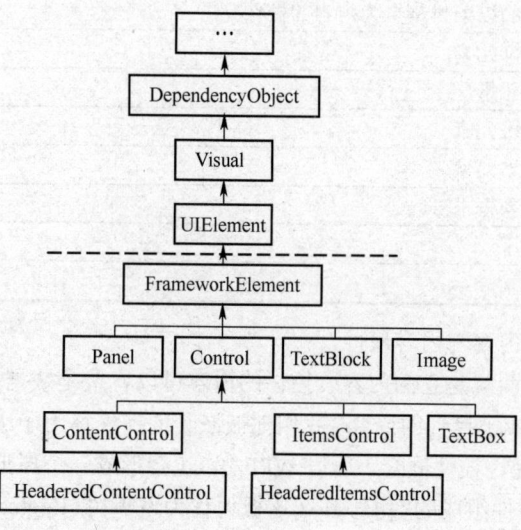

图 5-1　6 类控件的派生关系

> **注意**
>
> 细心的读者可能会问："为什么要在 FrameworkElement 处放置一条分隔线呢？FrameworkElement 的 Framework 与 .NET Framework 的 Framework 是什么关系？"问题的答案是：WPF 是构建在 .NET Framework 上的一个子系统，它也是一个用于开发应用程序的框架（Framework），FrameworkElement 的 Framework 指的就是 WPF Framework。而 FrameworkElement 类在 UIElement 类的基础上添加了很多专门用于 WPF 开发的 API（比如 SetBinding 方法），所以从这个类开始才算是进入 WPF 开发框架。

下面我们将详细地探讨 UI 元素的种类与布局。

5.2　WPF 的内容模型

日常生活中，内容的表现形式多种多样——草稿纸上的文字、公式和图形是内容，报纸上的文章是内容（但具有标题），货品清单上的条目也是内容（但它是以条目序列的形式出现的）。WPF 的 UI 元素也是这样，它们有着不拘一格的内容以便程序员根据要表达的数据从中选择。

所谓物以类聚，根据是否可以装载内容、能够装载什么样的内容，WPF 的 UI 元素可以分为如

表 5-1 所示的这些类型。

表 5-1 WPF 的 UI 元素的类型

名称	注释
ContentControl	单一内容控件
HeaderedContentControl	带标题的单一内容控件
ItemsControl	以条目集合为内容的控件
HeaderedItemsControl	带标题的以条目集合为内容的控件
Decorator	控件装饰元素
Panel	面板类元素
Adorner	文字点缀元素
Flow Text	流式文本元素
TextBox	文本输入框
TextBlock	静态文字
Shape	图形元素

下面我们逐一剖析这些元素的内部结构，了解内容与内容属性。

你可以把控件想象成一个容器，容器里装的东西就是它的内容。控件的内容可以直接是数据，也可以是控件。当控件的内容还是控件的时候就形成了控件的嵌套。我们把被嵌套的控件称为子级控件，这种控件嵌套在 UI 布局时尤为常见。因为允许控件嵌套，所以 WPF 的 UI 会形成一个树形结构。如果不考虑控件内部的组成结构，只观察由控件组成的"树"，那么这棵树称为逻辑树（Logical Tree）；WPF 控件往往是由更基本的控件构成的，即控件本身就是一棵树，如果连控件本身的树也考虑在内，则这棵比逻辑树更"繁茂"的树称为可视元素树（Visual Tree）。

控件是内存中的对象，控件的内容也是内存中的对象。控件通过自己的某个属性引用着作为其内容的对象，这个属性称为内容属性（Content Property）。"内容属性"是个统称，具体到每种控件上，内容属性都有自己确切的名字——有的直接就叫 Content，有的叫 Child；有些控件的内容可以是集合，其内容属性有叫 Items 或 Children 的。

控件的内容属性与 XAML 标签的内容存在一定的对应关系，下面稍做解释。

> **注意**
>
> 判断一种编程语言精良与否，很重要的一个原则就是程序员使用起来是不是得心应手。XAML 在这方面做的很好，在表达 UI 元素和元素内容时的语法非常灵活，于情于理都说得过去。

所谓"于理"，就是说我们严格按照语法来行事。控件不是有内容属性吗？那在 XAML 里我们就应该能够使用 Attribute=Value 或者属性标签的形式来为内容赋值。比如想把字符串"OK"作为内容赋值给一个 Button，下面两种写法都是正确的：

`<Button Content="OK"/>`

或者：

```
<Button>
    <Button.Content>
        <sys:String>OK</sys:String>
    </Button.Content>
</Button>
```

所谓"于情",是指如果说得通就不必要非按照冗长的语法一板一眼来行事。控件对应到 XAML 文档里就是标签,按照大家对标签语言的理解,控件的内容就应该是标签的内容、子级控件就应该是标签的子级元素(简称标签的元素)。标签的内容是夹在起始标签和结束标签间的代码,因此,上面的代码也可以写成这样:

```
<Button>
    <sys:String>OK</sys:String>
</Button>
```

换句话说,XAML 标签的内容区域专门映射了控件的内容属性。

有些控件的内容是一个集合,如 StackPanel 的内容属性是 Children、ListBox 的内容属性是 Items,为这类控件添加内容时一样可以省略内容属性的标签。以 StackPanel 为例,当为一个 StackPanel 添加三个 TextBox 和一个 Button 时,完整的语法应该是这样:

```
<StackPanel Background="Gray">
    <StackPanel.Children>
        <TextBox Margin="5"/>
        <TextBox Margin="5"/>
        <Button Content="OK" Margin="5"/>
    </StackPanel.Children>
</StackPanel>
```

简化后的代码是:

```
<StackPanel Background="Gray">
    <TextBox Margin="5"/>
    <TextBox Margin="5"/>
    <Button Content="OK" Margin="5"/>
</StackPanel>
```

5.3 各类内容模型详解

我们把符合某类内容模型的 UI 元素称为一个族,每个族用它们共同基类来命名。

5.3.1 ContentControl 族

本族元素的特点如下:
- 均派生自 ContentControl 类。

- 它们都是控件（Control）。
- 内容属性的名称为 Content。
- 只能由单一元素充当其内容。

怎样理解"只能由单一元素充当其内容"这句话呢？让我们看一个例子。

Button 控件属于这一族，所以，下面两个 Button 的代码都是正确的——第一个 Button 的内容是一个静态文本，第二个 Button 的内容是一张图片。

```xml
<StackPanel>
    <Button Margin="5">
        <TextBlock Text="Hello"/>
    </Button>
    <Button Margin="5">
        <Image Source=".\smile.png" Width="30" Height="30"/>
    </Button>
</StackPanel>
```

但如果你想让 Button 的内容既包含文字又包含图片是不行的：

```xml
<StackPanel>
    <Button Margin="5">
        <TextBlock Text="Hello"/>
        <Image Source=".\smile.png" Width="30" Height="30"/>
    </Button>
</StackPanel>
```

编译器报错说"The object 'Button' already has a child and cannot add 'Image'. 'Button' can accept only one child."，即明确地告诉我们——Button 只能接受一个元素作为它的 Content。

可是如果真的需要一个带图标的 Button 我们应该怎么办呢？别忘了，控件的内容也可以是控件，我们只需要先用一个可以包含多个元素的布局控件把图片和文字包装起来，再把这个布局控件作为 Button 的内容就好了（布局控件详见 5.3.8 节 Panel 族）。

ContentControl 族包含的控件如表 5-2 所示。

表 5-2　ContentControl 族包含的控件

Button	ButtonBase	CheckBox	ComboBoxItem
ContentControl	Frame	GridViewColumnHeader	GroupItem
Label	ListBoxItem	ListViewItem	NavigationWindow
RadioButton	RepeatButton	ScrollViewer	StatusBarItem
ToggleButton	ToolTip	UserControl	Window

5.3.2　HeaderedContentControl 族

本族元素的特点如下：

- 它们都派生自 HeaderedContentControl 类，HeaderedContentControl 是 ContentControl 类的派生类。
- 它们都是控件，用于显示带标题的数据。
- 除了用于显示主体内容的区域外，控件还具有一个显示标题（Header）的区域。
- 内容属性为 Content 和 Header。
- 无论是 Content 还是 Header 都只能容纳一个元素作为其内容。

HeaderedContentControl 族包含的控件如表 5-3 所示。

表 5-3　HeaderedContentControl 族包含的控件

Expander	GroupBox	HeaderedContentControl	TabItem

下面这个例子是一个以图标为 Header、以文字为主体内容的 GroupBox，效果如图 5-2 所示。

```
<Grid>
    <GroupBox Margin="10" BorderBrush="Gray">
        <GroupBox.Header>
            <Image Source=".\smile.png" Width="20" Height="20"/>
        </GroupBox.Header>
        <TextBlock TextWrapping="WrapWithOverflow" Margin="10"
            Text="一棵树、一匹马、一头大象和一只鸡在一起，打一种日常用品。"/>
    </GroupBox>
</Grid>
```

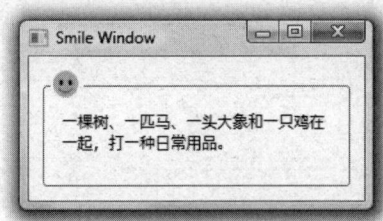

图 5-2　GroupBox 控件示例效果

5.3.3　ItemsControl 族

本族元素的特点如下：

- 均派生自 ItemsControl 类。
- 它们都是控件，用于显示列表化的数据。
- 内容属性为 Items 或 ItemsSource。
- 每种 ItemsControl 都对应有自己的条目容器（Item Container）。

本族的包含的控件如表 5-4 所示。

表 5-4 ItemsControl 族所包含的控件

Menu	MenuBase	ContextMenu	ComboBox
ItemsControl	ListBox	ListView	TabControl
TreeView	Selector	StatusBar	

> **注意**
> 本族控件最有特色的一点就是会自动使用条目容器对提交给它的内容进行包装。合法的 ItemsControl 内容一定是个集合，当我们把这个集合作为内容提交给 ItemsControl 时，ItemsControl 不会把这个集合直接拿来用，而是使用自己对应的条目容器把集合中的条目逐个包装，然后再把包装好的条目序列当作自己的内容。这种自动包装的好处就是允许程序员向 ItemsControl 提交各种数据类型的集合，程序员在思考问题时会自然而然地感觉到 ItemsControl 控件直接装载着数据，如果需要进行增加、删除、更新或者排序，那么直接去操作数据集合就可以，UI 会自动将改变展现出来。这正体现了在 WPF 开发时是数据直接驱动 UI 再进行显示。

ListBox 是个典型的 ItemsControl，下面将以它为例，研究一下 ItemsControl。

首先，我们看看 ListBox 的自动包装。WPF 的 ListBox 在显示功能上比 Windows Form 或者 ASP.NET 的 ListBox 要强大很多。传统的 ListBox 只能将条目以字符串的形式显示，而 WPF 的 ListBox 除了可以显示中规中矩的字符串条目还能够显示更多的元素，如 CheckBox、RadioButton、TextBox 等，这样一来，我们就能制作出更加丰富的 UI。例如下面这段代码：

```xml
<Grid>
    <ListBox Margin="5">
        <CheckBox x:Name="checkBoxTim" Content="Tim"/>
        <CheckBox x:Name="checkBoxTom" Content="Tom"/>
        <CheckBox x:Name="checkBoxBruce" Content="Bruce"/>
        <Button x:Name="buttonMess" Content="Mess"/>
        <Button x:Name="buttonOwen" Content="Owen"/>
        <Button x:Name="buttonVictor" Content="Victor"/>
    </ListBox>
</Grid>
```

运行效果如图 5-3 所示。

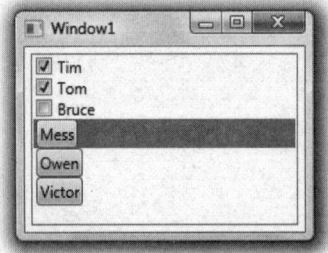

图 5-3 ListBox 控件运行效果

表面看上去是 ListBox 直接包含了一些 CheckBox 和 Button，实际上并非这样。我们为 Victor 这个按钮添加 Click 事件的响应，看看它的父级容器是什么。

```
XAML:
<Button x:Name="buttonVictor" Content="Victor" Click="buttonVictor_Click"/>
C#:
    private void buttonVictor_Click(object sender, RoutedEventArgs e)
    {
        Button btn = sender as Button;
        DependencyObject level1 = VisualTreeHelper.GetParent(btn);
        DependencyObject level2 = VisualTreeHelper.GetParent(level1);
        DependencyObject level3 = VisualTreeHelper.GetParent(level2);
        MessageBox.Show(level3.GetType().ToString());
    }
```

单击按钮后，弹出消息框如图 5-4 所示。

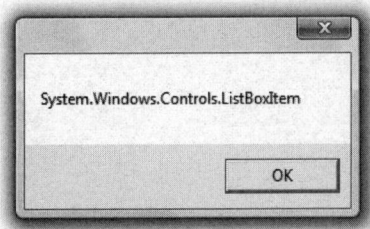

图 5-4　Button 控件的父级容器

前面我们已经知道，WPF 的 UI 是树形结构，VisualTreeHelper 类就是帮助我们在这棵由可视化元素构成的树上进行导航的辅助类。我们沿着被单击的 Button 一层一层向上找，找到第三层发现它是一个 ListBoxItem。ListBoxItem 就是 ListBox 对应的 Item Container，也就是说，无论你把什么样的数据集合交给 ListBox，它都会以这种方式进行自动包装。所以我们完全没必要这样写：

```
<Grid>
    <ListBox Margin="5">
        <ListBoxItem>
            <Button x:Name="buttonMess" Content="Mess"/>
        </ListBoxItem>
        <ListBoxItem>
            <Button x:Name="buttonOwen" Content="Owen"/>
        </ListBoxItem>
        <ListBoxItem>
            <Button x:Name="buttonVictor" Content="Victor" Click="buttonVictor_Click"/>
        </ListBoxItem>
    </ListBox>
</Grid>
```

上面这个例子是单纯地为了说明 ItemsControl 能够使用对应的 Item Container 自动包装数据。实际工作中，除非列表里的元素自始至终都是固定的我们才使用这种直接把 UI 元素作为 ItemsControl 内容的方法，比如一年有十二个月、一周有七天等。大多数情况下，UI 上的列表会用于显示动态的后台数据，这时候我们交给 ItemsControl 的就是程序逻辑中的数据而非控件了。

假设程序中定义有 Employee 类：

```
public class Employee
{
    public int Id { get; set; }
    public string Name { get; set; }
    public int Age { get; set; }
    // ...
}
```

并且有一个 Employee 类型的集合：

```
List<Employee> empList = new List<Employee>()
{
    new Employee(){Id=1, Name="Tim", Age=30},
    new Employee(){Id=2, Name="Tom", Age=26},
    new Employee(){Id=3, Name="Guo", Age=26},
    new Employee(){Id=4, Name="Yan", Age=25},
    new Employee(){Id=5, Name="Owen", Age=30},
    new Employee(){Id=6, Name="Victor", Age=30},
};
```

在程序的主界面上有一个名为 listBoxEmplyee 的 ListBox。我们只需要这样写：

```
// ...
this.listBoxEmplyee.DisplayMemberPath = "Name";
this.listBoxEmplyee.SelectedValuePath = "Id";
this.listBoxEmplyee.ItemsSource = empList;
// ...
```

程序就会显示出如图 5-5 所示的结果。

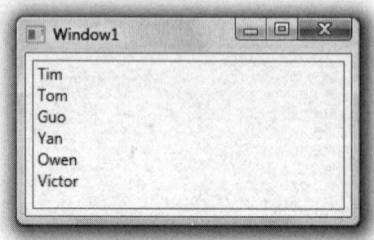

图 5-5 动态后台数据显示示例

DisplayMemberPath 这个属性告诉 ListBox 显示每条数据的哪个属性，换句话说，ListBox 会去调用这个属性值的 ToString()方法，把得到的字符串放入一个 TextBlock（最简单的文本控件），然后再按前面说的办法把 TextBlock 包装进一个 ListBoxItem 里。

ListBox 的 SelectedValuePath 属性将与其 SelectedValue 属性配合使用。当你调用 SelectedValue 属性时，ListBox 先找到选中的 Item 所对应的数据对象，然后把 SelectedValuePath 的值当作数据对象的属性名称并把这个属性的值取出来。

DisplayMemberPath 和 SelectedValuePath 是两个相当简化的属性。DisplayMemberPath 只能显示简单的字符串，想用更加复杂的形式显示数据需要使用 DataTemplate，我们在后面的章节详细讨论；SelectedValuePath 也只能返回单一的值，如果想进行一些复杂的操作，不妨直接使用 ListBox 的 SelectedItem 和 SelectedItems 属性，这两个属性返回的就是数据集合中的对象，得到原始的数据对象后就任由程序员操作了。

理解了 ListBox 的自动包装机制之后，我把全部 ItemsControl 对应的 Item Container 列在下面，如表 5-5 所示。

表 5-5 ItemsControl 对应的 Item Container

ItemsControl 名称	对应的 Item container
ComboBox	ComboBoxItem
ContextMenu	MenuItem
ListBox	ListBoxItem
ListView	ListViewItem
Menu	MenuItem
StatusBar	StatusBarItem
TabControl	TabItem
TreeView	TreeViewItem

5.3.4 HeaderedItemsControl 族

顾名思义，本族控件除了具有 ItemsControl 的特性外，还具显示标题的能力。

本族元素的特点如下：

- 均派生自 HeaderedItemsControl 类。
- 它们都是控件，用于显示列表化的数据，同时可以显示一个标题。
- 内容属性为 Items、ItemsSource 和 Header。

因为与 ItemsControl 非常类似，在此就不浪费笔墨了。本族控件只有 3 个：MenuItem、TreeViewItem、ToolBar。

5.3.5 Decorator 族

本族中的元素是在 UI 上起装饰效果的。如可以使用 Border 元素为一些组织在一起的内容加个边框。如果需要组织在一起的内容能够自由缩放,则可使用 ViewBox 元素。

本族元素的特点如下:
- 均派生自 Decorator 类。
- 起 UI 装饰作用。
- 内容属性为 Child。
- 只能由单一元素充当内容。

本族元素如表 5-6 所示。

表 5-6 Decorator 族元素

ButtonChrome	ClassicBorderDecorator	ListBoxChrome	SystemDropShadowChrome
Border	InkPresenter	BulletDecorator	Viewbox
AdornerDecorator			

5.3.6 TextBlock 和 TextBox

这两个控件最主要的功能是显示文本。TextBlock 只能显示文本,不能编辑,所以又称静态文本。TextBox 则允许用户编辑其中的内容。TextBlock 虽然不能编辑内容,但可以使用丰富的印刷级的格式控制标记显示专业的排版效果。

TextBox 不需要太多的格式显示,所以它的内容是简单的字符串,内容属性为 Text。

TextBlock 由于需要操纵格式,所以内容属性是 Inlines(印刷中的"行"),同时,TextBlock 也保留一个名为 Text 的属性,当简单地显示一个字符串时,可以使用这个属性。

5.3.7 Shape 族元素

友好的用户界面离不开各种图形的搭配,Shape 族元素(它们只是简单的视觉元素,不是控件)就是专门用来在 UI 上绘制图形的一类元素。这类元素没有自己的内容,我们可以使用 Fill 属性为它们设置填充效果,还可以使用 Stroke 属性为它们设置边线的效果。

本族元素的特点如下:
- 均派生自 Shape 类。
- 用于 2D 图形绘制。
- 无内容属性。
- 使用 Fill 属性设置填充,使用 Stroke 属性设置边线。

5.3.8 Panel 族元素

之所以把 Panel 族元素放在最后是因为这一族控件实在是太重要了——所有用于 UI 布局的元素都属于这一族。我们将在本章的后半部分仔细研习数个重要的布局元素。

本族元素的特点如下:

- 均派生自 Panel 抽象类。
- 主要功能是控制 UI 布局。
- 内容属性为 Children。
- 内容可以是多个元素，Panel 元素将控制它们的布局。

对比 ItemsControl 和 Panel 元素，虽然内容都可以是多个元素，但 ItemsControl 强调以列表的形式来展现数据而 Panel 则强调对包含的元素进行布局，所以 ItemsControl 的内容属性是 Items 和 ItemsSource 而 Panel 的内容属性名为 Children。WPF 框架中这种良好的命名习惯非常值得我们学习。

本族元素如表 5-7 所示。

表 5-7　Panel 族元素

Canvas	DockPanel	Grid	TabPanel
ToolBarOverflowPanel	StackPanel	ToolBarPanel	UniformGrid
VirtualizingPanel	VirtualizingStackPanel	WrapPanel	

接下来的 5.4 节将逐个研究这些布局元素。

5.4　UI 布局（Layout）

WPF 作为专门的用户界面技术，布局功能是它的核心功能之一。友好的用户界面和良好的用户体验离不开设计精良的布局。日常工作中，WPF 设计师工作量最大的两部分就是布局和动画，除了点缀性的动画外，大部分动画也是布局间的转换，UI 布局的重要性可见一斑。布局是静态的，动画是动态的，用户体验就是用户在这动静之中与软件功能产生交互时的感受。

> **注意**
>
> WPF 的布局是依靠各种布局元素实现的。布局元素中，既有像传统的 Windows Form 和 ASP.NET 那样使用绝对坐标进行定位的元素，也有像 HTML 页面中那样使用行列定位的元素。只有对各个布局元素了如指掌才能使用最简洁的 XAML 和 C#代码实现让用户赏心悦目的静态界面和动画。

在开始学习这些布局元素前，首先提醒大家一句：每个布局元素都有自己的特点，即有自己的优点、长处，也有自己的缺点和短处。大家一定要把每个元素的特点记清楚并灵活使用，切莫对每种布局控件都无所不用其极。选择合适的布局元素，将会极大地简化编程，反之将会被迫实现一些布局控件原本已有的功能。另外，设计静态布局的时候也不能一味地追求简单，如果各静态布局间还有动画作为联系，就还需要考虑与动画设计的兼容性。

5.4.1　布局元素

传统的 Windows Form 或 ASP.NET 开发中，一般是把窗体或页面当作一个以左上角为原点的坐标系。窗体或页面上的控件依靠这个坐标系来布局，布局的办法就是调整控件在这个坐标系中的横纵坐标值。这样一来，控件与控件之间的关系要么就是相邻要么就是叠压。

WPF 的控件有了 Content 的概念，所以控件与控件之间又多出一种关系——包含。也正是这种以窗体为根的包含关系，整个 WPF 的 UI 才形成树形结构，我们称之为可视化树（Visual Tree），如图 5-6 所示。

图 5-6　可视化树

这是几个摞在一起的 Button。当看到这张图时，Windows Form 程序员会想到把几个 Button 叠加在一起，而 WPF 程序员除了可以使用与 Windows Form 程序员一样的办法外还多了一个选择——把一个 Button 作为另一个 Button 的 Content。代码如下：

```
<Grid>
    <Button Margin="10">
        <Button Margin="10">
            <Button Margin="10">
                <Button Margin="10">
                    <Button Margin="10" Content="OK"/>
                </Button>
            </Button>
        </Button>
    </Button>
</Grid>
```

但 WPF 程序员会遇到这样一个问题：用于构成 UI 的重要控件，如 Window、UserControl、GroupBox、Button、Label 等，都集中在 ContentControl 和 HeaderedContentControl 族里，但这两族控件只能接受一个元素作为自己的 Content，如果想在这些控件里包含多个控件应该怎么做呢？这就要用到布局元素了。布局元素属于 Panel 族，这一族元素的内容属性是 Children，即可以接受多个控件作为自己的内容并对这些控件进行布局控制。WPF 的布局理念就是把一个布局元素作为 ContentControl 或 HeaderedContentControl 族控件的 Content，再在布局元素里添加要被布局的子级控件，如果 UI 局部需要更复杂的布局，那就在这个区域放置一个子级的布局元素，形成布局元素的嵌套。

WPF 中的布局元素有如下几个：

- **Grid**：网格。可以自定义行和列并通过行列的数量、行高和列宽来调整控件的布局。近似于 HTML 中的 Table。
- **StackPanel**：栈式面板。可将包含的元素在竖直或水平方向上排成一条直线，当移除一个元素后，后面的元素会自动向前移动以填充空缺。
- **Canvas**：画布。内部元素可以使用以像素为单位的绝对坐标进行定位，类似于 Windows Form 编程的布局方式。
- **DockPanel**：泊靠式面板。内部元素可以选择泊靠方向，类似于在 Windows Form 编程中设置控件的 Dock 属性。
- **WrapPanel**：自动折行面板。内部元素在排满一行后能够自动折行，类似于 HTML 中的流式布局。

下面我们就逐个研究一下它们的使用方法。

5.4.2 Grid

顾名思义，Grid 元素会以网格的形式对内容元素们（即它的 Children）进行布局。

Grid 的特点如下：

- 可以定义任意数量的行和列，非常灵活。
- 行的高度和列的宽度可以使用绝对数值、相对比例或自动调整的方式进行精确设定，并可设置最大和最小值。
- 内部元素可以设置自己的所在的行和列，还可以设置自己纵向跨几行、横向跨几列。
- 可以设置 Children 元素的对齐方向。

基于这些特点，Grid 适用的场合有：

- UI 布局的大框架设计。
- 大量 UI 元素需要成行或者成列对齐的情况。
- UI 整体尺寸改变时，元素需要保持固有的高度和宽度比例。
- UI 后期可能有较大变更或扩展。

1. 定义 Grid 的行与列

Grid 类具有 ColumnDefinitions 和 RowDefinitions 两个属性，它们分别是 ColumnDefinition 和 RowDefinition 的集合，表示 Grid 定义了多少列、多少行。例如下面的代码：

```
<Grid>
    <Grid.ColumnDefinitions>
        <ColumnDefinition/>
        <ColumnDefinition/>
        <ColumnDefinition/>
        <ColumnDefinition/>
    </Grid.ColumnDefinitions>
    <Grid.RowDefinitions>
```

```
        <RowDefinition/>
        <RowDefinition/>
        <RowDefinition/>
    </Grid.RowDefinitions>
</Grid>
```

它的功能是将 Gird 定义为 4 列 3 行，在窗体设计器里你能看到这样的设计预览，如图 5-7 所示。

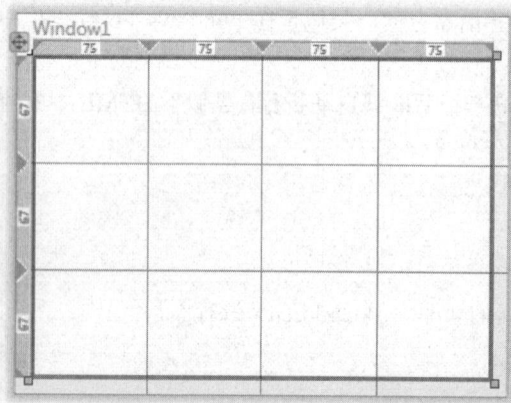

图 5-7　Grid 元素示例

Visual Studio 为我们准备了非常实用的 XAML 设计器，当你把鼠标指针在 Grid 的边缘上移动时会出现一条提示线，一旦你单击鼠标则会在此添加一条分隔线、创建出新的行和列。在实际工作中，我们可以先在 XAML 设计器里粗略地划分好行和列然后回到 XAML 编辑器里通过修改代码进行精确调整。

如果需要动态地调整 Grid 的布局，可以在 C#完成对列和行的定义。假设窗体包含一个名为 gridMain 的 Grid 元素，我为这个窗体的 Loaded 事件准备了如下的处理器：

```
private void Window_Loaded(object sender, RoutedEventArgs e)
{
    // Add 4 columns
    this.gridMain.ColumnDefinitions.Add(new ColumnDefinition());
    this.gridMain.ColumnDefinitions.Add(new ColumnDefinition());
    this.gridMain.ColumnDefinitions.Add(new ColumnDefinition());
    this.gridMain.ColumnDefinitions.Add(new ColumnDefinition());

    // Add 3 rows
    this.gridMain.RowDefinitions.Add(new RowDefinition());
    this.gridMain.RowDefinitions.Add(new RowDefinition());
    this.gridMain.RowDefinitions.Add(new RowDefinition());
```

```
// Show grid line in runtime
this.gridMain.ShowGridLines = true;
}
```

则程序运行后显示的效果如图 5-8 所示。

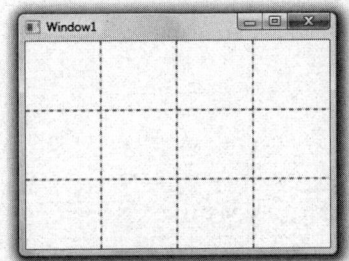

图 5-8 动态调整 Grid 布局示例

只定义行和列的个数还远远不够，我们还需要设置行的高度和列的宽度才能形成有意义的布局。这就引出两个问题：

- 宽度和高度的单位是什么。
- 宽度和高度可以取什么样的值。

先来回答第一个问题。计算机图形设计的标准单位是像素（Pixel），所以 Grid 的宽度和高度单位就是像素。除了可以使用像素作为单位外，Grid 还接受英寸（Inch）、厘米（Centimeter）和点（Point）作为单位，这些单位如表 5-8 所示。

表 5-8 Grid 可接受的宽度和高度的单位

英文名称	中文名称	简写	换算
Pixel	像素	px（默认单位，可省略）	图形基本单位
Inch	英寸	in	1inch=96pixel
Centimeter	厘米	cm	1cm=(96/2.54)pixel
Point	点	pt	1pt=(96/72)pixel

用一段代码把所有单位都展示出来：

```
<Grid>
    <Grid.RowDefinitions>
        <RowDefinition Height="30px"/>
        <RowDefinition Height="30"/>
        <RowDefinition Height="0.5in"/>
        <RowDefinition Height="1cm"/>
        <RowDefinition Height="30pt"/>
    </Grid.RowDefinitions>
</Grid>
```

它的设计预览如图 5-9 所示。

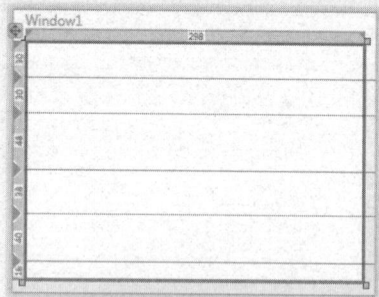

图 5-9 不同的长度单位

> **注意**
> 上面这段代码有几点值得注意的地方：
> - 属性的值为 double 类型。
> - 因为像素是默认单位，所以 px 可以省略。
> - 其他单位也会被转换成像素并显示在 Grid 的边缘处。

实际工作中使用什么单位要看程序具体的功能，如果 UI 只用于显示在计算机屏幕上，那么像素单位最为合适；如果程序涉及打印输出，则公制单位选择厘米、英制单位使用英寸比较合适。

接下来回答第二个问题。对于 Grid 的行高和列宽，我们可以设置三类值：

- 绝对值：double 数值加单位后缀（如上例）。
- 比例值：double 数值后加一个星号（"*"）。
- 自动值：字符串 Auto。

前面的例子我们使用的就是绝对值。绝对值的特点是一经设定就不会再改变，所以又称固定值。当控件的宽度和高度不需要改变或者使用空行、空列作为控件间隔时，绝对值是不二之选。

比例值是在 double 类型数据后加一个星号（"*"）。解析器会把所有比例值的数值加起来作为分母、把每个比例值的数值作为分子，再用这个分数值乘以未被占用空间的像素数，得到的结果就是分配给这个比例值的最终像素数。比如一个总高度为 150px 的 Grid，它包含 5 行，其中两行采用绝对值 25px，其他三行分别是 2*、1*、2*，使用上面的计算方法，这三行分配的像素数应该是 40px、20px 和 40px。

比例值最大的特点是当 UI 的整体尺寸改变后，它会保持固有的比例。如下面这段代码所示：

```
<Grid ShowGridLines="True">
    <Grid.RowDefinitions>
        <RowDefinition Height="25"/>
        <RowDefinition Height="4"/>
        <RowDefinition Height="1*"/>
        <RowDefinition Height="*"/>
```

```
            <RowDefinition/>
        </Grid.RowDefinitions>
</Grid>
```

程序启动时你看到的 UI 如图 5-10 所示。

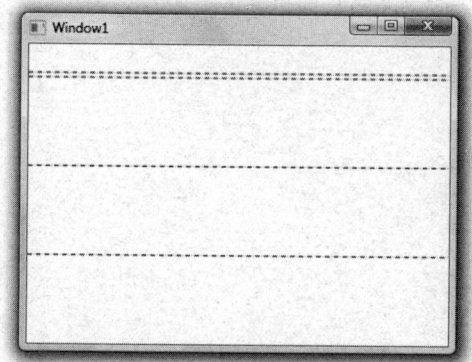

图 5-10　程序启动时显示效果

当你改变窗体的尺寸后，它会变成如图 5-11 所示。

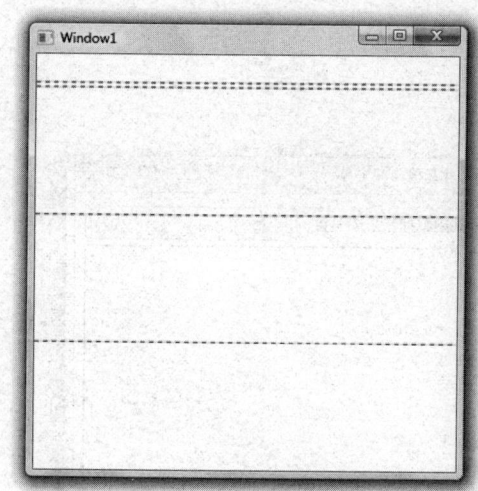

图 5-11　改变窗体尺寸后的显示效果

从上面的变化中我们可以看出，当改变容器的尺寸时，使用绝对值的行高不会改变而使用比例值的行高会保持固有比例。而且，行高和列宽的默认形式就是比例值，所以如果没有显式指定行高或列宽时，默认值就是 1*，1* 又可以简写为*。

如果你使用自动值（字符串"Auto"）为行高或列宽赋值，那么行高或列宽的实际值将由行列内控件的高度和宽度决定，通俗点讲就是控件会把行列"撑"到合适的宽度和高度。如果行列中没有控件，则行高和列宽均为 0。

接下来让我们看看如何使用这三种值为 Grid 定义行列和布局控件。

2. 使用 Grid 进行布局

让我们通过一个实例来学习用 Grid 布局。下面两张图是设计师交给程序员的 UI 设计图，如图 5-12 所示的图是用于 XAML 编程的，如图 5-13 和图 5-14 所示的图是期望效果。

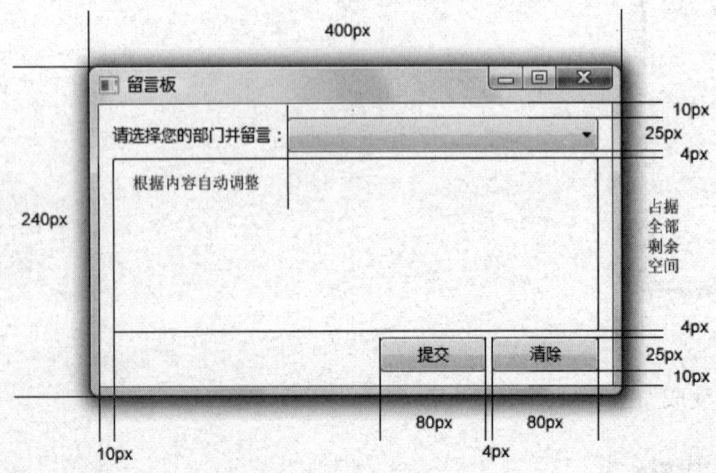

图 5-12　用于 XAML 编程的 UI 设计图

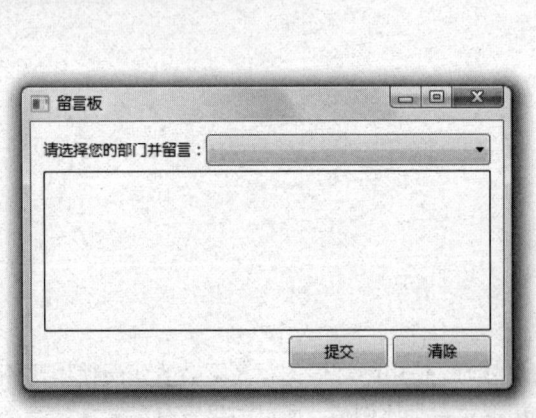

图 5-13　期望效果一

图 5-14　期望效果二

在开始使用 Grid 实现上面的设计之前，我先说一个初学者常见的错误——滥用 Margin。Margin 即留白，指可视化元素四周距离其容器的距离。很多从 Windows Form 和 ASP.NET 迁移到 WPF 来的程序员在了解 Grid 之前都喜欢用设定控件高度、宽度和 Margin 的方式进行布局。对于简单的布局，Height+Width+Margin 的方式尚能应付，但对于结构复杂的布局这种方式就吃不消了。代码中满篇都是对 Height、Width、Margin 以及对齐方向的设置，不光读起来费劲，而且有时一个小小改动都可能导致大量的代码修改（比如为了保证多个控件在行或列上的对齐以及周边受到影响的控件）甚至导致整个 UI 布局的崩溃，着实令人抓狂。

拿上面这个设计来说，如果使用 Height+Width+Margin 的方式来设计，代码会是这样：

```
<Window x:Class="WpfApplication2.Window1"
    xmlns="http://schemas.microsoft.com/winfx/2006/xaml/presentation"
    xmlns:x="http://schemas.microsoft.com/winfx/2006/xaml"
    Title="留言板" Height="240" Width="400">
    <Grid>
        <TextBlock Text="请选择您的部门并留言：" Margin="10,10,0,0" Height="25" Width="140" VerticalAlignment="Top" HorizontalAlignment="Left" />
        <ComboBox Height="25" Width="210" VerticalAlignment="Top" Margin="0,10,10,0" HorizontalAlignment="Right"/>
        <TextBox BorderBrush="Black" Margin="10,40,10,40" />
        <Button Content="提交" Height="25" Width="80" VerticalAlignment="Bottom" HorizontalAlignment="Right" Margin="0,0,96,10" />
        <Button Content="清除" Height="25" Width="80" HorizontalAlignment="Right" Margin="0,0,10,10" VerticalAlignment="Bottom" />
    </Grid>
</Window>
```

这样的代码，简直称得上是凌乱不堪的典范！更重要的是，它没能忠实地重现设计师的需求——要求静态文本的宽度由内容决定。这就意味着，如果有一天这个程序进行国际化修改时，这里不是出现字符串被截断就是留下大量空白。进而，如果设计师要求把控件距离窗体的距离由原来的 10px 修改为 12px，则几乎所有控件的 Height、Width 和 Margin 都需要修改。若是在程序员完成修改，设计师感觉还是 10px 比较好、要求再改回去，估计一场邮件大战在所难免。

正确的办法是使用 Grid 来进行布局：

```
<Window x:Class="WpfApplication1.Window1"
    xmlns="http://schemas.microsoft.com/winfx/2006/xaml/presentation"
    xmlns:x="http://schemas.microsoft.com/winfx/2006/xaml"
    Title="留言板" Height="240" Width="400">
    <Grid Margin="10">
        <Grid.ColumnDefinitions>
            <ColumnDefinition Width="Auto" MinWidth="120" />
            <ColumnDefinition Width="*" />
            <ColumnDefinition Width="80" />
            <ColumnDefinition Width="4" />
            <ColumnDefinition Width="80" />
        </Grid.ColumnDefinitions>
        <Grid.RowDefinitions>
```

```
                <RowDefinition Height="25" />
                <RowDefinition Height="4" />
                <RowDefinition Height="*" />
                <RowDefinition Height="4" />
                <RowDefinition Height="25" />
            </Grid.RowDefinitions>
        </Grid>
</Window>
```

这个布局的设计预览如下图 5-15 所示。

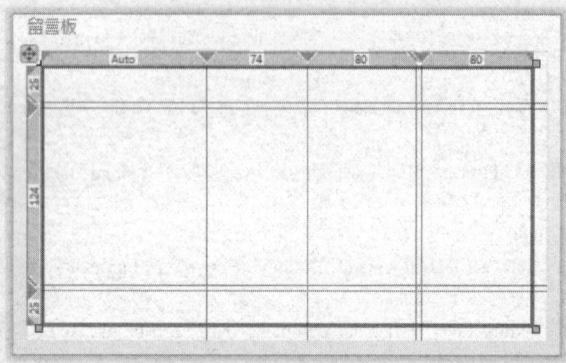

图 5-15　用 Grid 的行、列来布局控件

在代码中，我们使用 Width="Auto" 保证这一列的宽度由控件的最大宽度决定，同时使用 MinWidth="120" 保证这一列最窄不会小于 120px（目的是在设计期看到这一列的存在）。使用比例值的行和列确保此行和列中的控件会把剩余空间充满。把 Grid 的 Margin 设计为 10，意味着它四周的 Margin 都为 10px，相当于写 Margin="10,10,10,10"——Margin 的 4 个值按顺时针代表左、上、右、下 4 个留白。

最后，我们把控件填进去，同时为了保证布局美观，限定窗体的高度和宽度的范围：

```
<Window x:Class="WpfApplication1.Window1"
    xmlns="http://schemas.microsoft.com/winfx/2006/xaml/presentation"
    xmlns:x="http://schemas.microsoft.com/winfx/2006/xaml"
    Title="留言板" Height="240" Width="400"
    MinHeight="200" MinWidth="340" MaxHeight="400" MaxWidth="600">
    <Grid Margin="10">
        <Grid.ColumnDefinitions>
            <ColumnDefinition Width="Auto"/>
            <ColumnDefinition Width="*" />
            <ColumnDefinition Width="80" />
            <ColumnDefinition Width="4" />
            <ColumnDefinition Width="80" />
        </Grid.ColumnDefinitions>
```

```
        <Grid.RowDefinitions>
            <RowDefinition Height="25" />
            <RowDefinition Height="4" />
            <RowDefinition Height="*" />
            <RowDefinition Height="4" />
            <RowDefinition Height="25" />
        </Grid.RowDefinitions>

        <TextBlock Text="请选择您的部门并留言：" Grid.Column="0" Grid.Row="0" VerticalAlignment="Center"/>
        <ComboBox Grid.Column="1" Grid.Row="0" Grid.ColumnSpan="4"/>
        <TextBox Grid.Column="0" Grid.Row="2" Grid.ColumnSpan="5" BorderBrush="Black"/>
        <Button Content="提交" Grid.Column="2" Grid.Row="4"/>
        <Button Content="清除" Grid.Column="4" Grid.Row="4"/>
    </Grid>
</Window>
```

> **注意**
>
> 为控件指定行和列遵循以下规则：
> - 行和列都是从 0 开始计数。
> - 指定一个控件在某行，就为这个控件的标签添加 Grid.Row="行编号"这样一个 Attribute，若行编号为 0（即控件处于首行）则可省略这个 Attribute。
> - 指定一个控件在某列，就为此控件添加 Grid.Column="列编号"这样的 Attribute，若列编号为 0 则 Attribute 可以省略不写。
> - 若控件需要跨多个行或列，请使用 Grid.RowSpan="行数"和 Grid.ColumnSpan="列数"两个 Attribute。

你可能会问，为什么给控件指定行和列要使用 Grid.Row 和 Grid.Column 而不是 Button.Row 或者 TextBox.Column 呢？其实这个问题很简单。假使我们从街上随便拉住一个人问："您是在几年级几班啊？"这个人肯定会非常惊讶："我又没有在学校里读书，怎么可能有年级和班级呢？"。对于控件也是这样，控件设计出来的时候并没有规定它一定要放在 Grid 里，所以不可能为它准备诸如 Row、Column、RowSpan 和 ColumnSpan 这类的属性，只有当它被放到 Grid 里时说它位于哪一行、哪一列才有意义的，也就是说，这些属性不是控件所固有的而是被 Grid 附加上的。这类依控件所处环境而被容器附加上的属性有个专门的名字——附加属性，我们将在后面的章节详细讨论。在明白附加属性的原理之前，学会使用它们即可。

> **注意**
>
> （1）实现设计师的 UI 草图不见得只有一种布局方法——拿上面这个例子来说，我们完全可以先使用一个 Grid 把整个 UI 分为上、中、下三部分，然后再在上下两个部分内嵌入子级 Grid，但这样做不但使代码量增大，而且让结构变得更加复杂和不清晰，很影响阅读。所以，评价一个布局的优劣不但要看它的结构是否合理，还要考虑与代码质量的平衡性。
>
> （2）如果把两个元素放在 Grid 的同一个单元格内，则代码中后书写的元素将盖在先书写的元素之上。如果想让盖在后面的元素显示出来，可以把上面元素的 Visibility 设置为 Hidden 或 Collapsed，也可以把上面元素的 Opacity 属性设置为 0。

5.4.3 StackPanel

StackPanel 可以把内部元素在纵向或横向上紧凑排列、形成栈式布局，通俗地讲就是把内部元素像垒积木一样"摞起来"。垒积木大家都玩过，当把排在前面的积木块抽掉之后排在它后面的元素会整体向前移动、补占原有元素的空间。基于这个特点，StackPanel 适合的场合有：

- 同类元素需要紧凑排列（如制作菜单或者列表）。
- 移除其中的元素后能够自动补缺的布局或者动画。

StackPanel 使用 3 个属性来控制内部元素的布局，它们是 Orientation、HorizontalAlignment 和 VerticalAlignment，具体如表 5-9 所示。

表 5-9 StackPanel 的三个属性

属性名称	数据类型	可取值	描述
Orientation	Orientation 枚举	Horizontal Vertical	决定内部元素是横向累积还是纵向累积
HorizontalAlignment	HorizontalAlignment 枚举	Left Center Right Stretch	决定内部元素水平方向上的对齐方式
VerticalAlignment	VerticalAlignment 枚举	Top Center Bottom Stretch	决定内部元素竖直方向上的对齐方式

千万不要因为 StackPanel 的功能简单就冷落它！实际上它有着很多不可替代的优势。举个例子：如果我需要一个菜单，这个菜单里的每个条目被单击后就会脱离原来的位置并在主显示区域展开成一张地图，其他排在它后面的条目会自动向前移动、补占原来条目的位置，这时候就应该选用 StackPanel。因为 StackPanel 会自动把后面的条目向前移动而无需我们自己动手写代码。如果你选用了 Grid，那么你就需要写一个算法把后面的条目向前移动。

下面这个例子就是一个使用 StackPanel 布局的选项表，比起使用 Grid 它要简单得多。

```
<Window x:Class="WpfApplication1.Window1"
    xmlns="http://schemas.microsoft.com/winfx/2006/xaml/presentation"
    xmlns:x="http://schemas.microsoft.com/winfx/2006/xaml"
    Title="选择题" Height="190" Width="300">
    <Grid>
        <GroupBox    Header="请选择没有错别字的成语" BorderBrush="Black" Margin="5">
            <StackPanel Margin="5">
                <CheckBox Content="A. 迫不急待"/>
```

```
            <CheckBox Content="B. 首曲一指"/>
            <CheckBox Content="C. 陈词烂调"/>
            <CheckBox Content="D. 哀声叹气"/>
            <CheckBox Content="E. 不可礼喻"/>
            <StackPanel Orientation="Horizontal" HorizontalAlignment="Right">
                <Button Content="清空" Width="60" Margin="5"/>
                <Button Content="确定" Width="60" Margin="5"/>
            </StackPanel>
        </StackPanel>
    </GroupBox>
  </Grid>
</Window>
```

运行效果如图 5-16 所示。

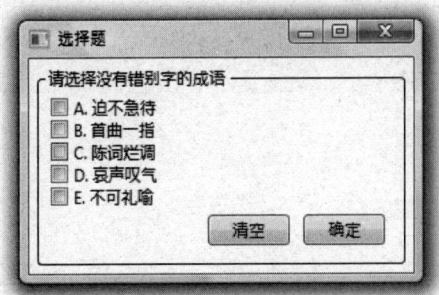

图 5-16 使用 StackPanel 布局的选项表

实际工作中，我们可以使用 Orientation、HorizontalAlignment 和 VerticalAlignment 三个属性组合出各种排列和对齐方式。

5.4.4 Canvas

Canvas 译成中文就是"画布"，显然，在 Canvas 里布局就像在画布上画控件一样。使用 Canvas 布局与在 Windows Form 窗体上布局基本上是一样的，只是在 Windows Form 开发时我们通过设置控件的 Left 和 Top 等属性来确定控件在窗体上的位置，而 WPF 的控件没有 Left 和 Top 等属性，就像把控件放在 Grid 里时会被附加上 Grid.Column 和 Grid.Row 属性一样，当控件被放置在 Canvas 里时就会被附加上 Canvas.X 和 Canvas.Y 属性。

Canvas 很容易被从 Windows Form 迁移过来的程序员所滥用，实际上大多数时候我们都可以使用 Grid 或 StackPanel 等布局元素产生更简洁的布局。Canvas 适用的场合包括：

- 一经设计基本上不会再有改动的小型布局（如图标）。
- 艺术性比较强的布局。
- 需要大量使用横纵坐标进行绝对点定位的布局。

- 依赖于横纵坐标的动画。

下面的代码是一个使用 Canvas 代替 Grid 设计的登录窗口，除非你确定这个窗口的布局以后不会改变而且窗体尺寸固定，不然还是用 Grid 进行布局弹性会更好。

```
<Window x:Class="WpfApplication1.Window1"
    xmlns="http://schemas.microsoft.com/winfx/2006/xaml/presentation"
    xmlns:x="http://schemas.microsoft.com/winfx/2006/xaml"
    Title="登录" Height="140" Width="300">
    <Canvas>
        <TextBlock Text="用户名：" Canvas.Left="12" Canvas.Top="12"/>
        <TextBox Height="23"    Width="200" BorderBrush="Black" Canvas.Left="66" Canvas.Top="9" />
        <TextBlock Text="密码：" Canvas.Left="12" Canvas.Top="40.72" Height="16" Width="36" />
        <TextBox Height="23"    Width="200" BorderBrush="Black" Canvas.Left="66" Canvas.Top="38" />
        <Button Content="确定" Width="80" Height="22" Canvas.Left="100" Canvas.Top="67" />
        <Button Content="清除" Width="80" Height="22" Canvas.Left="186" Canvas.Top="67" />
    </Canvas>
</Window>
```

运行效果如图 5-17 所示。

图 5-17　使用 Canvas 设计的登录窗口

最后，与 Grid 一样，如果两个元素在 Canvas 内部占据相同的位置，亦是代码中后书写的元素会覆盖在先书写的元素之上。想要显露盖在下面的元素，可以在代码中修改上面元素的 Visibility 属性值或 Opacity 属性值。

5.4.5　DockPanel

DockPanel 内的元素会被附加上 DockPanel.Dock 这个属性，这个属性的数据类型为 Dock 枚举。Dock 枚举可取 Left、Top、Right 和 Bottom 四个值。根据 Dock 属性值，DockPanel 内的元素会向指定方向累积、切分 DockPanel 内部的剩余可用空间，就像船舶靠岸一样。

DockPanel 还有一个重要属性——bool 类型的 LastChildFill，它的默认值是 True。当 LastChildFill 属性的值为 True 时，DockPanel 内最后一个元素的 DockPanel.Dock 属性值会被忽略，这个元素会把 DockPanel 内部所有剩余空间充满。这也正好解释了为什么 Dock 枚举类型没有 Fill 这个值。

下面是一个 DockPanel 的简单示例：

```xml
<Window x:Class="WpfApplication1.Window1"
    xmlns="http://schemas.microsoft.com/winfx/2006/xaml/presentation"
    xmlns:x="http://schemas.microsoft.com/winfx/2006/xaml"
    Title="Window1" Height="300" Width="400">
    <Grid>
        <DockPanel>
            <TextBox DockPanel.Dock="Top" Height="25" BorderBrush="Black"/>
            <TextBox DockPanel.Dock="Left" Width="150" BorderBrush="Black"/>
            <TextBox BorderBrush="Black"/>
        </DockPanel>
    </Grid>
</Window>
```

它的运行效果如图 5-18 所示。

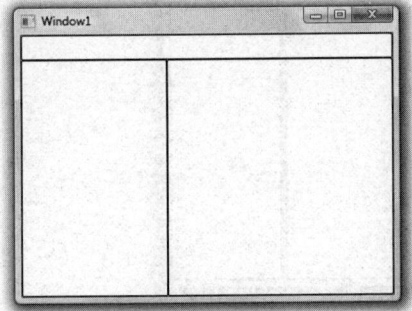

图 5-18　DockPanel 布局示例

看到这个效果图，很自然让人想到能不能在下部两个 TextBox 之间加上一个可拖拽的分隔栏，让用户能调整 TextBox 的宽度。可惜，DockPanel 不具备这样的功能，我们只能使用 Grid 和 GridSplitter 来实现这个需求（GridSplitter 会改变 Grid 初始设置的行高或列宽）。下面是实现代码：

```xml
<Window x:Class="WpfApplication1.Window1"
    xmlns="http://schemas.microsoft.com/winfx/2006/xaml/presentation"
    xmlns:x="http://schemas.microsoft.com/winfx/2006/xaml"
    Title="Window1" Height="300" Width="400">
    <Grid>
        <Grid.RowDefinitions>
            <RowDefinition Height="25"/>
            <RowDefinition/>
        </Grid.RowDefinitions>
        <Grid.ColumnDefinitions>
            <ColumnDefinition Width="150" />
            <ColumnDefinition Width="Auto"/>
            <ColumnDefinition />
        </Grid.ColumnDefinitions>
        <TextBox Grid.ColumnSpan="3" BorderBrush="Black"/>
```

```
        <TextBox Grid.Row="1" BorderBrush="Black"/>
        <GridSplitter Grid.Row="1" Grid.Column="1"
                      VerticalAlignment="Stretch"
                      HorizontalAlignment="Center"
                      Width="5"
                      Background="Gray"
                      ShowsPreview="True" />
        <TextBox Grid.Row="1" Grid.Column="2" BorderBrush="Black"/>
    </Grid>
</Window>
```

运行结果如图 5-19 所示。

图 5-19 可拖拽的分隔栏

5.4.6 WrapPanel

WrapPanel 内部采用的是流式布局。WrapPanel 使用 Orientation 属性来控制流延伸的方向，使用 HorizontalAlignment 和 VerticalAlignment 两个属性控制内部控件的对齐。在流延伸的方向上，WrapPanel 会排列尽可能多的控件，排不下的控件将会新起一行或一列继续排列。

下面是一个简单的例子：

```
<Window x:Class="WpfApplication1.Window1"
    xmlns="http://schemas.microsoft.com/winfx/2006/xaml/presentation"
    xmlns:x="http://schemas.microsoft.com/winfx/2006/xaml"
    Title="Window1" Height="300" Width="400">
    <WrapPanel>
        <Button Width="50" Height="50" Content="OK"/>
        <Button Width="50" Height="50" Content="OK"/>
        <Button Width="50" Height="50" Content="OK"/>
        <Button Width="50" Height="50" Content="OK"/>
        <Button Width="50" Height="50" Content="OK"/>
        <Button Width="50" Height="50" Content="OK"/>
```

```
            <Button Width="50" Height="50" Content="OK"/>
            <Button Width="50" Height="50" Content="OK"/>
            <Button Width="50" Height="50" Content="OK"/>
        </WrapPanel>
</Window>
```

改变窗体的尺寸，WrapPanel 会调整内部控件的排列，如图 5-20 所示。

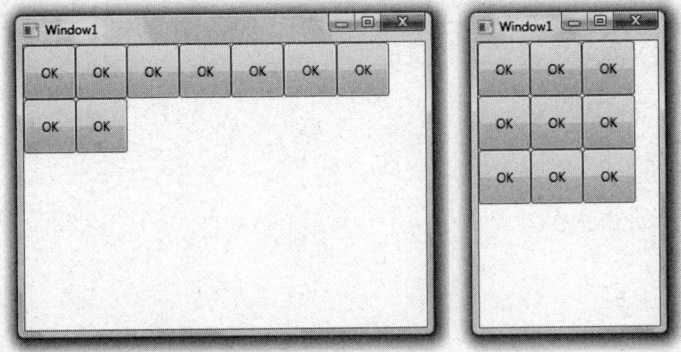

图 5-20　WrapPanel 布局示例

5.5　小结

形而上者谓之道，形而下者谓之器。这本书主要研究的是 WPF 的内部机理，可以说是 WPF 之"道"，然而，如果没有动手实践写程序这个"器"，何以载道？本章的知识先是介绍了 WPF 控件的类型，任何一个 WPF 控件都不会脱离这几种类型，只要你能举一反三、见微知著，那么所有控件之间的差别就只在细微之处了。本章还介绍了如何使用布局元素将控件排列在 UI 上、写出有实用意义的 GUI 程序。学完这章知识，我们已然可以动手编写 WPF 程序了。后面的章节就在这个"器"的承载之下，深入研究编写优秀 WPF 程序的方法。

第二部分 游历 WPF 内部世界

生产工具的先进程度代表了生产力的水平。纵观 Windows GUI（Graphic User Interface，图形用户界面）应用程序开发工具的发展历史，程序员们在短短十几年内就经历了从石器时代到电气时代的变革——从 Windows API、MFC（及同类工具）到 Visual Basic 再到 .NET Framework。编程工具之所以能代表软件开发的生产力是因为每种工具背后都隐藏着一整套软件开发的概念和方法。比如使用 Visual C++这个工具进行 Windows API 开发时，我们用不到它所支持的 C++功能、仅仅是使用 C 语言的功能、在面向过程的框架内调用 Windows 数以万计的 API 函数、依赖 Windows 的消息机制来创造我们想要的效果；若使用 Visual C++进行 MFC 开发，程序员就可以使用 C++语言进行面向对象编程了，Windows API 也被封装成与控件对应的类，Windows 的消息被封装成事件的雏形；待到使用 Visual C++和 Visual Basic 进行 COM/ActiveX 开发时，程序员们的开发理念又上升到组件化（更高级的复用和面向对象），事件机制日趋完善；进入 .NET 时代后，程序设计已经完全组件化，托管的 Visual C++、Visual Basic 和 Visual C#可以共享组件，同时还建立成了完善的 Web 应用程序开发平台……

每套开发的概念和方法实际上就是一套用于解决编程问题、实现客户需求的理论，我们谓之开发的方法论。从 Windows API 到 .NET Framework，开发的方法论越来越进化，越来越高效。WPF 的开发方法论是在 .NET Framework 方法论的基础上更上一层楼的产物——它完全兼容现有 Windows Form 开发的方法论，同时又在很多方向进行了升级和创新。下面就是 WPF 开发方法论的一些要素：

- 全新的 UI 设计理念：XAML 语言以及配套工具（包括 Blend 和 Design）。
- 全新的 UI 布局理念：树形结构和各种布局元素。
- 全新的基础类库和控件集：所有控件都在 WPF 方法论的框架下重新设计并放置在 System.Windows.Controls 名称空间里（这就是为什么总能在 System.Windows.Forms）找到同名控件的原因。
- 升级的程序驱动模式：在事件驱动的基础上把事件包装在数据关联（Data Binding）里，变原来的"UI 事件驱动程序运行"为"数据驱动程序运行并显示在 UI 上"，让数据从被动和从属的地位回到了程序的核心地位（这也正符合了内容决定形式的基本思维方式）。
- 升级的属性系统：在 .NET Framework 属性的基础上新增依赖属性（Dependency Property）系统以及其派生出来的附加属性（Attached Property）。
- 升级的事件系统：在 .NET Framework 事件的基础上新增路由事件（Routed Event）系统和基于它的命令（Command）系统。
- 升级的资源系统：WPF 程序可以使用资源（Resource）存储更丰富的内容并能进行非常方便的检索。
- 全新的模板理念：在 WPF 中，内容决定形式的理念随处可见。如果把控件的功能视为内容，则可使用控件模板（Control Template）来控制它的展现；如果把数据视为内容，则可使用数据模板（Data Template）把数据展现出来。
- 全新的文档与打印系统：基于 XPS 文档格式，WPF 推出了一整套与文档显示和打印相关的类和控件。

- 全新的 3D 绘图系统：WPF 不但具有 2D 绘图功能，还以完整的类库支持 3D 绘图、视角和光影效果。
- 全新的动画系统：WPF 具有丰富的动画（Animation）创作类库，以前需要程序员费尽心思才能实现的动画效果现在由设计师使用 XAML 就能实现（有时也需要程序用后台代码实现），很容易就能设计出炫丽多彩的应用程序。

WPF 里的新理念之多让人怦然心动之余不免会有些畏惧——如此多的新东西，需要多久才能掌握？其实，这些新理念全部都是基于现有理念派生出来的，在每个新理念中你都能找熟悉的影子。温故知新、同时尽可能地使用 WPF 进行项目开发，两个月的时间绰绰有余。

注意

顺便提醒大家一句：开发的方法论是开发工具的精髓，掌握了一种开发方法论就掌握了精通某种开发工具的钥匙。只学习某种开发工具而不去深究其方法论和内涵便是舍本逐末；若是使用某种开发工具去实践另一种开发工具背后的方法论就更是南辕北辙了。比如，我就见过一些程序员不去了解 WPF 的方法论、一味地依靠旧有经验，活生生把 WPF 当作 Windows Form 来用，所下苦功实在可惜。

本部分将对 WPF 方法论中的新理念逐一剖析，与大家一起游历 WPF 精彩的内部世界！

6

深入浅出话 Binding

友好的图形用户界面（Graphic User Interface，GUI）的流行也就是近十来年的事情，之前应用程序与用户的交互多是通过控件台界面（Console User Interface，CUI）完成的，我至今也忘不了刚刚开始学习 DOS 操作时那种敲进一条命令按下回车后不知道会有什么结果产生的新奇感觉。图形用户界面的操作系统开始在中国流行应该是从 Windows 95 正式发布开始的，旋即冠以 Visual 的开发工具（以及 Borland 公司的一些同类产品）也跟着崭露头角。记得那时候硬件能跑起 Windows 95 就已经相当不错了——图形化的界面还是很消耗硬件资源的。

GUI 作为新鲜事物，理所当然地成为了无论是操作系统制造商还是硬件厂商们关注的焦点。我们暂且撇开硬件不谈单说操作系统开发商，也就是微软。Windows GUI 运行的机理是使用消息（Message）来驱使程序向前运行，消息的主要来源是用户的操作，比如单击鼠标、按下按钮，都会产生消息，消息又会被 Windows 翻译并送达目标程序然后被程序所处理。这听起来并没有什么问题，我们尽管把消息看作是 DOS 命令的升级版好了。这种居于操作系统底层的机理势必深刻地影响到应用软件开发的方法论。为了能编写出 Windows 上运行的 GUI 程序，各种开发方法论也必须跟从这种"消息驱动程序"的基本原理。正是沿着这条路发展，才有了 Windows API 开发的纯消息驱动、才有了 MFC 等 C++类库的消息驱动、才有了从 Visual Basic 开始到.NET Framework 的事件驱动——总之一句话，程序是被来自 UI 的事件（即封装过的消息）驱使向前的，简称"消息驱动"或"事件驱动"。因为消息和事件大都来自于 UI，所以统称它们为"UI 驱动程序"。

消息驱动或者事件驱动本身并没有错，但从更高的层次上来看，使用"UI 驱动程序"开发程序则是"为了 GUI 而 GUI"、单纯地为了实现程序的 GUI 化。实际上这已经背离了程序的本质——数据加算法，同时迫使程序员把很多精力放在了实现 UI 的编程上。这还不算完，随着程序 UI 的日趋复杂，UI 层面上的代码与用于处理数据的逻辑代码也渐渐纠缠在一起变得难以维护。为了避免这样的问题，程序员们总结出了 Model-View-Controler（MVC）和 Model-View-Presenter（MVP）等诸多设计模式来把 UI 相关的代码与数据逻辑相关的代码分开。

让我们回归程序的本质。程序的本质是数据加算法，用户给进一个输入，经过算法的处理程序会反馈一个输出——这里，数据处于程序的核心地位。反过头来再看"UI 驱动程序"，数据处于被动地位，总是在等待程序接收来自 UI 的消息/事件后被处理或者算法完成处理后被显示。如何在 GUI 编程时把数据的地位由被动变主动、让数据回归程序的核心呢？这就是本章要详细讲述的 Data Binding。

6.1 Data Binding 在 WPF 中的地位

如果把一个应用程序看作一个城市，那么这个城市内部的交通肯定会非常繁忙，但川流不息的不是行人和车辆而是数据。一般情况下，应用程序会具有三层结构，即数据存储层、数据处理层和数据展示层。存储层相当于一个城市的仓储区，由数据库和文件系统构成；处理层更正确的称呼应该是逻辑层，与业务逻辑相关、用于加工处理数据的算法都集中在这里，这一层相当于城市的工业区；展示层的功能是把加工后的数据通过可视的界面展示给用户或者通过其他种类的接口展示给别的应用程序（界面和接口两个词在英文中均为 interface，所以本质上没有什么区别），还需要收集用户的操作、把它们反馈给逻辑层，所以这一层相当于城市的港口区。

如果你是一名市长，你就要对这个城市的布局和发展负责——仓储区、产业园和海港区，你打算怎么投资？每个园区下多大力气开发？每个园区内部应该怎么发展？几个区之间的交通如何规划才能整洁高效？怎样为未来的扩建留有余地……这些都是你要面对的问题。其实，架构师要做的事情也是这些！

程序的本质是数据加算法。数据会在存储、逻辑和展示三个层流通，所以站在数据的角度上来看，这三层都很重要。但算法在程序中的分布就不均匀了，对于一个三层结构的程序来说，算法一般分布在这几处：

A．数据库内部。
B．读取和写回数据。
C．业务逻辑。
D．数据展示。
E．界面与逻辑的交互。

A、B 两个部分的算法一般都非常稳定，不会轻易去改动，复用性也很高；C 处与客户需求关系最紧密、最复杂，变动也最大，大多数算法都集中在这里；D、E 两层负责 UI 与逻辑的交互，也占有一定量的算法。

显然，C 部分是程序的核心、是开发的重中之重，所以我们应该把精力集中在 C 部分。然而，D、E 两个部分却经常成为麻烦的来源。首先，这两部分都与逻辑层紧密相关，一不小心就有可能把本来该放在逻辑层里的算法写进这两部分（所以才有了 MVC、MVP 等模式来避免这种情况出现）；其次，这两个部分以消息或事件的方式与逻辑层沟通，一旦出现同一个数据需要在多处展示/修改时，用于同步的代码就会错综复杂；最后，D 和 E 本应是互逆的一对儿，但却需要分开来写——显示数据写一个算法、修改数据又是一个算法。总之导致的结果就是 D 和 E 两个部分会占去一部分算法，搞不好还会牵扯不少精力。

问题的根源就在于逻辑层与展示层的地位不固定——当实现客户需求的时候，逻辑层的确处在中心地位，但到了实现 UI 交互的时候展示层又处于中心地位。WPF 作为一种专门的展示层技术，华丽的外观和动画只是它的表层现象，更重要的是它在深层次上帮助程序员把思维的重心固定在了逻辑层、让展示层永远处于逻辑层的从属地位。WPF 具有这种能力的关键是它引入了 Data Binding 概念以及与之配套的 Dependency Property 系统和 DataTemplate。

在从传统的 Windows Form 迁移到 WPF 之后，对于一个三层程序而言，数据存储层由数据库和文件系统来构建，数据传输和处理仍然使用.NET Framwork 的 ADO.NET 等基本类（与 Windows Form 等开发一样），展示层则使用 WPF 类库来实现，而展示层与逻辑层的沟通就使用 Data Binding 来实现。可见，Data Binding 在 WPF 系统中起到的是数据高速公路的作用。有了这条高速公路，加工好的数据会自动送达用户界面加以显示，被用户修改过的数据也会自动传回逻辑层，一旦数据被加工好又会被送达用户界面……程序的逻辑层就像一个强有力的引擎不停运转，用加工好的数据驱动程序的用户界面以文字、图形、动画等形式把数据显示出来——这就是"数据驱动 UI"。

引入 Data Binding 机制后，D、E 两个部分会简化很多。首先，数据在逻辑层与用户界面之间"直来直去"、不涉及逻辑问题，这样用户界面部分几乎不包含算法；Data Binding 本身就是双向通信，所以相当于把 D 和 E 合二为一；对于多个 UI 元素关注同一个数据的情况，只需使用 Data Binding 把这些 UI 元素一一与数据关联上（以数据为中心的星形结构），当数据变化后这些 UI 元素会同步显示这一变化。你看，前面提到的那些问题是不是迎刃而解！更重要的是，经过这样的优化，所有与业务逻辑相关的算法都处在数据逻辑层，逻辑层成为一个能够独立运转的、完整的体系，而用户界面层则不含任何代码、完全依赖和从属于数据逻辑层。这样做有两个显而易见的好处，第一，如果把 UI 层看作是应用程序的"皮"、把存储层和逻辑层看作是程序的"瓤"，那么我们可以很轻易地把皮从瓤上撕下来并换一个新的；第二，因为数据层能够独立运转、自成体系，所以我们可以进行更完善的单元测试而无需借助 UI 自动化测试工具——你完全可以把单元测试代码想象成一个"看不见的 UI"，单元测试只是使用这个"UI"绕过真实的 UI 直接测试业务逻辑罢了。

6.2　Binding 基础

如果不知道 Binding 一词的含义，那么它将永远是大脑中的一个符号。Binding 一词在汉语中究竟是什么意思呢？大概是出于方便，业界一直使用 Binding 一词的音译，即"绑定"。这绑定中的"绑"大概是取材于 Bind 这个词的"捆绑"之"绑"；"定"则更像是一个拼音——以音译音，没什么意义。实际上，英文中，动词 Bind 在转化为名词 Binding 后，除了原有的"捆绑"之意外又引申出了"关联"和"键联"的含义。比如，原子键联（atomic binding）、化学键联（chemical binding）、联结梁（binding-beam）等都用到了 Binding 一词。也就是说，Binding 更注重表达它是一种像桥梁一样的关联关系。WPF 中，正是在这段桥梁上我们有机会为往来流通的数据做很多事情。

如果把 Binding 比作数据的桥梁，那么它的两端分别是 Binding 的源（Source）和目标（Target）。

数据从哪里来哪里就是源，Binding 是架在中间的桥梁，Binding 目标是数据要往哪儿去（所以我们就要把桥架向哪里）。一般情况下，Binding 源是逻辑层的对象，Binding 目标是 UI 层的控件对象，这样，数据就会源源不断通过 Binding 送达 UI 层、被 UI 层展现，也就完成了数据驱动 UI 的过程。"一桥飞架南北，天堑变通途"，我们可以想象 Binding 这座桥梁上铺设了高速公路，我们不但可以控制公路是在源与目标之间双向通行还是某个方向的单行道，还可以控制对数据放行的时机，甚至可以在桥上架设一些"关卡"用来转换数据类型或者检验数据的正确性。

对 Binding 有了一个形象的基本概念后，让我们看一个最基本的例子。这个例子就是创建一个简单的数据源并通过 Binding 把它连接到 UI 元素上。

首先，我们创建一个名为 Student 的类，这个类的实例将作为数据源来使用。

```
class Student
{
    private string name;

    public string Name
    {
        get { return name; }
        set { name = value; }
    }
}
```

可以看到 Student 这个类非常简单，简单到只有一个 string 类型的 Name 属性。前面说过，数据源是一个对象，一个对象身上可能有很多数据，这些数据又通过属性暴露给外界。那么，其中哪个数据是你想通过 Binding 送达 UI 元素的呢？换句话说，UI 上的元素关心的是哪个属性值的变化呢？这个属性就称为 Binding 的路径（Path）。但光有属性还不行——Binding 是一种自动机制，当值变化后属性要有能力通知 Binding，让 Binding 把变化传递给 UI 元素。怎样才能让一个属性具备这种通知 Binding 值已经变化的能力呢？方法是在属性的 set 语句中激发一个 PropertyChanged 事件。这个事件不需要我们自己声明，我们要做的是让作为数据源的类实现 System.ComponentModel 名称空间中的 INotifyPropertyChanged 接口。当为 Binding 设置了数据源后，Binding 就会自动侦听来自这个接口的 PropertyChanged 事件。

实现了 INotifyPropertyChanged 接口的 Student 类看起来是这样：

```
class Student : INotifyPropertyChanged
{
    public event PropertyChangedEventHandler PropertyChanged;

    private string name;

    public string Name
    {
        get { return name; }
        set
```

```
            {
                name = value;
                // 激发事件
                if (this.PropertyChanged != null)
                {
                    this.PropertyChanged.Invoke(this, new PropertyChangedEventArgs("Name"));
                }
            }
        }
    }

}
```

经过这样一升级，当 Name 属性的值发生变化时 PropertyChanged 事件就会被激发，Binding 接收到这个事件后发现事件的消息告诉它是名为 Name 的属性发生了值的改变，于是就会通知 Binding 目标端的 UI 元素显示新的值。

然后，我们在窗体上准备一个 TextBox 和一个 Button。TextBox 将作为 Binding 目标，我们还会在 Button 的 Click 事件发生时改变 Student 对象的 Name 属性值。

```
<Window x:Class="WpfApplication1.Window1"
    xmlns="http://schemas.microsoft.com/winfx/2006/xaml/presentation"
    xmlns:x="http://schemas.microsoft.com/winfx/2006/xaml"
    Title="Simple Binding" Height="110" Width="300">
    <StackPanel>
        <TextBox x:Name="textBoxName" BorderBrush="Black" Margin="5" />
        <Button Content="Add Age" Margin="5" Click="Button_Click" />
    </StackPanel>
</Window>
```

结果如图 6-1 所示。

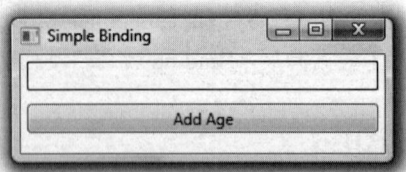

图 6-1　在窗体上准备一个 TextBox 和一个 Button

接下来，我们将进入最重要的一步——使用 Binding 把数据源和 UI 元素连接起来。C#代码如下：

```
public partial class Window1 : Window
{
    Student stu;
    public Window1()
    {
```

```
        InitializeComponent();

        // 准备数据源
        stu = new Student();

        // 准备 Binding
        Binding binding = new Binding();
        binding.Source = stu;
        binding.Path = new PropertyPath("Name");

        // 使用 Binding 连接数据源与 Binding 目标
        BindingOperations.SetBinding(this.textBoxName, TextBox.TextProperty, binding);
    }

    private void Button_Click(object sender, RoutedEventArgs e)
    {
        stu.Name += "Name";
    }
}
```

让我们逐句解读一下这段代码：这段代码是 Window1 类的后台部分，它的 UI 部分是上面给出的 XAML 代码。"Student stu;"是为 Window1 类声明了一个 Student 类型的成员变量，这样做的目的是为了在 Window1 的构造器和 Button.Click 事件处理器中都能访问由它引用的 Student 实例（数据源）。

在 Window1 的构造器中"InitializeComponent();"是自动生成的代码，用途是初始化 UI 元素。"stu = new Student();"这句是创建了一个 Student 类型的实例并用 stu 成员变量引用它，这个实例就是我们的数据源。

在准备 Binding 的部分，先是用"Binding binding = new Binding();"声明 Binding 类型变量并创建实例，然后使用"binding.Source = stu;"为 Binding 实例指定数据源，最后使用"binding.Path = new PropertyPath("Name");"语句为 Binding 指定访问路径。

把数据源和目标连接在一起的任务是使用"BindingOperations.SetBinding(…)"方法完成的。这个方法的 3 个参数是我们记忆的重点：

- 第一个参数用于指定 Binding 的目标，本例中是 this.textBoxName。
- 与数据源的 Path 原理类似，第二个参数用于为 Binding 指明把数据送达目标的哪个属性。只是你会发现在这里用的不是对象的属性而是类的一个静态只读（static readonly）的 DependencyProperty 类型成员变量！这就是我们后面要详细讲述的与 Binding 息息相关的依赖属性。其实很好理解，这类属性的值可以通过 Binding 依赖在其他对象的属性值上，被其他对象的属性值所驱动。
- 第三个参数很明了，就是指定使用哪个 Binding 实例将数据源与目标关联起来。

处于末尾的 Button_Click(…)方法是 Button 元素 Click 事件的处理器，在它内部我们对数据源的 Name 属性进行了更新。

运行程序，当你单击 Button 时，TextBox 就会即时显示更新后的 Name 属性值，如图 6-2 所示。

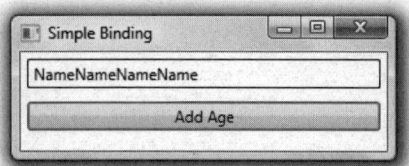

图 6-2　Binding 效果示例

实际工作中，实施 Binding 的代码可能与上面看到的不太一样，原因是 TextBox 这类 UI 元素的基类 FrameworkElement 对 BindingOperations.SetBinding(…)方法进行了封装，封装的结果也叫 SetBinding，只是参数列表发生了变化。代码如下：

```
public BindingExpressionBase SetBinding(DependencyProperty dp, BindingBase binding)
{
    return BindingOperations.SetBinding(this, dp, binding);
}
```

同时,有经验的程序员还会借助 Binding 类的构造器及 C# 3.0 的对象初始化器语法来简化代码。这样一来，上面这段代码有可能成为这样：

```
public Window1()
{
    InitializeComponent();

    // 三合一操作
    this.textBoxName.SetBinding(TextBox.TextProperty, new Binding("Name") { Source = stu = new Student() });
}
```

通过上面这个例子，我们已经在头脑中建立起了如图 6-3 所示的模型。

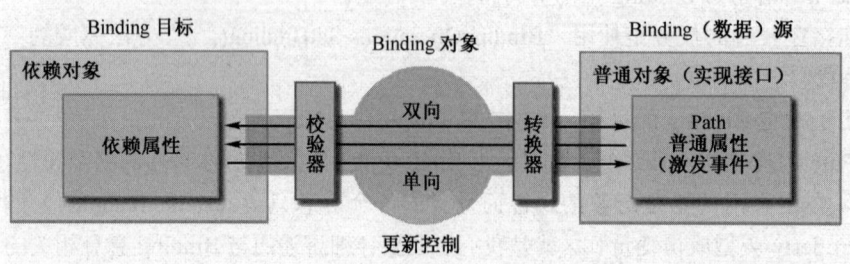

图 6-3　Binding 模型

有了这个例子打基础，后面的章节我们将细致地研究 Binding 的每个特点。

6.3 Binding 的源与路径

Binding 的源也就是数据的源头。Binding 对源的要求并不苛刻——只要它是一个对象,并且通过属性(Property)公开自己的数据,它就能作为 Binding 的源。

前面一个例子已经向大家说明,如果想让作为 Binding 源的对象具有自动通知 Binding 自己的属性值已经变化的能力,那么就需要让类实现 INotifyPropertyChanged 接口并在属性的 set 语句中激发 PropertyChanged 事件。在日常的工作中,除了使用这种对象作为数据源外,我们还有更多的选择,比如控件把自己或自己的容器或子级元素当源、用一个控件作为另一个控件的数据源、把集合作为 ItemsControl 的数据源、使用 XML 作为 TreeView 或 Menu 的数据源、把多个控件关联到一个"数据制高点"上,甚至干脆不给 Binding 指定数据源、让它自己去找。下面,我们就分述这些情况。

6.3.1 把控件作为 Binding 源与 Binding 标记扩展

前面提过,大多数情况下 Binding 的源是逻辑层的对象,但有时候为了让 UI 元素产生一些联动效果也会使用 Binding 在控件间建立关联。下面的代码是把一个 TextBox 的 Text 属性关联在了 Slider 的 Value 属性上。

```xml
<Window x:Class="WpfApplication1.Window1"
        xmlns="http://schemas.microsoft.com/winfx/2006/xaml/presentation"
        xmlns:x="http://schemas.microsoft.com/winfx/2006/xaml" Title="Control as Source"
        Height="110" Width="300">
    <StackPanel>
        <TextBox x:Name="textBox1" Text="{Binding Path=Value, ElementName=slider1}" BorderBrush="Black" Margin="5" />
        <Slider x:Name="slider1" Maximum="100" Minimum="0" Margin="5" />
    </StackPanel>
</Window>
```

运行效果如图 6-4 所示。

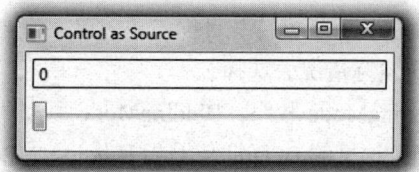

图 6-4 使用 Binding 在控件间建立关联

正如大家所见,除了可以在 C#代码中建立 Binding 外在 XAML 代码里也可以方便地设置 Binding,这就给了设计师很大的自由度来决定 UI 元素之间的关联情况。值得注意的是,在 C#代码中可以访问 XAML 代码中声明的变量但 XAML 代码中却无法访问 C#代码中声明的变量，因此，要想在 XAML 中建立 UI 元素与逻辑层对象的 Binding 还要颇费些周折，把逻辑层对象声明为 XAML 代码中的资源（Resource），我们把它放在资源一章去解释。

回过头来看这句 XAML 代码，它使用了 Binding 标记扩展语法：

`<TextBox x:Name="textBox1" Text="{Binding Path=Value, ElementName=slider1}" BorderBrush="Black" Margin="5" />`

与之等价的 C#代码是：

`this.textBox1.SetBinding(TextBox.TextProperty, new Binding("Value") {ElementName="slider1" });`

因为 Binding 类的构造器本身可以接收 Path 作为参数，所以也常写为：

`<TextBox x:Name="textBox1" Text="{Binding Value, ElementName=slider1}" BorderBrush="Black" Margin="5" />`

> **注意**
> 因为在 C#代码中我们可以直接访问控件对象，所以一般也不会使用 Binding 的 ElementName 属性，而是直接把对象赋值给 Binding 的 Source 属性。

Binding 的标记扩展语法，初看起来平淡无奇甚至有些别扭，但细品起来就会发现它的精巧之处。说它"别扭"是因为我们已经习惯了 Text="Hello World"这种"键—值"式的赋值方式，而且认为值与属性的数据类型一定要一致——大脑很快会质询 Text="{Binding Value, ElementName=slider1}"的字面意思——Text 的类型是 string，为什么要赋一个 Binding 类型的值呢？其实，我们并不是为 Text 属性"赋了一个 Binding 类型的值"，为了消除这个误会，你可以把这句代码读作"为 Text 属性设置 Binding 为……"。再想深一步，在编程时我们不是经常把函数视为一个值吗？只是这个值需要在函数执行结束后才能得到。同理，我们也可以把{Binding}视为一个值，只是这个值并非像"Hello World"字符串一样直接和固定。也就是说，我们可以把 Binding 视为一种间接的、不固定的赋值方式——Binding 标记扩展很恰当地表示了这个含义。

6.3.2 控制 Binding 的方向及数据更新

Binding 在源与目标之间架起了沟通的桥梁，默认情况下数据既能够通过 Binding 送达目标，也能够从目标返回源（收集用户对数据的修改）。有时候数据只需要展示给用户、不允许用户修改，这时候可以把 Binding 模式更改为从源向目标的单向沟通。Binding 还支持从目标向源的单向沟通以及只在 Binding 关系确立时读取一次数据，这需要我们根据实际情况去选择。

控制 Binding 数据流向的属性是 Mode，它的类型是 BindingMode 枚举。BindingMode 可取值为 TwoWay、OneWay、OnTime、OneWayToSource 和 Default。这里的 Default 值是指 Binding 的模式会根据目标的实际情况来确定，比如若是可编辑的（如 TextBox.Text 属性），Default 就采用双向模式；若是只读的（如 TextBlock.Text）则采用单向模式。

接上一小节的例子，当我们拖动 Slider 的手柄时，TextBox 里就会显示出 Slider 当前的值（实际上这里面涉及到一个从 double 类型到 string 类型的转换，暂且忽略不计）；如果我们在 TextBox

里输入一个恰当的值，然后按一下 Tab 键、让焦点离开 TextBox，则 Slider 的手柄会跳到相应的值那里。如图 6-5 所示。

图 6-5　失去焦点后 Slider 的值根据输入而变化的情况

为什么一定要在 TextBox 失去焦点之后 Slider 的值才会改变呢？这就引出了 Binding 的另一个属性——UpdateSourceTrigger，它的类型是 UpdateSourceTrigger 枚举，可取值为 PropertyChanged、LostFocus、Explicit 和 Default。显然，对于 TextBox 默认值 Default 的行为与 LostFocus 一致，我们只需要把这个属性改为 PropertyChanged，则 Slider 的手柄就会随着我们在 TextBox 里的输入而改变位置。

> **注意**
> 顺便提一句，Binding 还具有 NotifyOnSourceUpdated 和 NotifyOnTargetUpdated 两个 bool 类型的属性。如果设为 true，则当源或目标被更新后 Binding 会激发相应的 SourceUpdated 事件和 TargetUpdated 事件。实际工作中，我们可以通过监听这两个事件来找出有哪些数据或控件被更新了。

6.3.3　Binding 的路径（Path）

作为 Binding 源的对象可能有很多属性，通过这些属性 Binding 源可以把数据暴露给外界。那么，Binding 到底需要关注哪个属性的值呢？这就需要由 Binding 的 Path 属性来指定了。例如前面这个例子，我们是把 Slider 控件对象当作源、把它的 Value 属性作为路径。

尽管在 XAML 代码中或者 Binding 类的构造器参数列表中我们以一个字符串来表示 Path，但 Path 的实际类型是 PropertyPath。下面让我们看看如何创建 Path 来应对各种情况（我将使用 XAML 和 C#两种语言描述）。

最简单的情况就是直接把 Binding 关联在 Binding 源的属性上，前面的例子就是这样。语法如下：

```
<TextBox x:Name="textBox1" Text={Binding Path=Value, ElementName=slider1}" />
```

等效的 C#代码是：

```
Binding binding = new Binding(){Path= new PropertyPath("Value"), Source = this.slider1};
this.textBox1.SetBinding(TextBox.TextProperty, binding);
```

或者使用 Binding 的构造器简写为：

```
Binding binding = new Binding("Value") { Source = this.slider1 };
this.textBox1.SetBinding(TextBox.TextProperty, binding);
```

Binding 还支持多级路径（通俗地讲就是一路"点"下去）。比如，如果我们想让一个 TextBox 显示另外一个 TextBox 的文本长度，我们可以写：

```
<StackPanel>
    <TextBox x:Name="textBox1" BorderBrush="Black" Margin="5" />
    <TextBox x:Name="textBox2" Text="{Binding Path=Text.Length, ElementName=textBox1, Mode=OneWay}"
            BorderBrush="Black" Margin="5" />
</StackPanel>
```

等效的 C#代码是：

```
this.textBox2.SetBinding(TextBox.TextProperty, new Binding("Text.Length") { Source = this.textBox1, Mode= BindingMode.OneWay});
```

运行效果如图 6-6 所示。

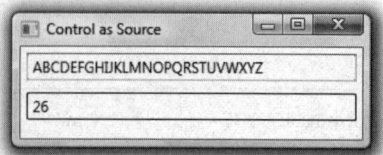

图 6-6　一个 TextBox 显示另一个 TextBox 的文本长度

我们知道，集合类型的索引器（Indexer）又称为带参属性。既然是属性，索引器也能作为 Path 来使用。比如我想让一个 TextBox 显示另一个 TextBox 文本的第四个字符，我们可以这样写：

```
<StackPanel>
    <TextBox x:Name="textBox1" BorderBrush="Black" Margin="5" />
    <TextBox x:Name="textBox2" Text="{Binding Path=Text.[3], ElementName=textBox1, Mode=OneWay}"
            BorderBrush="Black" Margin="5" />
</StackPanel>
```

等效的 C#代码是：

```
this.textBox2.SetBinding(TextBox.TextProperty, new Binding("Text.[3]") { Source = this.textBox1, Mode = BindingMode.OneWay });
```

我们甚至可以把 Text 与[3]之间的那个"."省掉，它一样可以正确工作。运行效果如图 6-7 所示。

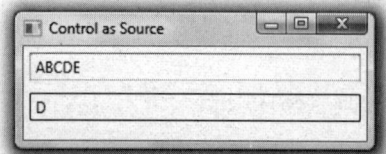

图 6-7　索引器作为 Path 示例

当使用一个集合或者 DataView 作为 Binding 源时,如果我们想把它的默认元素当作 Path 使用,则需要使用这样的语法:

```
List<string> stringList = new List<string>() { "Tim", "Tom", "Blog" };
this.textBox1.SetBinding(TextBox.TextProperty, new Binding("/") { Source = stringList });
this.textBox2.SetBinding(TextBox.TextProperty, new Binding("/Length") { Source = stringList, Mode = BindingMode.OneWay });
this.textBox3.SetBinding(TextBox.TextProperty, new Binding("/[2]") { Source = stringList, Mode = BindingMode.OneWay });
```

运行的效果如图 6-8 所示。

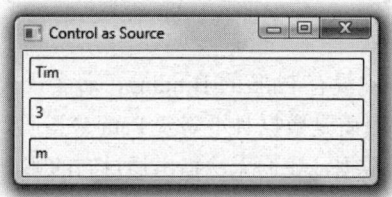

图 6-8 默认元素作为 Path 使用

如果集合元素的属性仍然还是一个集合,我们想把子级集合中的元素当作 Path,则可以使用多级斜线的语法(即一路"斜线"下去),例如:

```
// 相关类型
class City
{
    public string Name { get; set; }
}

class Province
{
    public string Name { get; set; }
    public List<City> CityList { get; set; }
}

class Country
{
    public string Name { get; set; }
    public List<Province> ProvinceList { get; set; }
}

// Binding
List<Country> countryList = new List<Country> { /*初始化...*/ };
this.textBox1.SetBinding(TextBox.TextProperty, new Binding("/Name") { Source = countryList });
this.textBox2.SetBinding(TextBox.TextProperty, new Binding("/ProvinceList.Name") { Source = countryList });
this.textBox3.SetBinding(TextBox.TextProperty, new Binding("/Provinces/CityList.Name") { Source = countryList });
```

运行效果如图 6-9 所示。

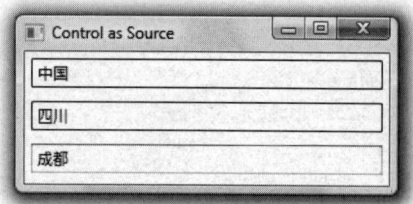

图 6-9　子级集合中的元素作为 Path

6.3.4　"没有 Path" 的 Binding

有的时候我们会在代码中看到一些 Path 是一个 "." 或者干脆没有 Path 的 Binding，着实让人摸不着头脑。原来，这是一种比较特殊的情况——Binding 源本身就是数据且不需要 Path 来指明。典型的，string、int 等基本类型就是这样，他们的实例本身就是数据，我们无法指出通过它的哪个属性来访问这个数据，这时我们只需将 Path 的值设置为 "." 就可以了。在 XAML 代码里这个 "." 可以省略不写，但在 C#代码里却不能省略。请看下面的代码：

```xml
<StackPanel>
    <StackPanel.Resources>
        <sys:String x:Key="myString">
            菩提本无树，明镜亦非台。
            本来无一物，何处惹尘埃。
        </sys:String>
    </StackPanel.Resources>

    <TextBlock x:Name="textBlock1" TextWrapping="Wrap"
        Text="{Binding Path=., Source={StaticResource ResourceKey=myString}}" FontSize="16"
        Margin="5" />
</StackPanel>
```

运行效果如图 6-10 所示。

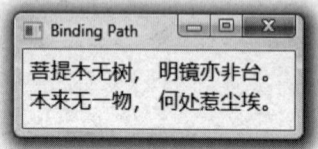

图 6-10　实例本身就是数据源示例

上面的代码可以简写成这样：

```
Text="{Binding ., Source={StaticResource ResourceKey=myString}}"
```

或

Text="{Binding Source={StaticResource ResourceKey=myString}}"

> **注意**
> 最后这种简写方法很容易被误解为没有指定 Path，其实只是省略掉了。与之等效的 C#代码如下（作为 Path 的 "." 是不能省略的）。
> string myString = "菩提本无树，明镜亦非台。本来无一物，何处惹尘埃。";
> this.textBlock1.SetBinding(TextBlock.TextProperty, new Binding(".") { Source = myString });

> **注意**
> 最后顺便提一句，PropertyPath 类型除了用于 Binding 的 Path 属性外，在动画编程的时候也会派上用场（Storyboard.TargetProperty）。在用于动画编程时，PropertyPath 还有另外的语法，到时候我们再来细说。

6.3.5 为 Binding 指定源（Source）的几种方法

上一小节我们通过学习 Binding 的 Path 知道了如何在一个对象身上寻找数据。这一小节我们来学习如何为 Binding 指定 Source。

Binding 的源是数据的来源，所以，只要一个对象包含数据并能通过属性把数据暴露出来，它就能当作 Binding 的源来使用。包含数据的对象比比皆是，但必须为 Binding 的 Source 指定合适的对象 Binding 才能正确工作，常见的办法有：

- 把普通 CLR 类型单个对象指定为 Source：包括.NET Framework 自带类型的对象和用户自定义类型的对象。如果类型实现了 INotifyPropertyChanged 接口，则可通过在属性的 set 语句里激发 PropertyChanged 事件来通知 Binding 数据已被更新。
- 把普通 CLR 集合类型对象指定为 Source：包括数组、List<T>、ObservableCollection<T> 等集合类型。实际工作中，我们经常需要把一个集合作为 ItemsControl 派生类的数据源来使用，一般是把控件的 ItemsSource 属性使用 Binding 关联到一个集合对象上。
- 把 ADO.NET 数据对象指定为 Source：包括 DataTable 和 DataView 等对象。
- 使用 XmlDataProvider 把 XML 数据指定为 Source：XML 作为标准的数据存储和传输格式几乎无处不在，我们可以用它表示单个数据对象或者集合；一些 WPF 控件是级联式的（如 TreeView 和 Menu），我们可以把树状结构的 XML 数据作为源指定给与之关联的 Binding。
- 把依赖对象（Dependency Object）指定为 Source：依赖对象不仅可以作为 Binding 的目标，同时也可以作为 Binding 的源。这样就有可能形成 Binding 链。依赖对象中的依赖属性可以作为 Binding 的 Path。
- 把容器的 DataContext 指定为 Source（WPF Data Binding 的默认行为）：有时候我们会遇到这样的情况——我们明确知道将从哪个属性获取数据，但具体把哪个对象作为 Binding 源还不能确定。这时候，我们只能先建立一个 Binding、只给它设置 Path 而不设置 Source，让这个 Binding 自己去寻找 Source。这时候，Binding 会自动把控件的 DataContext 当作自己的 Source（它会沿着控件树一层一层向外找，直到找到带有 Path 指定属性的对象为止）。
- 通过 ElementName 指定 Source：在 C#代码里可以直接把对象作为 Source 赋值给 Binding，但 XAML 无法访问对象，所以只能使用对象的 Name 属性来找到对象。
- 通过 Binding 的 RelativeSource 属性相对地指定 Source：当控件需要关注自己的、自己容器的或者自己内部元素的某个值就需要使用这种办法。
- 把 ObjectDataProvider 对象指定为 Source：当数据源的数据不是通过属性而是通过方法暴露给外界的时候，我们可以使用这两种对象来包装数据源再把它们指定为 Source。
- 把使用 LINQ 检索得到的数据对象作为 Binding 的源

下面我们就通过实例分述每种情况。

6.3.6 没有 Source 的 Binding——使用 DataContext 作为 Binding 的源

前面的例子都是把单个 CLR 类型对象指定为 Binding 的 Source，方法有两种——把对象赋值给 Binding.Source 属性或把对象的 Name 赋值给 Binding.ElementName。DataContext 属性被定义在 FrameworkElement 类里，这个类是 WPF 控件的基类，这意味着所有 WPF 控件（包括容器控件）都具备这个属性。如前所述，WPF 的 UI 布局是树形结构，这棵树的每个结点都是控件，由此我们推出另一个结论——在 UI 元素树的每个结点都有 DataContext。这一点非常重要，因为当一个 Binding 只知道自己的 Path 而不知道自己的 Soruce 时，它会沿着 UI 元素树一路向树的根部找过去，每路过一个结点就要看看这个结点的 DataContext 是否具有 Path 所指定的属性。如果有，那就把这个对象作为自己的 Source；如果没有，那就继续找下去；如果到了树的根部还没有找到，那这个 Binding 就没有 Source，因而也不会得到数据。让我们看下面的例子：

先创建一个名为 Student 的类，它具有 Id、Name、Age 三个属性：

```
public class Student
{
    public int Id { get; set; }
    public string Name { get; set; }
    public int Age { get; set; }
}
```

然后在 XAML 创建程序的 UI。

```
<Window x:Class="WpfApplication1.Window1"
        xmlns="http://schemas.microsoft.com/winfx/2006/xaml/presentation"
        xmlns:x="http://schemas.microsoft.com/winfx/2006/xaml"
        xmlns:local="clr-namespace:WpfApplication1"
        Title="Binding Source" Height="135" Width="300">
    <StackPanel Background="LightBlue">
        <StackPanel.DataContext>
```

```
                <local:Student Id="6" Age="29" Name="Tim" />
            </StackPanel.DataContext>
            <Grid>
                <StackPanel>
                    <TextBox Text="{Binding Path=Id}" Margin="5" />
                    <TextBox Text="{Binding Path=Name}" Margin="5" />
                    <TextBox Text="{Binding Path=Age}" Margin="5" />
                </StackPanel>
            </Grid>
        </StackPanel>
</Window>
```

这个 UI 的布局可以用如图 6-11 所示的树状图来表示：

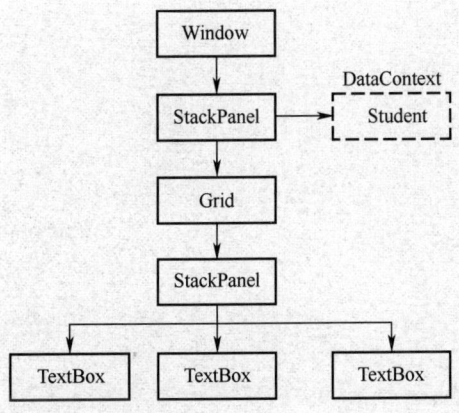

图 6-11　UI 树状图

使用 xmlns:local="clr-namespace:WpfApplication1"，我们就可以在 XAML 代码中使用上面在 C#代码中定义的 Student 类。使用这几行代码：

```
<StackPanel.DataContext>
    <local:Student Id="6" Age="29" Name="Tim" />
</StackPanel.DataContext>
```

就为外层 StackPanel 的 DataContext 进行了赋值——它是一个 Student 对象。三个 TextBox 的 Text 通过 Binding 获取值，但只为 Binding 指定了 Path、没有指定 Source。简写成这样也可以：

```
<TextBox Text="{Binding Id}" Margin="5" />
<TextBox Text="{Binding Name}" Margin="5" />
<TextBox Text="{Binding Age}" Margin="5" />
```

这样，这 3 个 TextBox 的 Binding 就会自动向 UI 元素树的上层去寻找可用的 DataContext 对象。最终，它们在最外层的 StackPanel 身上找到了可用的 DataContext 对象。运行效果如图 6-12 所示。

图 6-12 没有为 Binding 指定 Source 时的运行效果

在前面学习 Binding 路径的时候我们已经知道，当 Binding 的 Source 本身就是数据、不需要使用属性来暴露数据时，Binding 的 Path 可以设置为 "."，亦可以省略不写。现在 Source 也可以省略不写了，这样，当某个 DataContext 是一个简单类型对象的时候，我们完全可能看到一个"既没有 Path 又没有 Source 的" Binding：

```
<Window x:Class="WpfApplication1.Window1"
        xmlns="http://schemas.microsoft.com/winfx/2006/xaml/presentation"
        xmlns:x="http://schemas.microsoft.com/winfx/2006/xaml"
        xmlns:sys="clr-namespace:System;assembly=mscorlib"
        FontSize="16" FontWeight="Bold"
        Title="Binding Source" Height="135" Width="300">
    <StackPanel>
        <StackPanel.DataContext>
            <sys:String>Hello DataContext!</sys:String>
        </StackPanel.DataContext>
        <Grid>
            <StackPanel>
                <TextBlock Text="{Binding}" Margin="5" />
                <TextBlock Text="{Binding}" Margin="5" />
                <TextBlock Text="{Binding}" Margin="5" />
            </StackPanel>
        </Grid>
    </StackPanel>
</Window>
```

运行效果如图 6-13 所示。

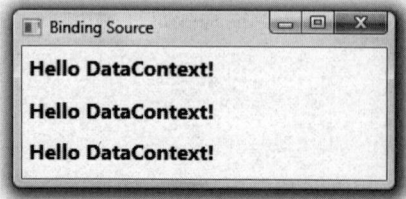

图 6-13 没有指定 Path 和 Source 时的运行效果

你可能会想，Binding 是怎样自动向 UI 元素树的上层寻找 DataContext 对象并把它作为 Source 的呢？其实，"Binding 沿着 UI 元素树向上找"只是 WPF 给我们的一个错觉，Binding 并没有那么智能。之所以会有这种效果是因为 DataContext 是一个"依赖属性"（后面章节会详细讲述），依赖属性有一个很重要的特点就是当你没有为控件的某个依赖属性显式赋值时，控件会把自己容器的属性值"借过来"当作自己的属性值。实际上是属性值沿着 UI 元素树向下传递了。这里有个简单的小例子，程序的 UI 部分是若干层 Grid，最内层 Grid 里放置了一个 Button，我们为最外层的 Grid 设置了 DataContext 属性值，因为内层的 Grid 和 Button 都没有设置 DataContext 属性值所以最外层 Grid 的 DataContext 属性值会一直传递到 Button 那里，单击 Button 就会显示这个值。

程序的 XAML 代码如下：

```xml
<Window x:Class="WpfApplication1.Window1"
        xmlns="http://schemas.microsoft.com/winfx/2006/xaml/presentation"
        xmlns:x="http://schemas.microsoft.com/winfx/2006/xaml" Title="DataContext"
        Height="120" Width="240">
    <Grid DataContext="6">
        <Grid>
            <Grid>
                <Grid>
                    <Button x:Name="btn" Content="OK" Click="btn_Click" />
                </Grid>
            </Grid>
        </Grid>
    </Grid>
</Window>
```

Button 的 Click 事件处理器代码如下：

```csharp
private void btn_Click(object sender, RoutedEventArgs e)
{
    MessageBox.Show(btn.DataContext.ToString());
}
```

运行效果如图 6-14 所示。

图 6-14　属性值沿 UI 元素树向下传递

在实际工作中 DataContext 的用法是非常灵活的。比如：

（1）当 UI 上的多个控件都使用 Binding 关注同一个对象时，不妨使用 DataContext。

（2）当作为 Source 的对象不能被直接访问的时候——比如 B 窗体内的控件想把 A 窗体内的控件当作自己的 Binding 源时，但 A 窗体内的控件是 private 访问级别，这时候就可以把这个控件（或者控件的值）作为窗体 A 的 DataContext（这个属性是 public 访问级别的）从而暴露数据。

形象地说，这时候外层容器的 DataContext 就相当于一个数据的"制高点"，只要把数据放上去，别的元素就都能看见。另外，DataContext 本身也是一个依赖属性，我们可以使用 Binding 把它关联到一个数据源上。

6.3.7 使用集合对象作为列表控件的 ItemsSource

有了 DataContext 的知识作基础，我们再来看看把集合类型对象作为 Binding 源的情况。

WPF 中的列表式控件们派生自 ItemsControl 类，自然也就继承了 ItemsSource 这个属性。ItemsSource 属性可以接收一个 IEnumerable 接口派生类的实例作为自己的值（所有可被迭代遍历的集合都实现了这个接口，包括数组、List<T>等）。每个 ItemsControl 的派生类都具有自己对应的条目容器（Item Container），例如，ListBox 的条目容器是 ListBoxItem、ComboBox 的条目容器是 ComboBoxItem。ItemsSource 里存放的是一条一条的数据，要想把数据显示出来需要为它们穿上"外衣"，条目容器就起到数据外衣的作用。怎样让每件数据外衣与它对应的数据条目关联起来呢？当然是依靠 Binding！只要我们为一个 ItemsControl 对象设置了 ItemsSource 属性值，ItemsControl 对象就会自动迭代其中的数据元素、为每个数据元素准备一个条目容器，并使用 Binding 在条目容器与数据元素之间建立起关联。让我们看这样一个例子：

它的 UI 代码如下：

```xml
<Window x:Class="WpfApplication1.Window1"
        xmlns="http://schemas.microsoft.com/winfx/2006/xaml/presentation"
        xmlns:x="http://schemas.microsoft.com/winfx/2006/xaml"
        Title="Binding Source" Height="240" Width="300">
    <StackPanel x:Name="stackPanel" Background="LightBlue">
        <TextBlock Text="Student ID:" FontWeight="Bold" Margin="5" />
        <TextBox x:Name="textBoxId" Margin="5" />
        <TextBlock Text="Student List:" FontWeight="Bold" Margin="5" />
        <ListBox x:Name="listBoxStudents" Height="110" Margin="5" />
    </StackPanel>
</Window>
```

效果如图 6-15 所示。

我们要实现的效果是把一个 List<Student>集合的实例作为 ListBox 的 ItemsSource，让 ListBox 显示 Student 的 Name 并使用 TextBox 显示 ListBox 当前选中条目的 Id。为了实现这样的功能，我们需要在 Window1 的构造器中写几行代码：

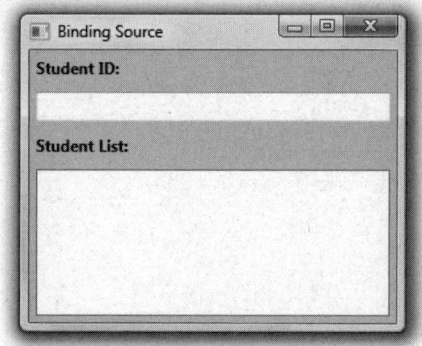

图 6-15　UI 效果

```
public Window1()
{
    InitializeComponent();

    // 准备数据源
    List<Student> stuList = new List<Student>()
    {
        new Student(){Id=0, Name="Tim", Age=29},
        new Student(){Id=1, Name="Tom", Age=28},
        new Student(){Id=2, Name="Kyle", Age=27},
        new Student(){Id=3, Name="Tony", Age=26},
        new Student(){Id=4, Name="Vina", Age=25},
        new Student(){Id=5, Name="Mike", Age=24},
    };

    // 为 ListBox 设置 Binding
    this.listBoxStudents.ItemsSource = stuList;
    this.listBoxStudents.DisplayMemberPath = "Name";

    // 为 TextBox 设置 Binding
    Binding binding = new Binding("SelectedItem.Id") { Source = this.listBoxStudents };
    this.textBoxId.SetBinding(TextBox.TextProperty, binding);
}
```

运行的效果如图 6-16 所示。

你可能会想：这个例子里并没有看到你刚才说的 Binding。实际上，"this.listBoxStudents.DisplayMemberPath = "Name";" 这句代码还是露出了一些蛛丝马迹。注意到它包含 "Path" 这个单词了吗？这说明它是一个路径。当 DisplayMemberPath 属性被赋值后，ListBox 在获得 ItemsSource 的时候就会创建等量的 ListBoxItem 并以 DisplayMemberPath 属性值为 Path 创建 Binding，Binding 的目标是 ListBoxItem 的内容插件（实际上是一个 TextBox，下面就会看到）。

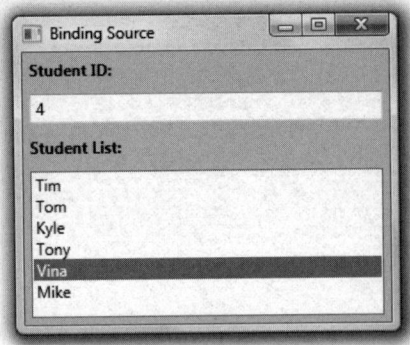

图 6-16 运行效果

如果在 ItemsControl 类的代码里刨根问底，你会发现这个创建 Binding 的过程是在 DisplayMemberTemplateSelector 类的 SelectTemplate 方法里完成的。这个方法的定义格式如下：

```
public override DataTemplate SelectTemplate(object item, DependencyObject container)
{
    // 逻辑代码...
}
```

在这里我们倒不必关心它的完整内容，注意到它的返回值了吗？是一个 DataTemplate 类型的值。数据的"外衣"就是由 DataTemplate 穿上的！当我们没有为 ItemsControl 显式地指定 DataTemplate 时 SelectTemplate 方法就会为我们创建一个默认的（也是最简单的）DataTemplate——就好像给数据穿上一件最简单的衣服一样。至于什么是 DataTemplate 以及这个方法的完整代码将会放到与 Template 相关的章节去仔细讨论，这里，我们只关心 SelectTemplate 内部与创建 Binding 相关的几行代码：

```
FrameworkElementFactory text = ContentPresenter.CreateTextBlockFactory();
Binding binding = new Binding();
binding.Path = new PropertyPath(_displayMemberPath);
binding.StringFormat = _stringFormat;
text.SetBinding(TextBlock.TextProperty, binding);
```

> **注意**
> 这里只对新创建的 Binding 设定了 Path 而没有为它指定 Source，紧接着就把它关联到了 TextBlock 控件上。显然，要想得到 Source，这个 Binding 要向 UI 元素树根的方向去寻找包含 _displayMemberPath 指定属性的 DataContext。

最后，我们再看一个显式地为数据设置 DataTemplate 的例子。先把 C# 代码中的 "this.listBoxStudents.DisplayMemberPath = "Name";" 一句删除，再在 XAML 中添加几行代码，ListBox 的 ItemTemplate 属性（继承自 ItemsControl 类）的类型是 DataTemplate，下面的代码就是我们为 Student 类型实例"量身定做"衣服：

```xml
<Window x:Class="WpfApplication1.Window1"
        xmlns="http://schemas.microsoft.com/winfx/2006/xaml/presentation"
        xmlns:x="http://schemas.microsoft.com/winfx/2006/xaml"
        Title="Binding Source" Height="240" Width="300" Loaded="Window_Loaded">
    <StackPanel x:Name="stackPanel" Background="LightBlue">
        <TextBlock Text="Student ID:" FontWeight="Bold" Margin="5" />
        <TextBox x:Name="textBoxId" Margin="5" />
        <TextBlock Text="Student List:" FontWeight="Bold" Margin="5" />
        <ListBox x:Name="listBoxStudents" Height="110" Margin="5">
            <ListBox.ItemTemplate>
                <DataTemplate>
                    <StackPanel Orientation="Horizontal">
                        <TextBlock Text="{Binding Path=Id}" Width="30" />
                        <TextBlock Text="{Binding Path=Name}" Width="60" />
                        <TextBlock Text="{Binding Path=Age}" Width="30" />
                    </StackPanel>
                </DataTemplate>
            </ListBox.ItemTemplate>
        </ListBox>
    </StackPanel>
</Window>
```

运行效果如图 6-17 所示。

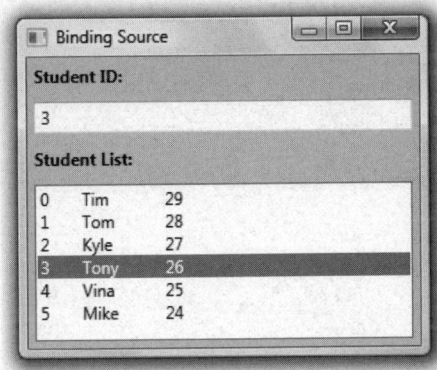

图 6-17　显示为数据设置 DataTemplate 实例效果图

> **注意**
>
> 　　最后特别提醒大家一点：在使用集合类型作为列表控件的 ItemsSource 时一般会考虑使用 ObservableCollection<T> 代替 List<T>，因为 ObservableCollection<T> 类实现了 INotifyCollectionChanged 和 INotifyPropertyChanged 接口，能把集合的变化立刻通知显示它的列表控件，改变会立刻显现出来。

6.3.8 使用 ADO.NET 对象作为 Binding 的源

在.NET 开发中，我们使用 ADO.NET 类对数据库进行操作。常见的工作是从数据库中把数据读取到 DataTable 中，再把 DataTable 显示在 UI 列表控件里（如成绩单、博客文章列表、论坛帖子列表等）。尽管在流行的软件架构中并不把 DataTable 的数据直接显示在 UI 列表控件里而是先通过 LINQ 等手段把 DataTable 里的数据转换成恰当的用户自定义类型集合，但 WPF 也支持在列表控件与 DataTable 之间直接建立 Binding。

假设我们已经获得了一个 DataTable 的实例，并且它的数据内容如表 6-1 所示。

表 6-1 一个 DataTable 实例的数据内容

Id	Name	Age
1	Tim	29
2	Tom	28
3	Tony	27
4	Kyle	26
5	Vina	25
6	Emily	24

现在我们把它显示在一个 ListBox 里。UI 部分的 XAML 代码如下：

```xml
<Window x:Class="WpfApplication1.Window1"
        xmlns="http://schemas.microsoft.com/winfx/2006/xaml/presentation"
        xmlns:x="http://schemas.microsoft.com/winfx/2006/xaml"
        Title="DataTable Source" Height="206" Width="250">
    <StackPanel Background="LightBlue">
        <ListBox x:Name="listBoxStudents" Height="130" Margin="5" />
        <Button Content="Load" Height="25" Margin="5,0" Click="Button_Click" />
    </StackPanel>
</Window>
```

C#部分我们只给出 Button 的 Click 事件处理器：

```csharp
private void Button_Click(object sender, RoutedEventArgs e)
{
    // 获取 DataTable 实例
    DataTable dt = this.Load();

    this.listBoxStudents.DisplayMemberPath = "Name";
    this.listBoxStudents.ItemsSource = dt.DefaultView;
}
```

运行效果如图 6-18 所示。

其中最重要的一句代码是"this.listBoxStudents.ItemsSource = dt.DefaultView;"。DataTable 的 DefaultView 属性是一个 DataView 类型的对象，DataView 类实现了 IEnumerable 接口，所以可以被

赋值给 ListBox.ItemsSource 属性。

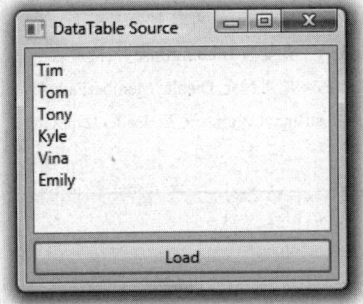

图 6-18 运行效果

多数情况下我们会选择 ListView 控件来显示一个 DataTable，需要做的改动也不是很大。XAML 部分的代码如下：

```xaml
<Window x:Class="WpfApplication1.Window1"
        xmlns="http://schemas.microsoft.com/winfx/2006/xaml/presentation"
        xmlns:x="http://schemas.microsoft.com/winfx/2006/xaml"
        Title="DataTable Source" Height="206" Width="250">
    <StackPanel Background="LightBlue">
        <ListView x:Name="listViewStudents" Height="130" Margin="5">
            <ListView.View>
                <GridView>
                    <GridViewColumn Header="Id" Width="60"
                        DisplayMemberBinding="{Binding Id}" />
                    <GridViewColumn Header="Name" Width="80"
                        DisplayMemberBinding="{Binding Name}" />
                    <GridViewColumn Header="Age" Width="60"
                        DisplayMemberBinding="{Binding Age}" />
                </GridView>
            </ListView.View>
        </ListView>
        <Button Content="Load" Height="25" Margin="5,0" Click="Button_Click" />
    </StackPanel>
</Window>
```

注意

这里有几点需要注意的地方：
首先，从字面上理解 ListView 和 GridView 应该是同一级别的控件，实际上远非这样！ListView 是 ListBox 的派生类而 GridView 是 ViewBase 的派生类，ListView 的 View 属性是一个 ViewBase 类型的对象，所以，GridView 可以作为 ListView 的 View 来使用而不能当作独立的控件来使用。这里使用的理念是组合模式，即 ListView "有一个" View，至于这个 View 是 GridView 还是其他什么类型的 View 则由程序员自由选择——目前只有一个 GridView 可用，估计微软在这里还会有扩展。

> **注意**
>
> 其次，GirdView 的内容属性是 Columns，这个属性是 GridViewColumnCollection 类型对象。因为 XAML 支持对内容属性的简写，所以省略了 <GridView.Columns>... </GridView.Columns> 这层标签，直接在 <GridView> 的内容部分定义了三个 GridViewColumn 对象。GridViewColumn 对象最重要的一个属性是 DisplayMemberBinding（类型为 BindingBase），使用这个属性可以指定这一列使用什么样的 Binding 去关联数据——这与 ListBox 有点不同，ListBox 使用的是 DisplayMemberPath 属性（类型为 string）。如果想用更复杂的结构来表示这一列的标题（Header）或数据，则可为 GridViewColumn 设置 HeaderTemplate 和 CellTemplate 属性，它们的类型都是 DataTemplate。

C#代码中，Button 的 Click 事件处理器基本上没有变化：

```
private void Button_Click(object sender, RoutedEventArgs e)
{
    // 获取 DataTable 实例
    DataTable dt = this.Load();

    this.listViewStudents.ItemsSource = dt.DefaultView;
}
```

运行效果如图 6-19 所示。

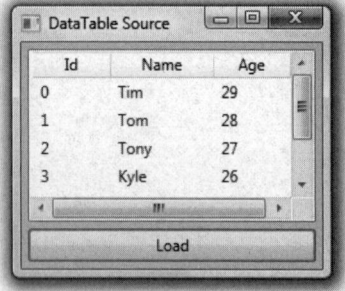

图 6-19 运行效果

通过上面的例子我们已经知道 DataTable 对象的 DefaultView 属性可以作为 ItemsSource 使用。拿 DataTable 直接作为 ItemsSource 可以吗？如果把代码改成这样：

```
private void Button_Click(object sender, RoutedEventArgs e)
{
    // 获取 DataTable 实例
    DataTable dt = this.Load();

    this.listViewStudents.ItemsSource = dt;
}
```

会得到一个编译错误：

```
Cannot implicitly convert type 'System.Data.DataTable' to 'System.Collections.IEnumerable'. An explicit conversion exists
(are you missing a cast?)
```

显然，DataTable 不能直接拿来为 ItemsSource 赋值。不过，当你把 DataTable 对象放在一个对象的 DataContext 属性里，并把 ItemsSource 与一个既没有指定 Source 又没有指定 Path 的 Binding 关联起来时，Binding 却能自动找到它的 DefaultView 并当作自己的 Source 来使用：

```
private void Button_Click(object sender, RoutedEventArgs e)
{
    // 获取 DataTable 实例
    DataTable dt = this.Load();

    this.listViewStudents.DataContext = dt;
    this.listViewStudents.SetBinding(ListView.ItemsSourceProperty, new Binding());
}
```

所以，如果你在代码中发现把 DataTable 而不是 DefaultView 作为 DataContext 的值，并且为 ItemsSource 设置一个既无 Path 又无 Source 的 Binding 时，千万别感觉迷惑。

6.3.9　使用 XML 数据作为 Binding 的源

迄今为止，.NET Framework 提供了两套处理 XML 数据的类库：

- 符合 DOM（Document Object Modle，文档对象模型）标准的类库：包括 XmlDocument、XmlElement、XmlNode 、XmlAttribute 等类。这套类库的特点是中规中矩、功能强大，但也背负了太多 XML 的传统和复杂。
- 以 LINQ（Language-Integrated Query，语言集成查询）为基础的类库：包括 XDocument、XElement、XNode、XAttribute 等类。这套类库的特点是可以使用 LINQ 进行查询和操作，方便快捷。

本小节我们主要讲解基于 DOM 标准的 XML 类库，基于 LINQ 的部分我们放在接下来的一节里讨论。

现代程序设计只要涉及数据传输就离不开 XML，因为大多数数据传输都基于 SOAP（Simple Object Access Protocol，简单对象访问协议）相关的协议，而 SOAP 又是通过将对象序列化为 XML 文本进行传输。XML 文本是树形结构的，所以 XML 可以方便地用于表示线性集合（如 Array、List 等）和树形结构数据。

> 注意
>
> 需要注意的是，当使用 XML 数据作为 Binding 的 Source 时我们将使用 XPath 属性而不是 Path 属性来指定数据的来源。

先来看一个线性集合的例子。下面的 XML 文本是一组学生的信息(假设存放在 D:\RawData.xml 文件中，我要把它显示在一个 ListView 控件里：

```
<?xml version="1.0" encoding="utf-8" ?>
<StudentList>
```

```xml
        <Student Id="1">
            <Name>Tim</Name>
        </Student>
        <Student Id="2">
            <Name>Tom</Name>
        </Student>
        <Student Id="3">
            <Name>Vina</Name>
        </Student>
        <Student Id="4">
            <Name>Emily</Name>
        </Student>
</StudentList>
```

程序的 XAML 部分如下：

```xml
<Window x:Class="WpfApplication1.Window1"
        xmlns="http://schemas.microsoft.com/winfx/2006/xaml/presentation"
        xmlns:x="http://schemas.microsoft.com/winfx/2006/xaml"
        Title="XML Source" Height="205" Width="240">
    <StackPanel Background="LightBlue">
        <ListView x:Name="listViewStudents" Height="130" Margin="5">
            <ListView.View>
                <GridView>
                    <GridViewColumn Header="Id" Width="80"
                            DisplayMemberBinding="{Binding XPath=@Id}" />
                    <GridViewColumn Header="Name" Width="120"
                            DisplayMemberBinding="{Binding XPath=Name}" />
                </GridView>
            </ListView.View>
        </ListView>
        <Button Content="Load" Click="Button_Click" Height="25" Margin="5,0" />
    </StackPanel>
</Window>
```

Button 的 Click 事件处理器代码如下：

```csharp
private void Button_Click(object sender, RoutedEventArgs e)
{
    XmlDocument doc = new XmlDocument();
    doc.Load(@"D:\RawData.xml");

    XmlDataProvider xdp = new XmlDataProvider();
    xdp.Document = doc;

    // 使用 XPath 选择需要暴露的数据
    // 现在是需要暴露一组 Student
```

```
        xdp.XPath = @"/StudentList/Student";

        this.listViewStudents.DataContext = xdp;
        this.listViewStudents.SetBinding(ListView.ItemsSourceProperty, new Binding());
    }
```

程序运行效果如图 6-20 所示。

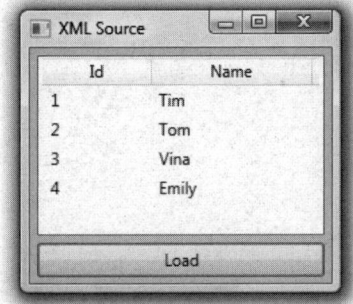

图 6-20 运行效果

XmlDataProvider 还有一个名为 Source 的属性，可以用它直接指定 XML 文档所在的位置（无论 XML 文档存储在本地硬盘还是网络上），所以，Click 事件处理器也可以写成这样：

```
private void Button_Click(object sender, RoutedEventArgs e)
{
    XmlDataProvider xdp = new XmlDataProvider();
    xdp.Source = new Uri(@"D:\RawData.xml");
    xdp.XPath = @"/StudentList/Student";

    this.listViewStudents.DataContext = xdp;
    this.listViewStudents.SetBinding(ListView.ItemsSourceProperty, new Binding());
}
```

XAML 代码中最关键两句是"DisplayMemberBinding="{Binding XPath=@Id}";"和"DisplayMemberBinding="{Binding XPath=Name}";"，它们分别为 GridView 的两列指明了关注的 XML 路径——很明显，使用@符号加字符串表示的是 XML 元素的 Attribute，不加@符号的字符串表示的是子级元素。

XPath 作为 XML 语言的功能有着一整套语法，讲述这些语法走出了本书的范围。MSDN 里有对 XPath 很详尽的讲解可以查阅。

XML 语言可以方便地表示树形数据结构，下面的例子是使用 TreeView 控件来显示拥有若干层目录的文件系统，而且，这次是把 XML 数据和 XmlDataProvider 对象直接写在 XAML 代码里。代码中用到了 HierarchicalDataTemplate 类，这个类具有名为 ItemsSource 的属性，可见由这种 Template 展示的数据是可以拥有子级集合的。代码如下：

```xml
<Window x:Class="WpfApplication1.Window1"
        xmlns="http://schemas.microsoft.com/winfx/2006/xaml/presentation"
        xmlns:x="http://schemas.microsoft.com/winfx/2006/xaml"
        Title="XML Source" Height="210" Width="260">
    <Window.Resources>
        <XmlDataProvider x:Key="xdp" XPath="FileSystem/Folder">
            <x:XData>
                <FileSystem xmlns="">
                    <Folder Name="Books">
                        <Folder Name="Programming">
                            <Folder Name="Windows">
                                <Folder Name="WPF" />
                                <Folder Name="MFC" />
                                <Folder Name="Delphi" />
                            </Folder>
                        </Folder>
                        <Folder Name="Tools">
                            <Folder Name="Development" />
                            <Folder Name="Designment" />
                            <Folder Name="Players" />
                        </Folder>
                    </Folder>
                </FileSystem>
            </x:XData>
        </XmlDataProvider>
    </Window.Resources>

    <Grid>
        <TreeView ItemsSource="{Binding Source={StaticResource xdp}}">
            <TreeView.ItemTemplate>
                <HierarchicalDataTemplate ItemsSource="{Binding XPath=Folder}">
                    <TextBlock Text="{Binding XPath=@Name}" />
                </HierarchicalDataTemplate>
            </TreeView.ItemTemplate>
        </TreeView>
    </Grid>
</Window>
```

> **注意**
> 需要注意的是，如果把 XmlDataProvider 直接写在 XAML 代码里，那么它的 XML 数据需要放在 `<x:XData>`...`</x:XData>` 标签里。

由于这个例子涉及的 StaticResource 和 HierarchicalDataTemplate，都是后面的内容，所以相对比较难懂，等学习完后面的 Resource 和 Template 相关章节再回来看便会了然于胸。

程序运行效果如图 6-21 所示。

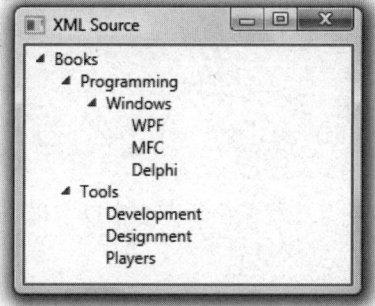

图 6-21　运行效果

6.3.10　使用 LINQ 检索结果作为 Binding 的源

自 3.0 版开始，.NET Framework 开始支持 LINQ（Language-Integrated Query，语言集成查询），使用 LINQ，我们可以方便地操作集合对象、DataTable 对象和 XML 对象而不必动辄就把好几层 foreach 循环嵌套在一起却只是为了完成一个很简单的任务。

LINQ 查询的结果是一个 IEnumerable<T>类型对象，而 IEnumerable<T>又派生自 IEnumerable，所以它可以作为列表控件的 ItemsSource 来使用。

我创建了一个名为 Student 的类：

```csharp
public class Student
{
    public int Id { get; set; }
    public string Name { get; set; }
    public int Age { get; set; }
}
```

又设计了如下的 UI 用于在 Button 被单击的时候显示一个 Student 集合类型对象。

```xml
<Window x:Class="WpfApplication1.Window1"
        xmlns="http://schemas.microsoft.com/winfx/2006/xaml/presentation"
        xmlns:x="http://schemas.microsoft.com/winfx/2006/xaml"
        Title="LINQ Source" Height="220" Width="280">
    <StackPanel Background="LightBlue">
        <ListView x:Name="listViewStudents" Height="143" Margin="5">
            <ListView.View>
                <GridView>
                    <GridViewColumn Header="Id" Width="60"
                        DisplayMemberBinding="{Binding Id}" />
                    <GridViewColumn Header="Name" Width="100"
                        DisplayMemberBinding="{Binding Name}" />
                    <GridViewColumn Header="Age" Width="80"
                        DisplayMemberBinding="{Binding Age}" />
```

```xml
            </GridView>
        </ListView.View>
    </ListView>
    <Button Content="Load" Height="25" Margin="5,0" Click="Button_Click" />
    </StackPanel>
</Window>
```

先来看查询集合对象。要从一个已经填充好的 List<Student>对象中检索出所有名字以字母 T 开头的学生，代码如下：

```csharp
private void Button_Click(object sender, RoutedEventArgs e)
{
    List<Student> stuList = new List<Student>()
    {
        new Student(){Id=0, Name="Tim", Age=29},
        new Student(){Id=1, Name="Tom", Age=28},
        new Student(){Id=2, Name="Kyle", Age=27},
        new Student(){Id=3, Name="Tony", Age=26},
        new Student(){Id=4, Name="Vina", Age=25},
        new Student(){Id=5, Name="Mike", Age=24},
    };

    this.listViewStudents.ItemsSource = from stu in stuList where stu.Name.StartsWith("T") select stu;
}
```

如果数据存放在一个已经填充好的 DataTable 对象里，则代码是这样：

```csharp
private void Button_Click(object sender, RoutedEventArgs e)
{
    DataTable dt = this.GetDataTable();

    this.listViewStudents.ItemsSource =
        from row in dt.Rows.Cast<DataRow>()
        where Convert.ToString(row["Name"]).StartsWith("T")
        select new Student()
        {
            Id = int.Parse(row["Id"].ToString()),
            Name = row["Name"].ToString(),
            Age = int.Parse(row["Age"].ToString())
        };
}
```

如果数据存储在 XML 文件里（D:\RawData.xml）如下：

```xml
<?xml version="1.0" encoding="utf-8" ?>
<StudentList>
    <Class>
        <Student Id="0" Name="Tim" Age="29"/>
```

```
            <Student Id="1" Name="Tom" Age="28"/>
            <Student Id="2" Name="Mess" Age="27"/>
    </Class>
    <Class>
            <Student Id="3" Name="Tony" Age="26"/>
            <Student Id="4" Name="Vina" Age="25"/>
            <Student Id="5" Name="Emily" Age="24"/>
    </Class>
</StudentList>
```

则代码会是这样（注意 xdoc.Descendants("Student")这个方法，它可以跨越 XML 的层级）：

```
private void Button_Click(object sender, RoutedEventArgs e)
{
    XDocument xdoc = XDocument.Load(@"D:\RawData.xml");

    this.listViewStudents.ItemsSource =
        from element in xdoc.Descendants("Student")
        where element.Attribute("Name").Value.StartsWith("T")
        select new Student()
        {
            Id = int.Parse(element.Attribute("Id").Value),
            Name = element.Attribute("Name").Value,
            Age = int.Parse(element.Attribute("Age").Value)
        };
}
```

程序的运行效果如图 6-22 所示。

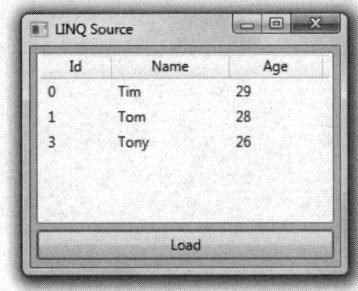

图 6-22　运行效果

6.3.11　使用 ObjectDataProvider 对象作为 Binding 的 Source

理想的情况下，上游程序员把类设计好、使用属性把数据暴露出来，下游程序员把这些类的实例作为 Binding 的 Source、把属性作为 Binding 的 Path 来消费这些类。但很难保证一个类的所有数据都使用属性暴露出来，比如我们需要的数据可能是方法的返回值。而重新设计底层类的风险和成本会比较高，况且黑盒引用类库的情况下我们也不可能更改已经编译好的类，这时候就需要使用 ObjectDataProvider 来包装作为 Binding 源的数据对象了。

ObjectDataProvider，顾名思义就是把对象作为数据源提供给 Binding。前面还提到过 XmlDataProvider，也就是把 XML 数据作为数据源提供给 Binding。这两个类的父类都是 DataSourceProvider 抽象类。

现在有一个名为 Calculator 的类，它具有计算加、减、乘、除的方法：

```csharp
class Calculator
{
    // 加法
    public string Add(string arg1, string arg2)
    {
        double x = 0;
        double y = 0;
        double z = 0;
        if (double.TryParse(arg1, out x) && double.TryParse(arg2, out y))
        {
            z = x + y;
            return z.ToString();
        }
        return "Input Error!";
    }

    // 其他算法...
}
```

我们先写一个非常简单的小例子来了解 ObjectDataProvider 类。随便新建一个 WPF 项目，然后在 UI 里添加一个 Button，Button 的 Click 事件处理器如下：

```csharp
private void Button_Click(object sender, RoutedEventArgs e)
{
    ObjectDataProvider odp = new ObjectDataProvider();
    odp.ObjectInstance = new Calculator();
    odp.MethodName = "Add";
    odp.MethodParameters.Add("100");
    odp.MethodParameters.Add("200");
    MessageBox.Show(odp.Data.ToString());
}
```

运行程序、单击 Button，效果如图 6-23 所示。

通过这个程序我们可以了解到 ObjectDataProvider 对象与被它包装的对象关系如图 6-24 所示。

了解了 ObjectDataProvider 的使用方法，现在让我们看看如何把它当作 Binding 的 Source 来使用。程序的 XAML 代码和截图如下：

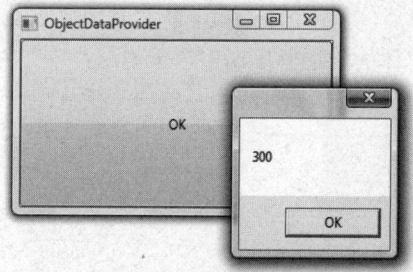

图 6-23 运行效果

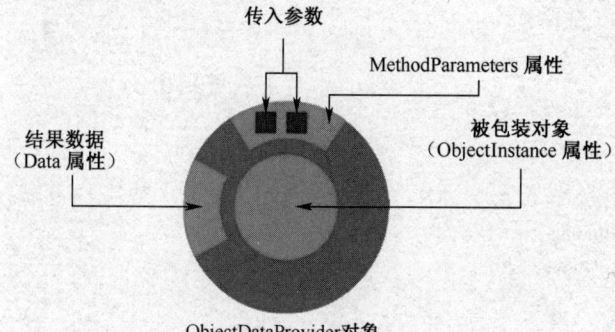

图 6-24 ObjectDataProvider 对应与被包装对象的关系

```xml
<Window x:Class="WpfApplication1.Window1"
    xmlns="http://schemas.microsoft.com/winfx/2006/xaml/presentation"
    xmlns:x="http://schemas.microsoft.com/winfx/2006/xaml"
    Title="ObjectDataProvider Source" Height="135" Width="300">
    <StackPanel Background="LightBlue">
        <TextBox x:Name="textBoxArg1" Margin="5" />
        <TextBox x:Name="textBoxArg2" Margin="5" />
        <TextBox x:Name="textBoxResult" Margin="5" />
    </StackPanel>
</Window>
```

运行效果如图 6-25 所示。

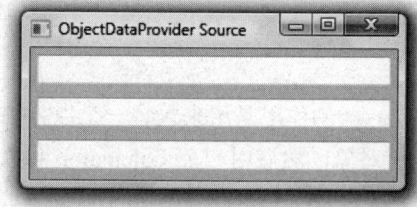

图 6-25 运行效果

这个程序需要实现的功能是在上面两个 TextBox 输入数字后，第 3 个 TextBox 能实时地显示数字的和。把代码写在一个名为 SetBinding 的方法里，然后在窗体的构造器里调用这个方法：

```csharp
public Window1()
{
    InitializeComponent();
    this.SetBinding();
}

private void SetBinding()
{
    // 创建并配置 ObjectDataProvider 对象
    ObjectDataProvider odp = new ObjectDataProvider();
    odp.ObjectInstance = new Calculator();
    odp.MethodName = "Add";
    odp.MethodParameters.Add("0");
    odp.MethodParameters.Add("0");

    // 以 ObjectDataProvider 对象为 Source 创建 Binding
    Binding bindingToArg1 = new Binding("MethodParameters[0]")
    {
        Source = odp,
        BindsDirectlyToSource = true,
        UpdateSourceTrigger = UpdateSourceTrigger.PropertyChanged
    };

    Binding bindingToArg2 = new Binding("MethodParameters[1]")
    {
        Source = odp,
        BindsDirectlyToSource = true,
        UpdateSourceTrigger = UpdateSourceTrigger.PropertyChanged
    };

    Binding bindingToResult = new Binding(".") { Source = odp };

    // 将 Binding 关联到 UI 元素上
    this.textBoxArg1.SetBinding(TextBox.TextProperty, bindingToArg1);
    this.textBoxArg2.SetBinding(TextBox.TextProperty, bindingToArg2);
    this.textBoxResult.SetBinding(TextBox.TextProperty, bindingToResult);
}
```

让我们来分析一下这个方法。前面说过，ObjectDataProvider 类的作用是用来包装一个以方法暴露数据的对象，这里我们先是创建了一个 ObjectDataProvider 对象，然后用一个 Calculator 对象为其 ObjectInstance 属性赋值——这就把一个 Calculator 对象包装在了 ObjectDataProvider 对象里。还有另外一个办法来创建被包装的对象，那就是告诉 ObjectDataProvider 将被包装对象的类型和希

望调用的构造器,让 ObjectDataProvider 自己去创建被包装对象,代码大概是这样:

```
//...
odp.ObjectType = typeof(YourClass);
odp.ConstructorParameters.Add(arg1);
odp.ConstructorParameters.Add(arg2);
//...
```

因为在 XAML 里创建和使用对象比较麻烦、可读性差,所以一般会在 XAML 代码中使用这种指定类型和构造器的办法。

接着,我们使用 MethodName 属性指定将要调用 Calculator 对象中名为 Add 的方法——问题又来了,如果 Calculator 类里有多个重载的 Add 方法应该怎么区分呢?我们知道,重载方法的区别在于参数列表,紧接着的两句代码向 MethodParameters 属性中加入了两个 string 类型的对象,这就相当于告诉 ObjectDataProvider 对象去调用 Calculator 对象中具有两个 string 类型参数的 Add 方法,换句话说,MethodParameters 属性是类型敏感的。

准备好数据源后,我们开始创建 Binding。在前面我们已经学习过使用索引器作为 Binding 的 Path,第一个 Binding 它的 Source 是 ObjectDataProvider 对象、Path 是 ObjectDataProvider 对象 MethodParameters 属性所引用的集合中的第一个元素。BindsDirectlyToSource = true 这句的意思是告诉 Binding 对象只负责把从 UI 元素收集到的数据写入其直接 Source(即 ObjectDataProvider 对象)而不是被 ObjectDataProvider 对象包装着的 Calculator 对象。同时,UpdateSourceTrigger 属性被设置为一有更新立刻将值传回 Source。第二个 Binding 对象是第一个的翻版,只是把 Path 指向了第二个参数。第三个 Binding 对象仍然使用 ObjectDataProvider 对象作为 Source,但使用 "." 作为 Path——前面说过,当数据源本身就代表数据的时候就使用 "." 作 Path,并且 "." 在 XAML 代码里可以省略不写。

> **注意**
> 在把 ObjectDataProvider 对象当作 Binding 的 Source 来使用时,这个对象本身就代表了数据,所以这里的 Path 使用的是 "." 而非其 Data 属性。

最后一步是把 Binding 对象关联到 3 个 TextBox 对象上。完成后在窗体类的构造器中调用这个方法,程序运行的时候就能看到如图 6-26 所示的效果。

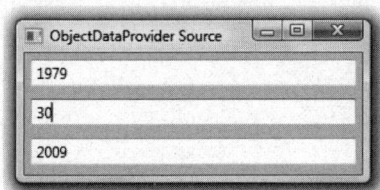

图 6-26　运行效果

一般情况下,数据从哪里来哪里就是 Binding 的 Source、数据到哪里去哪里就应该是 Binding 的 Target。按这个理论,前两个 TextBox 应该是 ObjectDataProvider 对象的数据源,而

ObjectDataProvider 对象又是最后一个 TextBox 的数据源。但实际上，三个 TextBox 都以 ObjectDataProvider 对象为数据源，只是前两个 TextBox 在 Binding 的数据流向上做了限制。这样做的原因不外乎有两个：

- ObjectDataProvider 的 MethodParameters 不是依赖属性，不能作为 Binding 的目标。
- 数据驱动 UI 的理念要求尽可能地使用数据对象作为 Binding 的 Source 而把 UI 元素当作 Binding 的 Target。

6.3.12 使用 Binding 的 RelativeSource

当一个 Binding 有明确的数据来源时我们可以通过为 Source 或 ElementName 赋值的办法让 Bindng 与之关联。有些时候我们不能确定作为 Source 的对象叫什么名字，但知道它与作为 Binding 目标的对象在 UI 布局上有相对关系，比如控件自己关联自己的某个数据、关联自己某级容器的数据。这时候我们就要使用 Binding 的 RelativeSource 属性。

RelativeSource 属性的数据类型为 RelativeSource 类，通过这个类的几个静态或非静态属性我们可以控制它搜索相对数据源的方式。下面这段 XAML 代码表示的是多层布局控件内放置着一个 TextBox：

```xml
<Window x:Class="WpfApplication1.Window1"
        xmlns="http://schemas.microsoft.com/winfx/2006/xaml/presentation"
        xmlns:x="http://schemas.microsoft.com/winfx/2006/xaml"
        Title="RelativeSource" Height="210" Width="210">
    <Grid x:Name="g1" Background="Red" Margin="10">
        <DockPanel x:Name="d1" Background="Orange" Margin="10">
            <Grid x:Name="g2" Background="Yellow" Margin="10">
                <DockPanel x:Name="d2" Background="LawnGreen" Margin="10">
                    <TextBox x:Name="textBox1" FontSize="24" Margin="10" />
                </DockPanel>
            </Grid>
        </DockPanel>
    </Grid>
</Window>
```

布局的图解如图 6-27 所示。

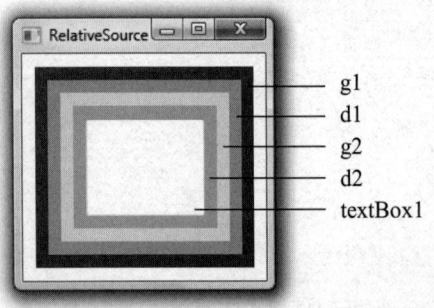

图 6-27 多层布局控件内有一个 TextBox 控件

我们把 TextBox 的 Text 属性关联到外层容器的 Name 属性上。在窗体的构造器里添加几行代码：

```
public Window1()
{
    InitializeComponent();

    RelativeSource rs = new RelativeSource(RelativeSourceMode.FindAncestor);
    rs.AncestorLevel = 1;
    rs.AncestorType = typeof(Grid);
    Binding binding = new Binding("Name") { RelativeSource = rs };
    this.textBox1.SetBinding(TextBox.TextProperty, binding);
}
```

或在 XAML 中插入等效代码：

```
Text="{Binding RelativeSource={RelativeSource FindAncestor,
  AncestorType={x:Type Grid}, AncestorLevel=1}, Path=Name}"
```

AncestorLevel 属性指的是以 Binding 目标控件为起点的层级偏移量——d2 的偏移量是 1、g2 的偏移量为 2，依次类推。AncestorType 属性告诉 Binding 寻找哪个类型的对象作为自己的源，不是这个类型的对象会被跳过。上面这段代码的意思是告诉 Binding 从自己的第一层依次向外找，找到第一个 Grid 类型对象后把它当作自己的源。运行效果如图 6-28 所示。

图 6-28　运行效果

如果把代码更改为这样：

```
public Window1()
{
    InitializeComponent();

    RelativeSource rs = new RelativeSource();
    rs.AncestorLevel = 2;
    rs.AncestorType = typeof(DockPanel);
    Binding binding = new Binding("Name") { RelativeSource = rs };
```

```
    this.textBox1.SetBinding(TextBox.TextProperty, binding);
}
```

或在 XAML 中插入等效代码：

```
Text="{Binding RelativeSource={RelativeSource AncestorType={x:Type DockPanel},AncestorLevel=2}, Path=Name}"
```

运行效果如图 6-29 所示。

图 6-29　运行效果

如果 TextBox 需要关联自身的 Name 属性，则代码应该是这样：

```
public Window1()
{
    InitializeComponent();

    RelativeSource rs = new RelativeSource();
    rs.Mode = RelativeSourceMode.Self;
    Binding binding = new Binding("Name") { RelativeSource = rs };
    this.textBox1.SetBinding(TextBox.TextProperty, binding);
}
```

运行效果如图 6-30 所示。

图 6-30　运行效果

RelativeSource 类的 Mode 属性的类型是 RelativeSourceMode 枚举，它的取值有：PreviousData、TemplatedParent、Self 和 FindAncestor。RelativeSource 类还有 3 个静态属性：PreviousData、Self 和 TemplatedParent，他们的类型是 RelativeSource 类。实际上这 3 个静态属性就是创建一个 RelativeSource 实例、把实例的 Mode 属性设置为相应的值，然后返回这个实例。之所以准备这 3 个静态属性是为了在 XAML 代码里直接获取 RelativeSource 实例。下面是它们的源码：

```csharp
public static RelativeSource PreviousData
{
    get
    {
        if (s_previousData == null)
        {
            s_previousData = new RelativeSource(RelativeSourceMode.PreviousData);
        }
        return s_previousData;
    }
}

public static RelativeSource TemplatedParent
{
    get
    {
        if (s_templatedParent == null)
        {
            s_templatedParent = new RelativeSource(RelativeSourceMode.TemplatedParent);
        }
        return s_templatedParent;
    }
}

public static RelativeSource Self
{
    get
    {
        if (s_self == null)
        {
            s_self = new RelativeSource(RelativeSourceMode.Self);
        }
        return s_self;
    }
}
```

在 DataTemplate 中会经常用到这 3 个静态属性，学习 DataTemplate 时候请留意它们的使用方法。

6.4 Binding 对数据的转换与校验

前面我们已经知道，Binding 的作用就是架在 Source 与 Target 之间的桥梁，数据可以在这座桥梁的帮助下来流通。就像现实世界中的桥梁会设置一些关卡进行安检一样，Binding 这座桥上也可以设置关卡对数据的有效性进行检验，不仅如此，当 Binding 两端要求使用不同的数据类型时，我们还可以为数据设置转换器。

Binding 用于数据有效性校验的关卡是它的 ValidationRules 属性，用于数据类型转换的关卡是它的 Converter 属性。下面就让我们来学习使用它们。

6.4.1 Binding 的数据校验

Binding 的 ValidationRules 属性类型是 Collection<ValidationRule>，从它的名称和数据类型可以得知可以为每个 Binding 设置多个数据校验条件，每个条件是一个 ValidationRule 类型对象。ValidationRule 类是个抽象类，在使用的时候我们需要创建它的派生类并实现它的 Validate 方法。Validate 方法的返回值是 ValidationResult 类型对象，如果校验通过，就把 ValidationResult 对象的 IsValid 属性设为 true，反之，需要把 IsValid 属性设为 false 并为其 ErrorContent 属性设置一个合适的消息内容（一般是个字符串）。

下面这个程序是在 UI 上绘制一个 TextBox 和一个 Slider，然后在后台 C#代码里使用 Binding 把它们关联起来——以 Slider 为源、TextBox 为目标。Slider 的取值范围是 0 到 100，也就是说，我们需要校验 TextBox 里输入的值是不是在 0 到 100 这个范围内。

程序的 XAML 部分：

```
<Window x:Class="WpfApplication1.Window1"
        xmlns="http://schemas.microsoft.com/winfx/2006/xaml/presentation"
        xmlns:x="http://schemas.microsoft.com/winfx/2006/xaml"
        Title="Validation" Height="120" Width="300">
    <StackPanel>
        <TextBox x:Name="textBox1" Margin="5" />
        <Slider x:Name="slider1" Minimum="0" Maximum="100" Margin="5" />
    </StackPanel>
</Window>
```

为了进行校验，需要准备一个 ValidationRule 的派生类：

```
public class RangeValidationRule : ValidationRule
{
    // 需要实现 Validate 方法
    public override ValidationResult Validate(object value, System.Globalization.CultureInfo cultureInfo)
    {
        double d = 0;
        if (double.TryParse(value.ToString(), out d))
```

```
            {
                if (d >= 0 && d <= 100)
                {
                    return new ValidationResult(true, null);
                }
            }

            return new ValidationResult(false, "Validation Failed");
        }
    }
```

然后在窗体的构造器里这样建立 Binding：

```
public Window1()
{
    InitializeComponent();

    Binding binding = new Binding("Value") { Source = this.slider1 };
    binding.UpdateSourceTrigger = UpdateSourceTrigger.PropertyChanged;
    RangeValidationRule rvr = new RangeValidationRule();
    binding.ValidationRules.Add(rvr);
    this.textBox1.SetBinding(TextBox.TextProperty, binding);
}
```

完成后运行程序，当输入 0 到 100 之间的值时程序正常显示，但输入这个区间之外的值或不能被解析的值时 TextBox 会显示红色边框，表示值是错误的，不能把它传递给 Source。效果如图 6-31 所示。

Binding 进行校验时的默认行为是认为来自 Source 的数据总是正确的，只有来自 Target 的数据（因为 Target 多为 UI 控件，所以等价于用户输入的数据）才有可能有问题，为了不让有问题的数据污染 Source 所以需要校验。换句话说，Binding 只在 Target 被外部方法更新时校验数据，而来自 Binding 的 Source 数据更新 Target 时是不会进行校验的。如果想改变这种行为，或者说当来自 Source 的数据也有可能出问题时，我们就需要将校验条件的 ValidatesOnTargetUpdated 属性设为 true。

图 6-31　Binding 的数据校验示例

先把 slider1 的取值范围由 0 到 100 改成 -10 到 110：

```
<Slider x:Name="slider1" Minimum="-10" Maximum="110" Margin="5" />
```

然后把设置 Binding 的代码改为：

```
public Window1()
{
    InitializeComponent();

    Binding binding = new Binding("Value") { Source = this.slider1 };
    binding.UpdateSourceTrigger = UpdateSourceTrigger.PropertyChanged;
    RangeValidationRule rvr = new RangeValidationRule();
    rvr.ValidatesOnTargetUpdated = true;
    binding.ValidationRules.Add(rvr);
    this.textBox1.SetBinding(TextBox.TextProperty, binding);
}
```

这样，当 Slider 的滑块移出有效范围时 TextBox 也会显示校验失败的效果如图 6-32 所示。

图 6-32　Binding 校验来自 Source 的数据

你可能会想：当校验错误的时候 Validate 方法返回的 ValidationResult 对象携带着一条错误消息，如何显示这条消息呢？想要做到这一点，需要用到后面才会详细讲解的知识——路由事件（Routed Event）。

首先，在创建 Binding 时要把 Binding 对象的 NotifyOnValidationError 属性设为 true，这样，当数据校验失败的时候 Binding 会像报警器一样发出一个信号，这个信号会以 Binding 对象的 Target 为起点在 UI 元素树上传播。信号每到达一个结点，如果这个结点上设置有对这种信号的侦听器（事件处理器），那么这个侦听器就会被触发用以处理这个信号。信号处理完后，程序员还可以选择是让信号继续向下传播还是就此终止——这就是路由事件，信号在 UI 元素树上的传递过程就称为路由（Route）。

建立 Binding 的代码如下：

```
public Window1()
{
    InitializeComponent();

    Binding binding = new Binding("Value") { Source = this.slider1 };
    binding.UpdateSourceTrigger = UpdateSourceTrigger.PropertyChanged;
    RangeValidationRule rvr = new RangeValidationRule();
    rvr.ValidatesOnTargetUpdated = true;
```

```
binding.ValidationRules.Add(rvr);
binding.NotifyOnValidationError = true;
this.textBox1.SetBinding(TextBox.TextProperty, binding);

this.textBox1.AddHandler(Validation.ErrorEvent, new RoutedEventHandler(this.ValidationError));
}
```

用于侦听校验错误事件的事件处理器如下：

```
void ValidationError(object sender, RoutedEventArgs e)
{
    if (Validation.GetErrors(this.textBox1).Count > 0)
    {
        this.textBox1.ToolTip = Validation.GetErrors(this.textBox1)[0].ErrorContent.ToString();
    }
}
```

程序运行时如果校验失败，TextBox 的 ToolTip 就会提示用户，如图 6-33 所示。

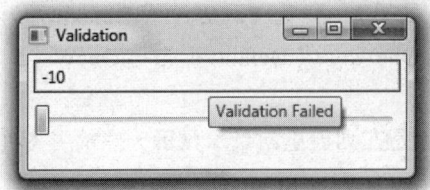

图 6-33　校验失败提示

6.4.2　Binding 的数据转换

前面的很多例子中我们都使用 Binding 在 Slider 控件与 TextBox 控件之间建立关联——Slider 控件作为 Source（Path 是 Value 属性），TextBox 控件作为 Target（目标属性为 Text）。不知道大家有没有注意到，Slider 的 Value 属性是 double 类型值、TextBox 的 Text 属性是 string 类型值，在 C# 这种强类型（strong-typed）语言中却可以往来自如，这是怎么回事呢？

原来，Binding 还有另外一种机制称为数据转换（Data Convert），当 Source 端 Path 所关联的数据与 Target 端目标属性数据类型不一致时，我们可以添加数据转换器（Data Converter）。上面提到的问题实际上是 double 类型与 string 类型互相转换的问题，因为处理起来比较简单，所以 WPF 类库就自动替我们做了。但有些类型之间的转换就不是 WPF 能替我们做的了，例如下面这些情况：

- Source 里的数据是 Y、N 和 X 三个值（可能是 char 类型、string 类型或自定义枚举类型），UI 上对应的是 CheckBox 控件，需要把这三个值映射为它的 IsChecked 属性值（bool? 类型）。
- 当 TextBox 里已经输入了文字时用于登录的 Button 才会出现，这是 string 类型与 Visibility 枚举类型或 bool 类型之间的转换（Binding 的 Mode 将是 OneWay）。

- Source 里的数据可能是 Male 或 Female（string 或枚举），UI 上对应的是用于显示头像的 Image 控件，这时候需要把 Source 里的值转换成对应的头像图片 URI（亦是 OneWay）。

当遇到这些情况时，我们只能自己动手写 Converter，方法是创建一个类并让这个类实现 IValueConverter 接口。IValueConverter 接口定义如下：

```
public interface IValueConverter
{
    object Convert(object value, Type targetType, object parameter, CultureInfo culture);
    object ConvertBack(object value, Type targetType, object parameter, CultureInfo culture);
}
```

当数据从 Binding 的 Source 流向 Target 时，Convert 方法将被调用；反之，ConvertBack 方法将被调用。这两个方法的参数列表一模一样：第一个参数为 object，最大限度地保证了 Converter 的重用性（可以在方法体内对实际类型进行判断）；第二个参数用于确定方法的返回类型（个人认为形参名叫 outputType 比 targetType 要好，可以避免与 Binding 的 Target 混淆）；第三个参数用于把额外的信息传入方法，若需要传递多个信息则可把信息放入一个集合对象来传入方法。

Binding 对象的 Mode 属性会影响到这两个方法的调用。如果 Mode 为 TwoWay 或 Default 行为与 TwoWay 一致则两个方法都有可能被调用；如果 Mode 为 OneWay 或 Default 行为与 OneWay 一致则只有 Convert 方法会被调用；其他情况同理。

下面这个例子是一个 Converter 的综合实例，程序的用途是在列表里向玩家显示一些军用飞机的状态。

首先创建几个自定义数据类型：

```
// 种类
public enum Category
{
    Bomber,
    Fighter
}

// 状态
public enum State
{
    Available,
    Locked,
    Unknown
}

// 飞机
public class Plane
{
    public Category Category { get; set; }
    public string Name { get; set; }
```

```
public State State { get; set; }
}
```

在 UI 里 Plane 的 Category 属性被映射为轰炸机或战斗机的图标，这两个图标我已经加入了项目如图 6-34 所示。

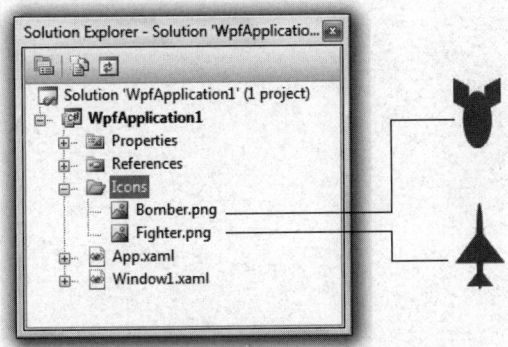

图 6-34　项目中的两个图标

同时，飞机的 State 属性在 UI 里被映射为 CheckBox。因为存在以上两个映射关系，我们需要提供两个 Converter：一个是由 Category 类型单向转换为 string 类型（XAML 编译器能够把 string 对象解析为图片资源），另一个是在 State 与 bool?类型之间双向转换。代码如下：

```
public class CategoryToSourceConverter : IValueConverter
{
    // 将 Category 转换为 Uri
    public object Convert(object value, Type targetType, object parameter, CultureInfo culture)
    {
        Category c = (Category)value;
        switch (c)
        {
            case Category.Bomber:
                return @"\Icons\Bomber.png";
            case Category.Fighter:
                return @"\Icons\Fighter.png";
            default:
                return null;
        }
    }

    // 不会被调用
    public object ConvertBack(object value, Type targetType, object parameter, CultureInfo culture)
    {
        throw new NotImplementedException();
    }
```

```
}

public class StateToNullableBoolConverter : IValueConverter
{
    // 将 State 转换为 bool?
    public object Convert(object value, Type targetType, object parameter, CultureInfo culture)
    {
        State s = (State)value;
        switch (s)
        {
            case State.Locked:
                return false;
            case State.Available:
                return true;
            case State.Unknown:
            default:
                return null;
        }
    }

    // 将 bool?转换为 State
    public object ConvertBack(object value, Type targetType, object parameter, CultureInfo culture)
    {
        bool? nb = (bool?)value;
        switch (nb)
        {
            case true:
                return State.Available;
            case false:
                return State.Locked;
            case null:
            default:
                return State.Unknown;
        }
    }
}
```

下面我们看看如何在 XAML 里消费这些 Converter。XAML 代码的框架如下：

```
<Window x:Class="WpfApplication1.Window1"
    xmlns="http://schemas.microsoft.com/winfx/2006/xaml/presentation"
    xmlns:x="http://schemas.microsoft.com/winfx/2006/xaml"
    xmlns:local="clr-namespace:WpfApplication1"
    Title="Data Converter" Height="266" Width="300">

    <Window.Resources>
        <local:CategoryToSourceConverter x:Key="cts" />
```

```xml
            <local:StateToNullableBoolConverter x:Key="stnb" />
        </Window.Resources>

        <StackPanel Background="LightBlue">
            <ListBox x:Name="listBoxPlane" Height="160" Margin="5" />
            <Button x:Name="buttonLoad" Content="Load" Height="25" Margin="5,0"
                    Click="buttonLoad_Click" />
            <Button x:Name="buttonSave" Content="Save" Height="25" Margin="5,5"
                    Click="buttonSave_Click" />
        </StackPanel>
</Window>
```

XAML 代码中已经添加了对程序集的引用并映射为名称空间 local，同时，以资源的形式创建了两个 Converter 的实例。名为 listBoxPlane 的 ListBox 控件是我们工作的重点，需要为它添加用于显示数据的 DataTemplate。我们把焦点集中在 ListBox 控件的 ItemTemplate 属性上：

```xml
<ListBox x:Name="listBoxPlane" Height="160" Margin="5">
    <ListBox.ItemTemplate>
        <DataTemplate>
            <StackPanel Orientation="Horizontal">
                <Image Width="20" Height="20"
                       Source="{Binding Path=Category, Converter={StaticResource cts}}" />
                <TextBlock Text="{Binding Path=Name}" Width="60" Margin="80,0" />
                <CheckBox IsThreeState="True"
                          IsChecked="{Binding Path=State, Converter={StaticResource stnb}}" />
            </StackPanel>
        </DataTemplate>
    </ListBox.ItemTemplate>
</ListBox>
```

Load 按钮的 Click 事件处理器负责把一组飞机的数据赋值给 ListBox 的 ItemsSource 属性，Save 按钮的 Click 事件处理器负责把用户更改过的数据写入文件：

```csharp
// Load 按钮 Click 事件处理器
private void buttonLoad_Click(object sender, RoutedEventArgs e)
{
    List<Plane> planeList = new List<Plane>()
    {
        new Plane(){ Category= Category.Bomber, Name="B-1", State = State.Unknown},
        new Plane(){ Category= Category.Bomber, Name="B-2", State = State.Unknown},
        new Plane(){ Category= Category.Fighter, Name="F-22", State = State.Unknown},
        new Plane(){ Category= Category.Fighter, Name="Su-47", State = State.Unknown},
        new Plane(){ Category= Category.Bomber, Name="B-52", State = State.Unknown},
        new Plane(){ Category= Category.Fighter, Name="J-10", State = State.Unknown}
    };
    this.listBoxPlane.ItemsSource = planeList;
```

```
        }

        // Save 按钮 Click 事件处理器
        private void buttonSave_Click(object sender, RoutedEventArgs e)
        {
            StringBuilder sb = new StringBuilder();
            foreach (Plane p in listBoxPlane.Items)
            {
                sb.AppendLine(string.Format("Category={0}, Name={1}, State={2}", p.Category, p.Name, p.State));
            }
            File.WriteAllText(@"D:\PlaneList.txt", sb.ToString());
        }
```

运行程序并单击 CheckBox 更改飞机的 State，效果如图 6-35 所示。

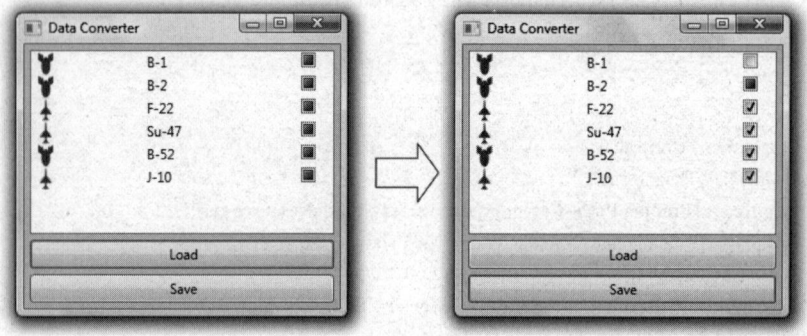

图 6-35　运行效果

单击 Save 按钮后打开 D:\ PlaneList.txt，数据如图 6-36 所示。

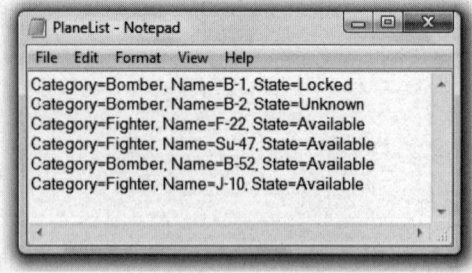

图 6-36　PlaneList.txt 文件中的数据

6.5　MultiBinding（多路 Binding）

有的时候 UI 要需要显示的信息由不止一个数据来源决定，这时候就需要使用 MultiBinding，即多路 Binding。MultiBinding 与 Binding 一样均以 BindingBase 为基类，也就是说，凡是能使用 Binding 对象的场合都能使用 MultiBinding。MultiBinding 具有一个名为 Bindings 的属性，其类型是 Collection<BindingBase>，通过这个属性 MultiBinding 把一组 Binding 对象聚合起来，处在这个集合中的 Binding 对象可以拥有自己的数据校验与转换机制，它们汇集起来的数据将共同决定传往 MultiBinding 目标的数据，如图 6-37 所示。

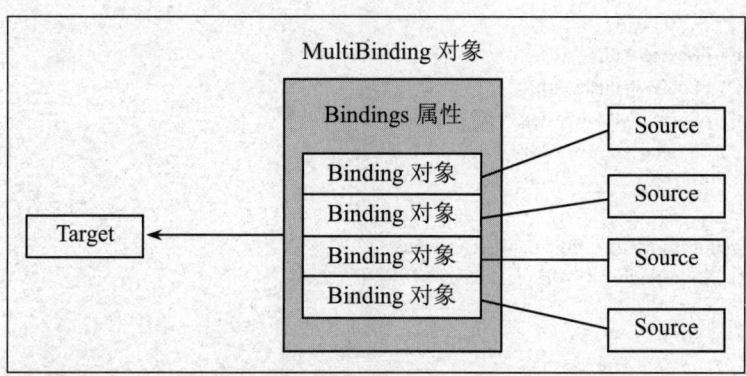

图 6-37　MultiBinding 示意图

考虑这样一个需求，有一个用于新用户注册的 UI（包含 4 个 TextBox 和一个 Button），还有如下一些限定：

- 第一、二个 TextBox 输入用户名，要求内容一致。
- 第三、四个 TextBox 输入用户 E-Mail，要求内容一致。
- 当 TextBox 的内容全部符合要求的时候，Button 可用。

此 UI 的 XAML 代码如下：

```
<Window x:Class="WpfApplication1.Window1"
        xmlns="http://schemas.microsoft.com/winfx/2006/xaml/presentation"
        xmlns:x="http://schemas.microsoft.com/winfx/2006/xaml"
        Title="MultiBinding" Height="185" Width="300">
    <StackPanel Background="LightBlue">
        <TextBox x:Name="textBox1" Height="23" Margin="5" />
        <TextBox x:Name="textBox2" Height="23" Margin="5,0" />
        <TextBox x:Name="textBox3" Height="23" Margin="5" />
        <TextBox x:Name="textBox4" Height="23" Margin="5,0" />
        <Button x:Name="button1" Content="Submit" Width="80" Margin="5" />
    </StackPanel>
</Window>
```

然后把用于设置 MultiBinding 的代码写在名为 SetMultiBinding 的方法里并在窗体的构造器中调用：

```
public Window1()
{
```

```csharp
        InitializeComponent();

        this.SetMultiBinding();
}

private void SetMultiBinding()
{
    // 准备基础 Binding
    Binding b1 = new Binding("Text") { Source = this.textBox1 };
    Binding b2 = new Binding("Text") { Source = this.textBox2 };
    Binding b3 = new Binding("Text") { Source = this.textBox3 };
    Binding b4 = new Binding("Text") { Source = this.textBox4 };

    // 准备 MultiBinding
    MultiBinding mb = new MultiBinding() { Mode = BindingMode.OneWay };
    mb.Bindings.Add(b1);   // 注意：MultiBinding 对 Add 子 Binding 的顺序是敏感的
    mb.Bindings.Add(b2);
    mb.Bindings.Add(b3);
    mb.Bindings.Add(b4);
    mb.Converter = new LogonMultiBindingConverter();

    // 将 Button 与 MultiBinding 对象关联
    this.button1.SetBinding(Button.IsEnabledProperty, mb);
}
```

> **注意**
>
> 这里有几点需要注意的地方：
> - MultiBinding 对于添加子级 Binding 的顺序是敏感的，因为这个顺序决定了汇集到 Converter 里数据的顺序。
> - MultiBinding 的 Converter 实现的是 IMultiValueConverter 接口。

本例的 Converter 代码如下：

```csharp
// 注意基类的变化
public class LogonMultiBindingConverter : IMultiValueConverter
{
    public object Convert(object[] values, Type targetType, object parameter, CultureInfo culture)
    {
        if (!values.Cast<string>().Any(text => string.IsNullOrEmpty(text))
            && values[0].ToString() == values[1].ToString()
            && values[2].ToString() == values[3].ToString())
        {
            return true;
        }
        return false;
```

}

// 不会被调用
public object[] ConvertBack(object value, Type[] targetTypes, object parameter, CultureInfo culture)
{
    throw new NotImplementedException();
}
}
```

程序的运行效果如图 6-38 所示。

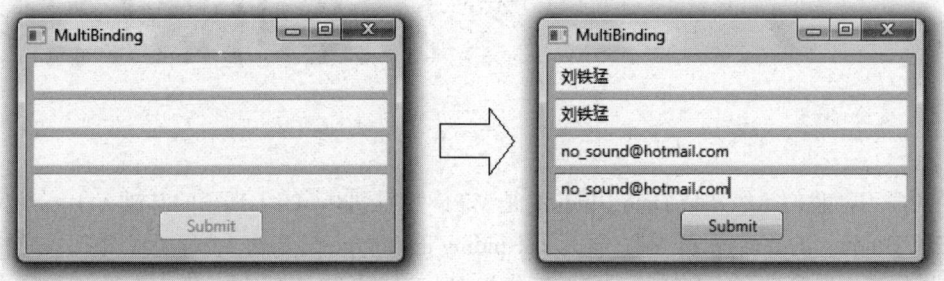

图 6-38　MultiBinding 示例

## 6.6　小结

WPF 的核心理念是变传统的 UI 驱动程序为数据驱动 UI，支撑这个理念的基础就是本章讲述的 Data Binding 和与之相关的数据校验与转换。在使用 Binding 时，最重要的事情就是准确地设置它的源和路径。

当学习完 Binding 后，我们迎来了新的问题——为什么 WPF 里的 UI 元素可以通过 Binding 关联到数据上，实时关注数据的变化呢？换句话说，什么样的对象才能作为 Binding 的目标来使用呢？这就是我们下一章要详细讲述的内容——依赖属性与依赖对象。
```

7

深入浅出话属性

通过前面的学习，我们已经知道 Data Binding 是 WPF "数据驱动 UI" 理念的基础。上一章我们把精力放在了 Binding 的数据源这一端，研究了 Binding 的 Source 与 Path，本章我们将把目光移向 Binding 的目标端，研究一下什么样的对象才能作为 Binding 的 Target 以及 Binding 将把数据送往何处。

7.1 属性（Property）的来龙去脉

程序的本质就是"数据+算法"，或者说是用算法来处理数据以期得到输出结果。在程序中，数据表现为各种各样的变量，算法则表现为各种各样的函数（操作符是函数的简记法）。即使是到了面向对象时代有了类等数据结构的出现，这一本质仍然没有改变——类的作用只是把散落在程序中的变量和函数进行归档封装并控制对它们的访问而已。被封装在类里的变量称为字段（Field），它表示的是类或实例的状态；被封装在类里的函数称为方法（Method），它表示类或实例的功能（即能做什么）。字段和方法构成了最原始的面向对象封装，这时候的面向对象概念中还不包含事件、属性等概念。

我们可以使用诸如 private、public 等修饰符来控制字段或方法的可访问性；是否使用 static 关键字来修饰字段或方法则决定了字段或方法是对类有意义还是对类的实例有意义。所谓"对类有意义"或"对实例有意义"都是语义范畴的概念。比如对于 Human 这个类来说，Weight（重量）这个字段对于人类的个体是有意义的，而对于"人类"这个概念并没有什么意义；Amount（总量）这个字段就不一样了，它对于人类的个体没有意义，但对于人类是有意义的。方法也有类似的情况，比如 Speak 这个方法，只有人类的个体才能 Speak，而 Populate（繁衍）这个方法似乎对于人类比对于人类的个体更有意义。为了让程序满足语义要求，C#语言规定：对类有意义的字段和方法使用 static 关键字修饰、称为静态成员，通过类名加访问操作符（即"."操作符）可以访问它们；对类的实例有意义的字段和方法不加 static 关键字，称为非静态成员或实例成员。

从语义方面来看，静态成员与非静态成员有着很好的对称性，但从程序在内存中的结构来看，这种对称就被打破了。静态字段在内存中只有一个拷贝，非静态字段则是每个实例拥有一个拷贝，无论方法是否为静态的，在内存中只会有一份拷贝，区别只是你能通过类名来访问存放指令的内存还是通过实例名来访问存放指令的内存。

现在让我们看看属性是怎样演变出来的。字段被封装在实例里，要么能被外界访问（非 private 修饰）、要么不能（使用 private 修饰），如图 7-1 所示。

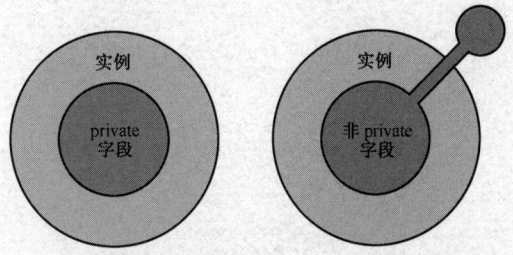

图 7-1　字段的访问权限

这种直接把数据暴露给外界的作法很不安全，很容易就会把错误的值写入字段。如果在每次写入数据的时候都先判断一下值的有效性又会增加冗余的代码并且违反面向对象要求"高内聚"的原则，我们希望对象自己有能力判断将被写入的值是否正确。于是，程序员仍然把字段标记为 private 但使用一对非 private 的方法来包装它。在这对方法中，一个以 Set 为前缀且负责判断数据的有效性并写入数据，另一个以 Get 为前缀且负责把字段里的数据读取出来。如图 7-2 所示。

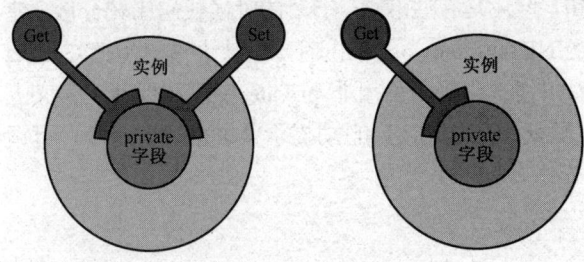

图 7-2　类中的 Set 方法与 Get 方法

以 Human 类为例，如果把类设计成这样：

```
class Human
{
    public int Age;
}
```

那么当有类似这样的操作时，就有可能不被察觉：

```
// ...
```

```csharp
Human h = new Human();
h.Age = -100;
h.Age = 1000;
// ...
```
但把类设计成这样:
```csharp
class Human
{
    private int age;

    public void SetAge(int value)
    {
        if (value >= 0 && value <= 100)
        { this.age = value; }
        else
        { throw new OverflowException("Age overflow."); }
    }

    public int GetAge()
    {
        return this.age;
    }
}
```

则情况就会好很多。如果去掉 SetAge 方法或者用 private 修饰 SetAge 方法，那么对数据的访问就变成了只读形式（Read-only）。很多传统的类库使用的就是这种数据封装和访问方法，例如 MFC 就是这样。我们称这对 Get/Set 方法为 private 字段的安全包装。

使用两个方法包装一个字段的办法已然不错，但还是有些麻烦，书写的时候代码比较分散，使用的时候又要在自动提示里上下翻动。于是，当.NET Framework 推出时，微软更进一步把 Get/Set 这对方法合并成了属性（Property）。使用属性时，格式上很像使用非 private 字段，保证了语义上的顺畅，同时又不失 Get/Set 方法的安全性，代码变得更加紧凑，自动提示菜单也短了许多，可谓一举多得。使用属性，Human 类可以改写成这样：

```csharp
class Human
{
    private int age;

    public int Age
    {
        get { return this.age; }
        set
        {
            if (value >= 0 && value <= 100)
            { this.age = value; }
```

```
            else
            { throw new OverflowException("Age overflow."); }
        }
    }
}
```

这种.NET Framework 中的属性又称为 CLR 属性（CLR，Common Language Runtime）。我们既可以说 CLR 属性是 private 字段的安全访问包装，也可以说一个 private 字段在后台支持（back）一个 CLR 属性。这个模式可以用如图 7-3 所示的模式解释。

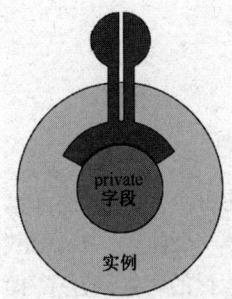

图 7-3　CLR 属性模式

最后还有个小问题：实例的每个 private 字段都会占用一定的内存，现在字段被属性包装了起来，每个实例看上去都带有相同的属性，那么是不是每个实例的 CLR 属性也会多占一点内存呢？想得到这个问题的答案，使用 IL 反编译器打开编译结果就可以了如图 7-4 所示。

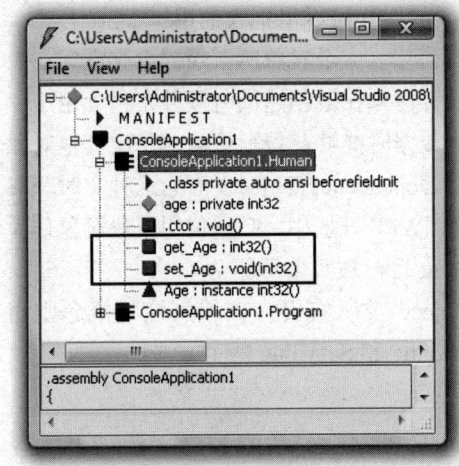

图 7-4　CLR 属性的编辑结果

原来 C#代码中的属性的编译结果是两个方法！前面已经说过，再多实例方法也只有一个拷贝，所以，CLR 属性并不会增加内存的负担。同时也说明，属性仅仅是个语法糖衣（Syntax Sugar）。

7.2　依赖属性（Dependency Property）

在 WPF 中，微软将属性这个概念又向前推进了一步，推出了"依赖属性"这个新概念。简言之，依赖属性就是一种可以自己没有值，并能通过使用 Binding 从数据源获得值（依赖在别人身上）的属性。拥有依赖属性的对象被称为"依赖对象"。与传统的 CLR 属性和面向对象思想相比依赖属性有很多新颖之处，其中包括：

- 节省实例对内存的开销。
- 属性值可以通过 Binding 依赖在其他对象上。

下面就让我们逐一分析这些新特性。

7.2.1　依赖属性对内存的使用方式

依赖属性较之 CLR 属性在内存使用方面迥然不同。前面已经说过，实例的每个 CLR 属性都包装着一个非静态的字段（或者说由一个非静态的字段在后台支持），思考这样一个问题：TextBox 有 138 个属性，假设每个 CLR 属性都包装着一个 4 字节的字段，如果程序运行的时候创建了 10 列 1000 行的一个 TextBox 列表，那么这些字段将占用 4*138*10*1000≈5.26M 内存！在这一百多个属性中，最常用的也就是 Text 属性，这就意味着大多数内存都会被浪费掉。

怎样避免这种浪费呢？让我们思考现实世界中的一个问题：一个登山队员，他的全套装备有很多，包括登山服、登山靴、登山杖、护目镜、绳索、无线电、水、食品甚至还有氧气瓶等。倘若是去登珠穆朗玛峰，这些装备需要都带上，要是去登香山呢？如果也背着氧气瓶岂不怪哉！所以，实际一点的办法是——用得着就带上，用不着就不带，有必要的时候可以借别人的用一下。

其实，这就是 WPF 中依赖属性的原理。传统的.NET 开发中，一个对象所占用的内存空间在调用 new 操作符进行实例化的时候就已经决定了，而 WPF 允许对象在被创建的时候并不包含用于存储数据的空间（即字段所占用的空间）、只保留在需要用到数据时能够获得默认值、借用其他对象数据或实时分配空间的能力——这种对象就称为依赖对象（Dependency Object）而它这种实时获取数据的能力则依靠依赖属性（Dependency Property）来实现。WPF 开发中，必须使用依赖对象作为依赖属性的宿主，使二者结合起来，才能形成完整的 Binding 目标被数据所驱动。

在 WPF 系统中，依赖对象的概念被 DependencyObject 类所实现，依赖属性的概念则由 DependencyProperty 类所实现。DependencyObject 具有 GetValue 和 SetValue 两个方法：

```
public class DependencyObject : DispatcherObject
{
    public object GetValue(DependencyProperty dp)
    {
        // ...
    }
```

```
public void SetValue(DependencyProperty dp, object value)
{
    // ...
}
```

这两个方法都以 DependencyProperty 对象为参数，GetValue 方法通过 DependencyProperty 对象获取数据；SetValue 通过 DependencyProperty 对象存储值——正是这两个方法把 DependencyObject 和 DependencyProperty 紧密结合在一起。

DependencyObject 是 WPF 系统中相当底层的一个基类，如图 7-5 所示。

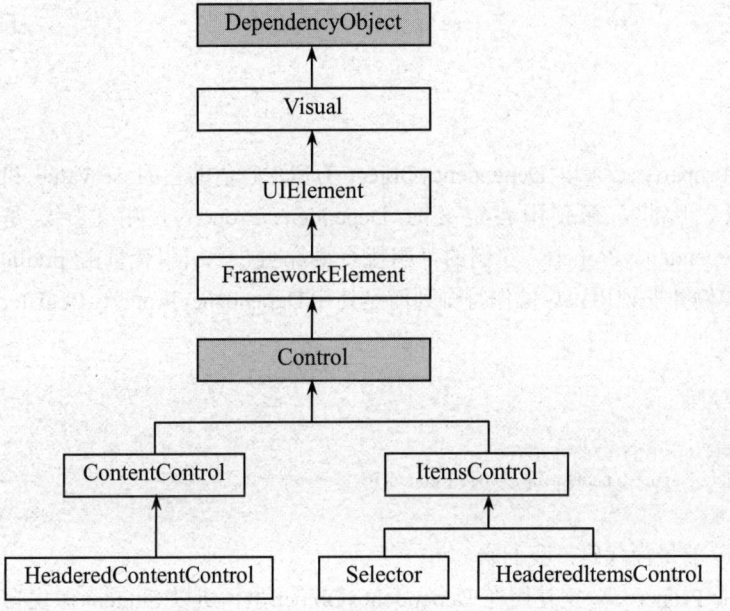

图 7-5　DependencyObject 继承树

从这棵继承树上可以看出，WPF 的所有 UI 控件都是依赖对象。WPF 的类库在设计时充分利用了依赖属性的优势，UI 控件的绝大多数属性都已经依赖化了。

7.2.2　声明和使用依赖属性

本小节我们使用一个简单的实例来说明依赖属性的使用方法。

先准备好一个界面：

```
<Window x:Class="WpfApplication1.Window1"
    xmlns="http://schemas.microsoft.com/winfx/2006/xaml/presentation"
    xmlns:x="http://schemas.microsoft.com/winfx/2006/xaml"
    Title="DependencyProperty" Height="135" Width="260">
```

```
        <StackPanel>
            <TextBox x:Name="textBox1" BorderBrush="Black" Margin="5" />
            <TextBox x:Name="textBox2" BorderBrush="Black" Margin="5" />
            <Button Content="OK" Margin="5" Click="Button_Click" />
        </StackPanel>
    </Window>
```

运行效果如图 7-6 所示。

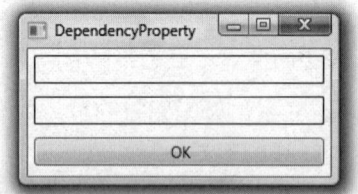

图 7-6　示例界面效果

前面已经说过，DependencyProperty 必须以 DependencyObject 为宿主、借助它的 SetValue 和 GetValue 方法进行写入与读取。因此，想使用自定义的 DependencyProperty，宿主一定是 DependencyObject 的派生类。DependencyProperty 实例的声明特点很鲜明——引用变量由 public static readonly 三个修饰符修饰，实例并非使用 new 操作符得到而是使用 DependencyProperty.Register 方法生成。代码如下：

```
public class Student : DependencyObject
{
    public static readonly DependencyProperty NameProperty =
        DependencyProperty.Register("Name", typeof(string), typeof(Student));
}
```

这是使用 DependencyProperty 的最简代码，我们来分析一下：

首先，如前所述，DependencyProperty 一定使用在 DependencyObject 里，所以 Student 派生自 DependencyObject 类。

其次，使用 DependencyProperty 声明的成员变量同时被 public static readonly 三个修饰符修饰。在这里我们遇到一个命名约定——成员变量的名字需要加上 Property 后缀以表明它是一个依赖属性。我们打算用这个依赖属性存学生的姓名，所以把它命名为 NameProperty。

再次，这个成员变量所引用的实例并非使用 new 操作符得到，而是使用 DependencyProperty.Register 方法创建。现在使用的是这个方法参数最少、最简单的一个重载，让我们分析一下这 3 个参数：

- 第 1 个参数为 string 类型，用这个参数来指明以哪个 CLR 属性作为这个依赖属性的包装器，或者说此依赖属性支持（back）的是哪个 CLR 属性。目前虽然没有为这个依赖属性准备包装器，但将来会使用名为 Name 的 CLR 属性来包装它，所以这个参数被赋值为 Name。
- 第 2 个参数用来指明此依赖属性用来存储什么类型的值，学生的姓名是 string 类型，所以是这个参数被赋值为 typeof(string)。

- 第 3 个参数用来指明此依赖属性的宿主是什么类型，或者说 DependencyProperty.Register 方法将把这个依赖属性注册关联到哪个类型上。本例中的意图是为 Student 类准备一个可依赖的名称属性，所以需要把 NameProperty 注册成与 Student 关联，因此这个参数被赋值为 typeof(Student)。

> **注意**
>
> 这里有三点需要注意：
> （1）依赖属性的包装器（Wrapper）是一个 CLR 属性，因为初学者头脑中"属性"的概念就是 CLR 属性，所以常常把包装器误认为是依赖属性，而实际上依赖属性就是那个由 public static readonly 修饰的 DependencyProperty 实例，有没有包装器这个依赖属性都存在。
> （2）既然有没有包装器依赖属性都存在，那么包装器是干什么用的呢？包装器的作用是以"实例属性"的形式向外界暴露依赖属性，这样，一个依赖属性才能成为数据源的一个 Path。
> （3）注册依赖属性时使用的第二个参数是一个数据类型，这个数据类型也是包装器的数据类型，它的全称应该是"依赖属性的注册类型"，但一般情况下也会把这个类型类型称为"依赖属性的类型"（严格地说，依赖属性的类型永远都是 DependencyProperty，只是工作中叫习惯了）。

理解了依赖属性声明变量和创建实例的过程，我们就可以尝试使用它了。依赖属性首先是属性，所以我们先尝试用这个依赖属性来存储值并把值顺利读取出来。

UI 中 OK 按钮的 Click 事件处理器代码如下：

```
private void Button_Click(object sender, RoutedEventArgs e)
{
    Student stu = new Student();
    stu.SetValue(Student.NameProperty, this.textBox1.Text);
    textBox2.Text = (string)stu.GetValue(Student.NameProperty);
}
```

第一句是创建一个 Student 实例并使用变量 stu 引用；第二句是调用 SetValue 方法把 textBox1.Text 属性的值存储进依赖属性；第三句是使用 GetValue 方法把值读取出来，注意，SetValue 的返回值是 object 类型，所以要进行适当的类型转换。如前所述，Student 类的 SetValue 和 GetValue 方法继承自 DependencyObject 类。

程序运行的效果如图 7-7 所示。

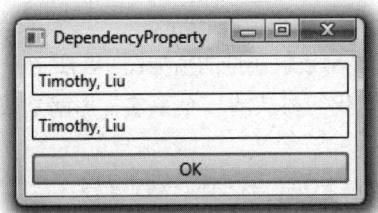

图 7-7　依赖属性使用示例

当第一次看到这个例子的时候，也许会有点百思不得其解的感觉——依赖属性是一个 static 对象，哪怕有 1000 个 Student 实例，依赖属性对象也只有一个，那么调用 SetVaule 方法时值被存储到哪里去了呢？调用 GetValue 时值又被从哪里读出呢？而且，被 readonly 关键字修饰的变量不是只读的吗，怎么可以用来写入值呢？其实这个问题直指依赖属性机制的核心，我们会在下一小节专门讨论。现在还是请把思维集中在依赖属性的使用上。

上面的例子中，依赖属性作为"属性"的功能已经展现了出来，那么，怎样体现它的"依赖"性呢？让我们看下面这个例子。先回顾一下 Binding，Binding 作为数据流动的桥梁，一端是数据的来源，另一端是数据的目标，一般情况下，数据的来源是业务逻辑层的对象而目标是 UI 层的控件。在下面这个例子中，我们暂且倒过来，让 textBox1 作为数据来源，把 Student 实例作为数据的目标，让 Student 实例依赖在 textBox1 上。注意：这里仅仅是为了展示依赖属性的"依赖"功能，现实工作中几乎从来不这么做。

下面是窗口类的后台代码：

```
public partial class Window1 : Window
{
    Student stu;

    public Window1()
    {
        InitializeComponent();
        stu = new Student();
        Binding binding = new Binding("Text") { Source = textBox1 };
        BindingOperations.SetBinding(stu, Student.NameProperty, binding);
    }

    private void Button_Click(object sender, RoutedEventArgs e)
    {
        MessageBox.Show(stu.GetValue(Student.NameProperty).ToString());
    }
}
```

最核心的代码位于构造器的最后两行，先是创建一个 Binding 的实例，让 textBox1 作为数据源对象并从其 Text 属性中获取数据；其后一句是使用 BindingOperations 类的 SetBinding 方法指定将 stu 对象借助刚刚声明的 Binding 实例依赖在 textBox1 上。

当在 textBox1 里输入一些字符并按下 OK 按钮时会弹出对话框显示依赖属性的值如图 7-8 所示。

说实话，这个有点"学院派"的例子并不怎么实用，但通过它我们要认清一个事实，那就是依赖属性即使没有 CLR 属性作为其外包装也可以很好地工作。

代码的进化并没有结束。如果我想把 textBox1 和 textBox2 关联起来，代码应该是这样：

```
// ...
Binding binding = new Binding("Text") { Source = textBox1 };
```

```
textBox2.SetBinding(TextBox.TextProperty, binding);
// ...
```

图 7-8　Student 实例依赖在 textBoxl 上

这里调用了 textBox2 的 SetBinding 方法，这比调用 BindingOperations 的 SetBinding 方法以第三人称的视角将数据的源与目标关联起来感觉要自然一些。如果你尝试调用 stu 对象的 SetBinding 方法，你会发现 stu 没有这个方法，因为 DependencyObject 类（Student 类的基类）没有这个方法。SetBinding 方法是 FrameworkElement 类的方法。FrameworkElement 是个相当高层的类，甚至比 UIElement 类的层级还高——这从侧面向我们传递了这样一个思想——微软希望能够 SetBinding（即作为数据目标）的对象是 UI 元素。其实，FrameworkElement 类的 SetBinding 方法并不神秘，仅仅对 BindingOperations 的 SetBinding 方法做了一个简单的封装，代码如下：

```
public class FrameworkElement : UIElement // ...
{
    // ...
    public BindingExpressionBase SetBinding(DependencyProperty dp, BindingBase binding)
    {
        return BindingOperations.SetBinding(this, dp, binding);
    }
    // ...
}
```

看完上面几个例子，相信大家已经理解了依赖属性的使用方法。但现在我们使用的依赖属性依靠 SetValue 和 GetValue 两个方法进行对外界的暴露，而且在使用 GetValue 的时候还需要进行一次数据类型的转换，因此，大多数情况下我们会为依赖属性添加一个 CRL 属性外包装：

```
public class Student : DependencyObject
{
    // CLR 属性包装器
    public string Name
    {
        get { return (string)GetValue(NameProperty); }
        set { SetValue(NameProperty, value); }
    }
```

```csharp
        public static readonly DependencyProperty NameProperty =
            DependencyProperty.Register("Name", typeof(string), typeof(Student));
}
```

有了这个 CLR 属性包装我们就可以这样访问依赖属性了：

```csharp
private void Button_Click(object sender, RoutedEventArgs e)
{
    Student stu = new Student();
    stu.Name = this.textBox1.Text;
    this.textBox2.Text = stu.Name;
}
```

如果不关心底层的实现，下游程序员在使用依赖属性时与使用单纯的 CLR 属性感觉别无二致。

我们知道，依赖对象可以通过 Binding 依赖在其他对象上，即依赖对象是作为数据的目标而存在的。现在，我们为依赖对象的依赖属性添加了 CLR 属性包装，有了这个包装，就相当于为依赖对象准备了用于暴露数据的 Binding Path，也就是说，现在的依赖对象已经具备了扮演数据源和数据目标双重角色的能力。值得注意的是，尽管 Student 类没有实现 INotifyPropertyChanged 接口，当属性的值发生改变时与之关联的 Binding 对象依然可以得到通知，依赖属性默认带有这样的功能，天生就是合格的数据源。

现在，我们向 FrameworkElement 类借用一下它的 SetBinding 方法、升级一下 Student 类：

```csharp
public class Student : DependencyObject
{
    // CLR 属性包装器
    public string Name
    {
        get { return (string)GetValue(NameProperty); }
        set { SetValue(NameProperty, value); }
    }

    // 依赖属性
    public static readonly DependencyProperty NameProperty =
        DependencyProperty.Register("Name", typeof(string), typeof(Student));

    // SetBinding 包装
    public BindingExpressionBase SetBinding(DependencyProperty dp, BindingBase binding)
    {
        return BindingOperations.SetBinding(this, dp, binding);
    }
}
```

然后，我们使用 Binidng 把 Student 对象关联到 textBox1 上，再把 textBox2 关联到 Student 对象上形成 Binding 链。代码如下：

```
public Window1()
{
    InitializeComponent();
    stu = new Student();
    stu.SetBinding(Student.NameProperty, new Binding("Text") { Source = textBox1 });
    textBox2.SetBinding(TextBox.TextProperty, new Binding("Name") { Source = stu });
}
```

运行程序，当在 textBox1 中输入字符的时候，textBox2 就会同步显示。当然，此时 Student 对象的 Name 属性值也同步变化了。

> **注意**
> 最后，向大家介绍一个小技巧。在一个类中声明依赖属性时并不需要手动进行声明、注册并使用 CLR 属性封装，只需要输入 propdp，Visual Studio 2008 的提示列表中会有一项高亮显示，这时连续按两次 Tab 键，一个标准的依赖属性（带 CLR 属性包装）就声明好了，继续按动 Tab 键，可以在提示环境中修改依赖属性的各个参数。这个功能称为 snippet（称为代码模板或代码片断），是 Visual Studio 所有非简化版本自带的功能，多多掌握这个功能可以极大地提高编码速度并降低错误率。

由 snippet 自动生成的代码中，DependencyProperty.Register 使用的是带 4 个参数的重载，前 3 个参数与我们前面介绍的一致，第 4 个参数的类型是 PropertyMetadata 类。第 4 个参数的作用是给依赖属性的 DefaultMetadata 属性赋值。顾名思义，DefaultMetadata 的作用是向依赖属性的调用者提供一些基本信息，这些信息包括：

- CoerceValueCallback：依赖属性值被强制改变时此委托会被调用，此委托可关联一个影响函数。
- DefaultValue：依赖属性未被显式赋值时，若读取之则获得此默认值，不设此值会抛出异常。
- IsSealed：控制 PropertyMetadata 的属性值是否可以更改，默认值为 true。
- PropertyChangedCallback：依赖属性的值被改变之后此委托会被调用，此委托可关联一个影响函数。

> **注意**
> 需要注意的是，依赖属性的 DefaultMetadata 只能通过 Register 方法的第 4 个参数进行赋值，而且一旦赋值就不能改变（DefaultMetadata 是个只读属性）。如果想用新的 PropertyMetadata 替换这个默认的 Metadata，需要使用 DependencyProperty.OverrideMetadata 方法。

7.2.3 依赖属性值存取的秘密

回到前面那个问题——调用依赖对象的 SetValue 方法时，值被存储到哪里了？因为依赖对象的依赖属性是一个 static 对象，所以值不可能是保存在这个对象里，不然几百个实例都进行赋值时到底应该保存哪个、丢掉哪个？显然，WPF 有一套机制来存取依赖属性的值。下面就让我们来剖析一下。

回想前面学习的内容，不难发现依赖属性的使用大致分为两个步骤：第一步，在

DependencyObject 派生类中声明 public static 修饰的 DependencyProperty 成员变量，并使用 DependencyProperty.Register 方法（而不是 new 操作符）获得 DependencyProperty 的实例；第二步，使用 DependencyObject 的 SetValue 和 GetValue 方法、借助 DependencyProperty 实例来存取值。因此，我们重点要分析的就是 DependencyProperty.Register 方法和 DependencyObject.SetVaule 方法和 DependencyObject.GetValue 方法。

先来研究 DependencyProperty.Register 方法。顾名思义，这个方法不仅要创建 DependencyProperty 实例，还要对它进行"注册"。这样问题就来了——DependencyProperty 实例被注册到哪里了呢？

阅读源码，你会发现 DependencyProperty 类具有这样一个成员：

```
private static Hashtable PropertyFromName = new Hashtable();
```

显然，一旦程序运行，就会有这样一个全局的 Hashtable 存在，这个 Hashtable 就是用来注册 DependencyProperty 实例的地方。

在源码中，所有的 DependencyProperty.Register 方法重载最后都归结为对 DependencyProperty.RegisterCommon 方法的调用（可以把 RegisterCommon 理解为 Register 方法的"完整版"）。RegisterCommon 方法的原型如下：

```
private static DependencyProperty RegisterCommon
(
    string name,
    Type propertyType,
    Type ownerType,
    PropertyMetadata defaultMetadata,
    ValidateValueCallback validateValueCallback
)
```

可以看出，RegisterCommon 方法的前 4 个参数与我们前面分析过的 Register 方法一致。下面就让我们研究一下这个方法如何操作它的参数。

在刚刚进入方法的时候你会看到这样一句：

```
FromNameKey key = new FromNameKey(name, ownerType);
```

FromNameKey 是一个 .NET Framework 内部数据类型。它的构造器代码如下：

```
public FromNameKey(string name, Type ownerType)
{
    _name = name;
    _ownerType = ownerType;
    _hashCode = _name.GetHashCode() ^ _ownerType.GetHashCode();
}
```

并且 override 有其 GetHashCode 方法：

```
public override int GetHashCode()
{
    return _hashCode;
}
```

代码的意图一目了然：FromNameKey 对象（也就是变量 key）的 hash code 实际上是 RegisterCommon 第 1 个参数（CLR 属性名字符串）的 hash code 与第 3 个参数（宿主类型）的 hash code 做异或运算得来的。这样操作，每对"CLR 属性名-宿主类型"所决定的 DependencyProperty 实例就是唯一的。所以，在 RegisterCommon 方法里会发现这样的代码：

```csharp
if (PropertyFromName.Contains(key))
{
    throw new ArgumentException(SR.Get(SRID.PropertyAlreadyRegistered, name, ownerType.Name));
}
```

也就是说，如果你尝试使用同一个 CLR 属性名字和同一个宿主类型进行注册，程序会抛出异常。接下来，RegisterCommon 检查程序员是否提供了 PropertyMetadate，如果没有提供则为之准备一个默认的 PropertyMetadate 实例。当所有"原料"都准备妥当、没有问题后，DependencyProperty 的实例被创建出来：

```csharp
DependencyProperty dp = new DependencyProperty(name, propertyType, ownerType, defaultMetadata, validateValueCallback);
```

并且被注册进 Hashtable 中（Hashtable 会自动调用 key 的 GetHashcode 方法获取其 hash code）：

```csharp
PropertyFromName[key] = dp;
```

读到这里，我们可以用一句话概括 DependencyProperty 对象的创建与注册，那就是：创建一个 DependencyProperty 实例并用它的 CLR 属性名和宿主类型名生成 hash code，最后把 hash code 和 DependencyProperty 实例作为 Key-Value 对存入全局的、名为 PropertyFromName 的 Hashtable 中。这样，WPF 属性系统通过 CLR 属性名和宿主类型名就可以从这个全局的 Hashtable 中检索出对应的 DependencyProperty 实例。

最后，生成的 DependencyProperty 实例被当作返回值交还：

```csharp
return dp;
```

> **注意**
>
> 有一点需要注意：把 DependencyProperty 实例注册进全局 Hashtable 时使用的 key 由 CLR 属性名哈希值和宿主类型哈希值经过运算得到，但这并不是 DependencyProperty 实例的哈希值。每个 DependencyProperty 实例都具有一个名为 GlobalIndex 的 int 类型属性，GlobalIndex 的值是经过一些算法处理得到的，确保了每个 DependencyProperty 实例的 GlobalIndex 是唯一的。

并且，DependencyProperty 的 GetHashCode 方法亦被重写：

```csharp
public override int GetHashCode()
{
    return GlobalIndex;
}
```

所以，GlobalIndex 属性值也就是 DependencyProperty 实例的哈希值——这一点非常重要，因为通过这个值就可以直接检索到某个 DependencyProperty 实例。

至此，一个 DependencyProperty 实例已经被创建并注册进一个全局的 Hashtable 中，下面就要使用 DependencyObject 的 SetValue 和 GetValue 借助这个 DependencyProperty 实例保存和读取值了。我们先来看相对比较简单的 GetValue 方法，它的代码如下：

```
public object GetValue(DependencyProperty dp)
{
    this.VerifyAccess();

    if (dp == null)
    {
        throw new ArgumentNullException("dp");
    }

    // Call Forwarded
    return GetValueEntry(
            LookupEntry(dp.GlobalIndex),
            dp,
            null,
            RequestFlags.FullyResolved).Value;
}
```

方法的起始若干行均是为了校验传入参数的有效性，只有 return 一句才是核心内容。这句代码的函数嵌套比较深，把它展开可以写成这样：

```
EntryIndex entryIndex = LookupEntry(dp.GlobalIndex);
EffectiveValueEntry valueEntry =  GetValueEntry(entryIndex,  dp,  null, RequestFlags.FullyResolved)
return valueEntry.Value;
```

在这几句代码中屡次出现了 Entry 这个词，Entry 是"入口"的意思。WPF 的依赖属性系统在存放值的时候会把每个有效值存放在一个"小房间"里，每个"小房间"都有自己的入口——检索算法只要找到这个入口、走进入口就能拿到依赖属性的值。这里说的"小房间"实际上就是 EffectiveValueEntry 类的实例。EffectiveValueEntry 的所有构造器都包含一个 DependencyProperty 类型的参数，换句话说，每个 EffectiveValueEntry 都关联着一个 DependencyProperty。EffectiveValueEntry 类具有一个名为 PropertyIndex 的属性，这个属性的值实际上就是与之关联的 DependencyProperty 的 GlobalIndex 属性值（这个值的由来我们在前面已经详细讨论过）。

在 DependencyObject 类的源码中可以找到这样一个成员变量：

```
private EffectiveValueEntry[] _effectiveValues;
```

这个数组依每个成员的 PropertyIndex 属性值进行排序，对这个数组的操作（如插入、删除和排序等）由专门的算法来完成。正是这个数组向我们提示了依赖属性存储值的秘密——每个 DependencyObject 实例都自带一个 EffectiveValueEntry 类型数组（你可以把它理解为一排可以随时扩建的"小房间"），当某个依赖属性的值要被读取时，算法就会从这个数组中去检索值，如果数组中没有包含这个值，算法会返回依赖属性的默认值（这个值由依赖属性的 DefaultMetadata 来提供）。

至此，我们明白了一件事情，那就是被 static 关键字所修饰的依赖属性对象其作用是用来检索真正的属性值而不是存储值；被用做检索键值的实际上是依赖属性的 GlobalIndex 属性（本质是其 hash code，而 hash code 又由其 CLR 包装器名和宿主类型名共同决定），为了保证 GlobalIndex 属性值的稳定性，我们声明的时候又使用了 readonly 关键字进行修饰。

实际工作中，依赖属性的值除了可能存储在 EffectiveValueEntry 数组或由默认值提供外，还有很多途径可以获得，可能来自于元素的 Style 或 Theme，也可能由上层元素继承而来，还可能是在某个动画过程的控制下不断变化而来。我们怎么知道获取的值来自于哪里呢？原来，WPF 对依赖属性值的读取是有优先级控制的，由先到后依次是：

（1）WPF 属性系统强制值。
（2）由动画过程控制的值。
（3）本地变量值（存储在 EffectiveValueEntry 数组中）。
（4）由上级元素的 Template 设置的值。
（5）由隐式样式（Implicit Style）设置的值。
（6）由样式之触发器（Style Trigger）设置的值。
（7）由模板之触发器（Template Trigger）设置的值。
（8）由样式之设置器（Style Setter）设置的值。
（9）由默认样式（Default Style）设置的值，默认模式其实就是由主题（Theme）指定的模式。
（10）由上级元素继承而来的值。
（11）默认值，来源于依赖属性的元数据（metadata）。

理解了 GetValue 方法，SetValue 方法也不再神秘。

进入这个方法后，首先验证依赖属性的值是否可以被改变，如果不能则抛出异常，如果可以就进入后面的赋值流程。赋值流程也很简单，主要有这样几个操作：

- 检查值是不是 DependencyProperty.UnsetValue，如果是，说明调用者的意图是清空现有的值。此时程序会调用 ClearValueCommon 方法来清空现有的值。
- 检查 EffectiveValueEntry 数组中是否已经存在相应依赖属性的位置，如果有则把旧值改写为新值，如果没有则新建 EffectiveValueEntry 对象并存储新值。这样，只有被用到的值才会被放进这个列表，借此，WPF 系统用算法（时间）换取了对内存（空间）的节省。
- 调用 UpdateEffectiveValue 对新值做一些相应处理。

DependencyObject 和 DependencyProperty 两个类是 WPF 属性系统的核心，本小节的设立是为了帮助大家理解它们之间的关系以及依赖属性值设置、读取的简要流程。通过这一小节的描述，希望大家能理解 WPF 系统的设计理念，即以 public static 类型的变量作为标记并以这个标记为索引进行对象的存储、访问、修改、删除等操作。这样的理念在传统的 .NET 开发体系中（如 Windows Forms、ASP.NET 等）是不曾出现的，它是 WPF 体系的创新并且广泛应用（后面的路由事件、命令系统等都会用到这样的理念）。同时，我们也可以理解为什么 WPF 在性能上还不尽如人意，微软也在不停地完善这个机制，使它的效率进一步提升。

7.3 附加属性（Attached Properties）

理解了依赖属性后，再来讨论一下附加属性。顾名思义，附加属性是说一个属性本来不属于某个对象，但由于某种需求而被后来附加上。也就是把对象放入一个特定环境后对象才具有的属性（表现出来就是被环境赋予的属性）就称为附加属性（Attached Properties）。实际开发工作中我们经常会遇到这样的情况，比如有一个名为 Human 的类，它有可能被与学校相关的工作流用到（记录它的专业、班级、年级），也有可能被与公司相关的工作流用到（记录它的部门、项目），那么，设计类的时候我们是不是需要这样做呢：

```csharp
public class Human
{
    public int Id { get; set; }

    // For school workflow
    public int MajorId { get; set; }
    public int ClassId { get; set; }
    public int GradeId { get; set; }

    // For company workflow
    public int DepartmentId { get; set; }
    public int ProjectId { get; set; }
}
```

显然这样做不太合适，因为一旦流程有所改变，这个类的实现就需要做改动，也就是说这个类总是不能被关闭。而且，如果某些 Human 类型的实例只用于与公司相关的流程，那么其 MajorId、ClassId、GradeId 属性所占用的内存就被浪费了。

再回想一下学习布局时遇到的例子。如果在 Grid 里对一个 TextBox 定位，代码会是这样：

```xml
<Grid ShowGridLines="True">
    <Grid.ColumnDefinitions>
        <ColumnDefinition />
        <ColumnDefinition />
        <ColumnDefinition />
    </Grid.ColumnDefinitions>
    <Grid.RowDefinitions>
        <RowDefinition />
        <RowDefinition />
        <RowDefinition />
    </Grid.RowDefinitions>
    <TextBox Background="Lime" Grid.Column="1" Grid.Row="1" />
</Grid>
```

运行效果如图 7-9 所示。

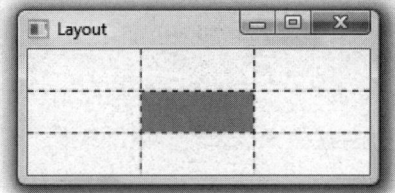

图 7-9 运行效果

如果 TextBox 被放置在 Canvas 里，则代码会是这样：

```
<Canvas Margin="10">
    <TextBox Background="Lime" Width="200" Canvas.Top="0" />
    <TextBox Background="Lime" Width="200" Canvas.Top="30" />
    <TextBox Background="Lime" Width="200" Canvas.Top="60" />
</Canvas>
```

运行效果如图 7-10 所示。

图 7-10 运行效果

放在 DockPanel 里，代码会是这样：

```
<DockPanel LastChildFill="False">
    <TextBox Background="Orange" DockPanel.Dock="Top" />
    <TextBox Background="Orange" DockPanel.Dock="Bottom" />
    <TextBox Background="Green" Width="80" DockPanel.Dock="Left" />
    <TextBox Background="Green" Width="80" DockPanel.Dock="Right" />
</DockPanel>
```

运行效果如图 7-11 所示。

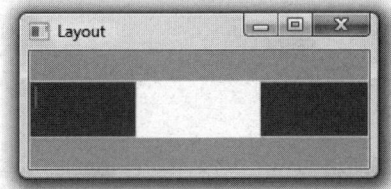

图 7-11 运行效果

放在 StackPanel 里最省事：

```
<StackPanel Margin="10,5">
    <TextBox Background="LightBlue" Margin="0,5" />
    <TextBox Background="LightBlue" Margin="0,5" />
    <TextBox Background="LightBlue" Margin="0,5" />
</StackPanel>
```

运行效果如图 7-12 所示。

图 7-12 运行效果

作为 TextBox 控件的设计者,他不可能知道控件发布后程序员是把它放在 Grid 里还是 Canvas 里(甚至是以后版本将推出的新布局里),所以他也不可能为 TextBox 准备诸如 Column、Row 或者 Left、Top 这类属性,那么干脆让布局来决定一个 TextBox 用什么属性来设置它的位置吧!放在 Grid 里就让 Grid 为它附加上 Column 和 Row 属性,放在 Canvas 里就让 Canvas 为它附加上 Top、Left 等属性,放在 DockPanel 里就让 DockPanel 为它附加 Dock 属性。可见,附加属性的作用就是将属性与数据类型(宿主)解耦,让数据类型的设计更加灵活。

理解了附加属性的含义,我们开始研究附加属性的声明、注册和使用。附加属性的本质就是依赖属性,二者仅在注册和包装器上有一点区别。前面说过,Visual Studio 2008 用于快速创建依赖属性的 snippet 是 propdp,现在我们要使用另一个 snippet 是 propa,这个 snippet 用于快速创建附加属性。以人在学校里会获得年级和班级两个属性为例,我们来体验自定义附加属性。

人放在学校里会获得年级和班级两个属性说明年级和班级两个属性是由学校附加给人的,因此,这两个属性的真实所有者(宿主)应该是学校。我们准备一个名为 School 的类,并让它继承 DependencyObject 类,然后把光标定位于类体中(花括号之间),输入 propa,当 Visual Studio 2008 的代码提示列表高亮显示时(如图 7-13 所示)连按两下 Tab 键,一个附加属性的框架就准备好了。继续按动 Tab 键可以在几个空缺间轮换并修改,直至按下 Enter 键。

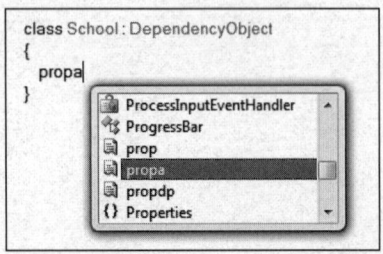

图 7-13 Visual Studio 2008 的 Snippet 功能

下面的代码是做好"完型填空"的附加属性：

```
class School : DependencyObject
{
    public static int GetGrade(DependencyObject obj)
    {
        return (int)obj.GetValue(GradeProperty);
    }

    public static void SetGrade(DependencyObject obj, int value)
    {
        obj.SetValue(GradeProperty, value);
    }

    public static readonly DependencyProperty GradeProperty =
    DependencyProperty.RegisterAttached("Grade", typeof(int), typeof(School), new UIPropertyMetadata(0));
}
```

可以很明显地看出，GradeProperty 就是一个 DependencyProperty 类型成员变量，声明时一样使用 public static readonly 三个关键字共同修饰。唯一的不同就是注册附加属性使用的是名为 RegisterAttached 的方法，但参数却与使用 Register 方法无异。附加属性的包装器也与依赖属性不同——依赖属性使用 CLR 属性对 GetValue 和 SetValue 两个方法进行包装，附加属性则使用两个方法分别进行包装——这样做完全是为了在使用的时候保持语句行文上的通畅。

如何消费 School 的 GradeProperty 呢？首先，我们要准备一个派生自 DependencyObject、名为 Human 的类：

```
class Human : DependencyObject
{

}
```

在 UI 上准备一个 Button 并把下面的代码作为其 Click 事件的处理器：

```
private void Button_Click(object sender, RoutedEventArgs e)
{
    Human human = new Human();
    School.SetGrade(human, 6);
    int grade = School.GetGrade(human);
    MessageBox.Show(grade.ToString());
}
```

运行程序并单击按钮，效果如图 7-14 所示。

剖析.NET Framework 源码，你会发现这一过程与前面依赖属性保存值的过程别无二致——值仍然被保存在 Human 实例的 EffectiveValueEntry 数组里，只是用于在数组里检索值的依赖属性（即附加属性）并不以 Human 类为宿主而是寄宿在 School 类里，可那又有什么关系呢——反正 CLR

属性名和宿主类型名只用来生成 hash code 和 GlobalIndex。

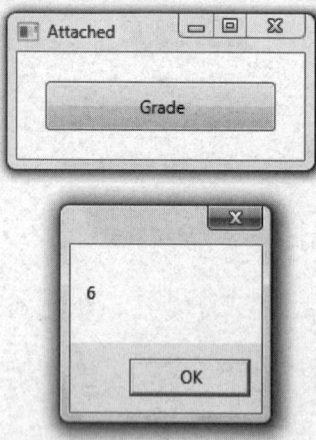

图 7-14 运行效果

让我们回到现实工作中，看看如何把下面这段 XAML 代码改写成等效的 C#代码：

```
<Grid ShowGridLines="True">
    <Grid.ColumnDefinitions>
        <ColumnDefinition />
        <ColumnDefinition />
        <ColumnDefinition />
    </Grid.ColumnDefinitions>
    <Grid.RowDefinitions>
        <RowDefinition />
        <RowDefinition />
        <RowDefinition />
    </Grid.RowDefinitions>
    <Button Content="OK" Grid.Column="1" Grid.Row="1" />
</Grid>
```

与之等效的 C#代码是：

```
public Window1()
{
    InitializeComponent();

    // 在构造器中调用
    InitializeLayout();
}

private void InitializeLayout()
{
```

```
        Grid grid = new Grid() { ShowGridLines = true };

        grid.ColumnDefinitions.Add(new ColumnDefinition());
        grid.ColumnDefinitions.Add(new ColumnDefinition());
        grid.ColumnDefinitions.Add(new ColumnDefinition());

        grid.RowDefinitions.Add(new RowDefinition());
        grid.RowDefinitions.Add(new RowDefinition());
        grid.RowDefinitions.Add(new RowDefinition());

        Button button = new Button() { Content = "OK" };
        Grid.SetColumn(button, 1);
        Grid.SetRow(button, 1);

        grid.Children.Add(button);
        this.Content = grid;
    }
```

运行效果如图 7-15 所示。

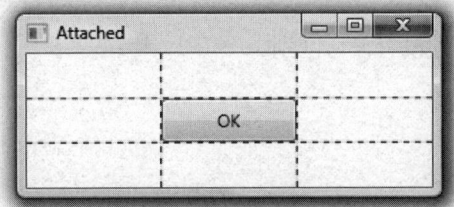

图 7-15　运行效果

现在我们已经知道如何在 XAML 和 C#代码中直接为附加属性赋值，不过别忘了，附加属性的本质是依赖属性——附加属性也可以使用 Binding 依赖在其他对象的数据上。请看下面这个例子：窗体使用 Canvas 布局，两个 Slider 用来控制矩形在 Canvas 中的横纵坐标。程序的效果如图 7-16 所示。

图 7-16　运行效果

实现这个需求的 XAML 代码如下:

```xml
<Canvas>
    <Slider x:Name="sliderX" Canvas.Top="10" Canvas.Left="10" Width="260"
            Minimum="50" Maximum="200" />
    <Slider x:Name="sliderY" Canvas.Top="40" Canvas.Left="10" Width="260"
            Minimum="50" Maximum="200" />
    <Rectangle x:Name="rect" Fill="Blue" Width="30" Height="30"
            Canvas.Left="{Binding ElementName=sliderX, Path=Value}"
            Canvas.Top="{Binding ElementName=sliderY, Path=Value}" />
</Canvas>
```

与之等效的 C#代码为(仅 Binding 部分):

```csharp
public Window1()
{
    InitializeComponent();

    // 设置 Binding
    this.rect.SetBinding(Canvas.LeftProperty, new Binding("Value") { Source = sliderX });
    this.rect.SetBinding(Canvas.TopProperty, new Binding("Value") { Source = sliderY });
}
```

由此可见,在使用 Binding 时除了宿主类型稍有不同外没有任何区别。

8

深入浅出话事件

就像属性系统在 WPF 中得到升级、进化为依赖属性一样，事件系统在 WPF 中也被升级——进化成为路由事件（Routed Event），并在其基础上衍生出命令传递机制。这些机制在很大程度上减少了对程序员的束缚，让程序的设计和实现更加灵活，模块之间的耦合度也进一步降低。本章就让我们一起来领略这些新消息机制的风采。

8.1 近观 WPF 的树形结构

路由（Route）一词的大意是这样：起点与终点间有若干个中转站，从起点出发后经过每个中转站时要做出选择，最终以正确（比如最短或者最快）的路径到达终点。编程的本质是用编译器（有时要借助类库）来扩展操作系统的功能，所以，程序的基本运行不可能脱离操作系统——Windows 本身就是一种消息驱动的操作系统，所以我们的程序注定都是消息驱动的，程序运行的时候也要把自己的消息系统与整个操作系统的消息系统"连通"才能够被执行和响应。纵观几代 Windows 平台程序开发，最早的 Windows API 开发（C 语言）和 MFC 开发我们可以直接看到各种消息并可以定义自己的消息；到了 COM 和 VB 时代，消息被封装为事件（Event）并一直沿用至.NET 平台开发——无论怎么说，程序间模块使用消息互相通信的本质是没有改变的。从 Windows API 开发到传统的.NET 开发，消息的传递（或者说事件的激发与响应）都是直接模式的，即消息直接由发送者交给接收者（或者说事件宿主发生的事件直接由事件响应者的事件处理器来处理）。WPF 把这种直接消息模型升级为可传递的消息模型——前面我们已经知道 WPF 的 UI 是由布局组件和控件构成的树形结构，当这棵树上的某个结点激发出某个事件时，程序员可以选择以传统的直接事件模式让响应者来响应之，也可以让这个事件在 UI 组件树沿着一定的方向传递且路过多个中转结点，并在这个路由过程中被恰当地处理。你可以把 WPF 的路由事件看成是一只小蚂蚁，它可以从树的基部向顶部（或反向）目标爬行，每路过一个树枝的分叉点就会把消息带给这个分叉点。

因为 WPF 事件的路由环境是 UI 组件树，所以我们有必要仔细研究一下这棵树。

WPF 中有两种"树"：一种叫逻辑树（Logical Tree）；一种叫可视元素树（Visual Tree）。听起来有点一头雾水是吧！其实很简单，前面我们见到的所有树形结构都是 Logical Tree，Logical Tree 最显著的特点就是它完全由布局组件和控件构成（包括列表类控件中的条目元素），换句话说就是它的每个结点不是布局组件就是控件。那什么是 Visual Tree 呢？我们知道，如果把一片树叶放在放大镜下观察，你会发现这片叶子也像一棵"树"一样——有自己的基部并向上生长出多级分叉。在 WPF 的 Logical Tree 上，充当叶子的一般都是控件，如果我们把 WPF 的控件也放在"放大镜"下去观察，你会发现每个 WPF 控件本身也是一棵由更细微级别的组件（它们不是控件，而是一些可视化组件，派生自 Visual 类）组成的树。用来观察 WPF 控件的放大镜是我们前面提及的 Blend，使用 Blend 可以解剖并观察一个控件的模板（Template）是怎样的，如图 8-1 所示。目前你可以把 Template 理解为控件的骨架，我们甚至在保证控件功能不丢失的情况下为控件换一副新骨架，让它更漂亮（后面的章节会详细讨论）。

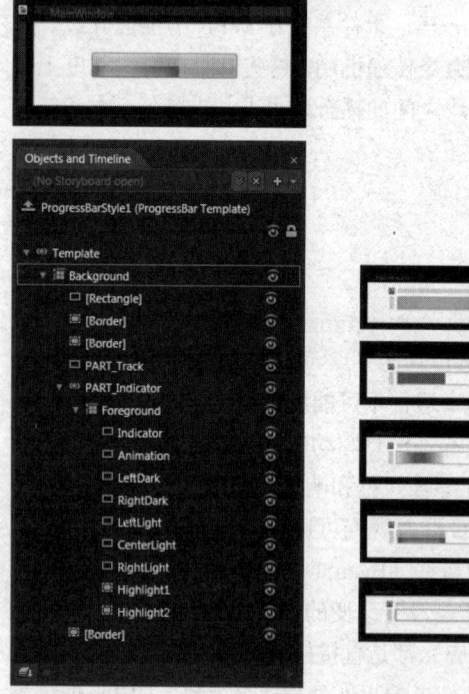

图 8-1 控件的 Temlate

上图是一个进度条被拆解后的显示。在日常的编程工作中，进度条总是以一个整体控件的角色出现在 Logical Tree 中发挥它的作用。但有时候我们也需要把它拆解开，重新为它设计内部结构，比如我想把一个进度条改造成一个温度计，就需要在它的内部添加显示刻度的组件、改变它的填充颜色等。如图 8-2 所示是进度条的内部结构树形图：

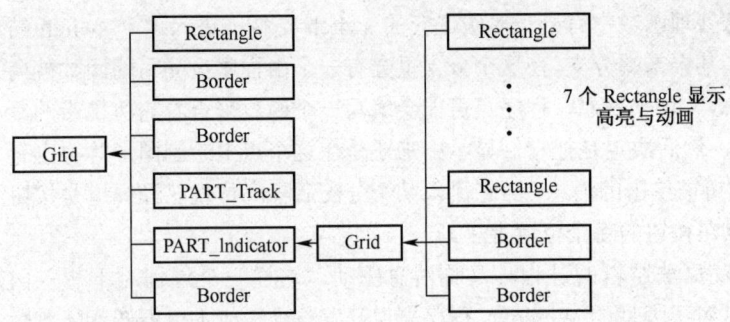

图 8-2　进度条的内部结构树形图

如果把 Logical Tree 延伸至 Template 组件级别，我们得到的就是 Visual Tree。实际工作中，大多数情况下我们是在与 Logical Tree 打交道，有时候为了实现一些棘手的功能会向 Visual Tree 求助，依个人见解，如果你的程序需要借助 Visual Tree 来完成一些与业务逻辑（而不是纯表现逻辑）相关的功能，多半是由程序设计不良而造成的，请重新考虑逻辑、功能和数据类型方面的设计。

如果想在 Logical Tree 上导航或查找元素，可以借助 LogicalTreeHelper 类的 static 方法来实现：

- BringIntoView：把选定元素带进用户可视区域，经常用于可滚动的视图。
- FindLogicalNode：按给定名称（Name 属性值）查找元素，包括子级树上的元素。
- GetChildren：获取所有直接子级元素。
- GetParent：获取直接父级元素。

如果想在 Visual Tree 上导航或查找元素，则可借助 VisualTreeHelper 类的 static 方法来实现。请大家查阅 MSDN 文档，此处不再赘述。

现在我们已经知道，WPF 的 UI 可以表示为 Logical Tree 和 Visual Tree，那么当一个路由事件被激发后是沿着 Logical Tree 传递还是沿着 Visual Tree 传递呢？答案是 Visual Tree——只有这样，"藏"在 Template 里的控件才能把消息送出来。

Logical Tree 与 Visual Tree 的区别在后面讲述资源（Resource）时还会提到，届时请大家返回来看一看。

8.2　事件的来龙去脉

事件的前身是消息（Message）。Windows 是消息驱动的操作系统，运行其上的程序也遵照这个机制运行。消息本质就是一条数据，这条数据里记载着消息的类别，必要的时候还记载一些消息参数。比如，当你在窗体上按下鼠标左键的时候，一条名为 WM_LBUTTONDOWN 消息就被生成并加入 Windows 待处理的消息队列中——大部分情况下 Windows 的消息队列里不会有太多消息在排队、消息会立刻被处理，如果你的计算机很慢并且处在很忙的状态（如播放电影），那么这条消息就要等一会才被处理到，这就是常见的操作系统反应延迟。当 Windows 处理到这条消息时会把消息发送给你单击的窗体，窗体会用自己的一套算法来响应这个消息，这个算法就是 Windows API

开发中常说的消息处理函数。消息处理函数中有一个多级嵌套的 switch 结构,进入这个 switch 结构的消息会被分门别类并最终流入某个末端分支,在这个分支里会有一个由程序员编写的函数被调用。例如对于 WM_LBUTTONDOWN 这个消息,程序员可能会编写一个函数来查看它所携带的参数(即鼠标单击处的 X、Y 坐标),然后决定是把它们显示出来还是在这个点上绘制图形等。也有些消息是不用携带参数的,比如按钮被单击的消息,当它流入某个分支后程序员就已经知道是按钮被单击了,程序员并不关心鼠标点在按钮的哪个位置上了。

上面叙述的过程就是消息触发算法逻辑的过程,又称消息驱动。这样一个过程对于想入门 Windows 开发的人来说门槛太高,对于大型的 Windows 程序来说开发与维护成本也不低。随着微软面向对象开发平台日趋成熟,微软把消息机制封装成了更容易让人理解的事件模型。

事件模型隐藏了消息机制的很多细节,让程序的开发变得简单。烦琐的消息驱动机制在事件模型中被简化为 3 个关键点:

- 事件的拥有者:即消息的发送者。事件的宿主可以在某些条件下激发它拥有的事件,即事件被触发。事件被触发则消息被发送。
- 事件的响应者:即消息的接收者、处理者。事件接收者使用其事件处理器(Event Handler)对事件做出响应。
- 事件的订阅关系:事件的拥有者可以随时激发事件,但事件发生后会不会得到响应要看有没有事件的响应者,或者说要看这个事件是否被关注。如果对象 A 关注对象 B 的某个事件是否发生,则称 A 订阅了 B 的事件。更进一步讲,事件实际上是一个使用 event 关键字修饰的委托(Delegate)类型成员变量,事件处理器则是一个函数,说 A 订阅了 B 的事件,本质上就是让 B.Event 与 A.EventHandler 关联起来。所谓事件激发就是 B.Event 被调用,这时,与其关联的 A.EventHandler 就会被调用。

事件模型可以用如图 8-3 所示的模型作为简要说明:

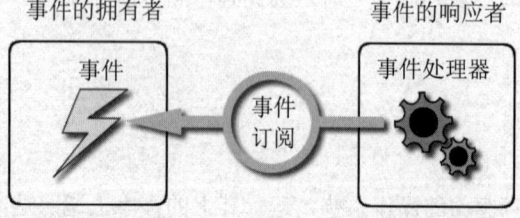

图 8-3 事件模型

在这种模型里,事件的响应者通过订阅关系直接关联在事件拥有者的事件上,为了与 WPF 的路由事件模型区分开,我把这种事件模型称为直接事件模型或者 CLR 事件模型。因为 CLR 事件本质上是一个用 event 关键字修饰的委托实例,我们暂且模仿 CLR 属性的说法,把 CLR 事件定义为一个委托类型实例的包装器或者说有一个委托类型实例在支持(backing)一个 CLR 事件。

让我们看一个例子。新建一个 Windows Form 项目，在窗体上放置一个按钮并命名为 myButton。双击按钮，Visual Studio 会自动为我们创建 myButton 的 Click 事件处理器（myButton_Click 方法）并跳转到其中。这时，一个完整的直接事件模型就实现了，让我们识别一下事件模型的几个关键部分：

- 事件的拥有者：myButton。
- 事件：myButton.Click。
- 事件的响应者：窗体本身。
- 事件处理器：this.myButton_Click 方法。
- 订阅关系：可以在 Form1.Designer.cs 文件中找到的一句代码是

```
this.myButton.Click += new System.EventHandler(this.myButton_Click);
```

此句即为确立订阅关系的代码。

我们实现 myButton_Click 方法的代码如下：

```
private void myButton_Click(object sender, EventArgs e)
{
    if (sender is Button)
    {
        MessageBox.Show((sender as Button).Name);
    }
}
```

运行的效果如图 8-4 所示。

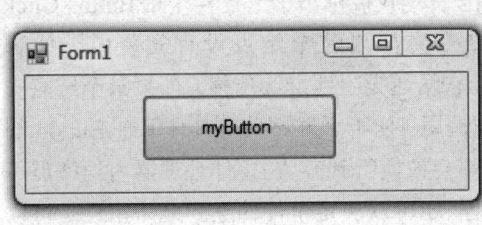

图 8-4　运行效果

这说明在 CLR 直接事件模型中，事件的拥有者就是消息的发送者（sender）。

前面这个例子是直接事件模型最简单的应用，实际上，只要支持事件的委托与影响事件的方法在签名上保持一致（即参数列表和返回值一致），则一个事件可以由多个事件处理器来响应（多播事件）、一个事件处理器也可以用来响应多个事件。在此就不一一举例了。

直接事件模型是传统.NET 开发中对象间相互协同、沟通信息的主要手段，它在很大程度上简化了程序的开发。然而直接事件模型并不完美，它的不完美之处就在于事件的响应者与事件拥有者之间必须建立事件订阅这个"专线联系"。这样至少有两个弊端：
- 每对消息是"发送→响应"关系，必须建立显式的点对点订阅关系。
- 事件的宿主必须能够直接访问事件的响应者，不然无法建立订阅关系。

> **注意**
>
> 直接事件模型的弱点会在下面两种情况中显露出来：
> （1）程序运行期在容器中动态生成一组相同控件，每个控件的同一个事件都使用同一个事件处理器来响应。面对这种情况，我们在动态生成控件的同时就需要显式书写事件订阅代码。
> （2）用户控件的内部事件不能被外界所订阅，必须为用户控件定义新的事件用以向外界暴露内部事件。当模块划分很细的时候，UI 组件的层级会很多，如果想让很外层的容器订阅深层控件的某个事件就需要为每一层组件定义用于暴露内部事件的事件、形成事件链。

路由事件的出现很好地解决了上述两种情况中出现的问题，下一节我们就来研究路由事件的使用。

8.3　深入浅出路由事件

为了降低由事件订阅带来的耦合度和代码量，WPF 推出了路由事件机制。路由事件与直接事件的区别在于，直接事件激发时，发送者直接将消息通过事件订阅交送给事件响应者，事件响应者使用其事件处理器方法对事件的发生做出响应、驱动程序逻辑按客户需求运行；路由事件的事件拥有者和事件响应者之间则没有直接显式的订阅关系，事件的拥有者只负责激发事件，事件将由谁响应它并不知道，事件的响应者则安装有事件侦听器，针对某类事件进行侦听，当有此类事件传递至此时事件响应者就使用事件处理器来响应事件并决定事件是否可以继续传递。举个例子，在 Visual Tree 上有一个 Button 控件，当它被单击后就相当于它喊了一声"我被单击了"，这样一个 Button.Click 事件就开始在 Visual Tree 传播，当事件经过某个结点时如果这个结点没有安装用于侦听 Button.Click 事件的"耳朵"，那么它会无视这个事件，让它畅通无阻地继续传播，如果某个结点安装了针对 Button.Click 的侦听器，它的事件处理器就会被调用（侦听者并不关心具体哪个 Button 的 Click 事件被传来，即任何一个传来的 Button.Click 事件都会被侦听到），在事件处理器内程序员可以查看路由事件原始的出发点是哪个控件、上一站是哪里，还可以决定事件传递到此为止还是可以继续传递——路由事件就是这样依靠"口耳相传"的办法将消息传给"关心"它的控件。

顺便说一句，尽管 WPF 推出了路由事件机制，但它仍然支持传统的直接事件模型。本节我们就聊聊路由事件的使用，先谈 WPF 系统内置路由事件的使用，再谈如何声明和使用自定义路由事件。

8.3.1　使用 WPF 内置路由事件

WPF 系统中的大多数事件都是可路由事件，可路由事件在 MSDN 文档里会具有 Routed Event Information 一栏，使用者可以通过这一栏信息了解如何响应这一路由事件。我们以 Button 的 Click 事件来说明路由事件的使用。请看下面的例子。

XAML 代码如下：

```xml
<Window x:Class="WpfApplication1.Window1"
        xmlns="http://schemas.microsoft.com/winfx/2006/xaml/presentation"
        xmlns:x="http://schemas.microsoft.com/winfx/2006/xaml" Title="Routed"
        Height="200" Width="200">
    <Grid x:Name="gridRoot" Background="Lime">
        <Grid x:Name="gridA" Margin="10" Background="Blue">
            <Grid.ColumnDefinitions>
                <ColumnDefinition />
                <ColumnDefinition />
            </Grid.ColumnDefinitions>
            <Canvas x:Name="canvasLeft" Grid.Column="0" Background="Red" Margin="10">
                <Button x:Name="buttonLeft" Content="Left" Width="40" Height="100"
                    Margin="10" />
            </Canvas>
            <Canvas x:Name="canvasRight" Grid.Column="1" Background="Yellow" Margin="10">
                <Button x:Name="buttonRight" Content="Right" Width="40" Height="100"
                    Margin="10" />
            </Canvas>
        </Grid>
    </Grid>
</Window>
```

其运行效果和 Logical Tree 结构如图 8-5 所示。

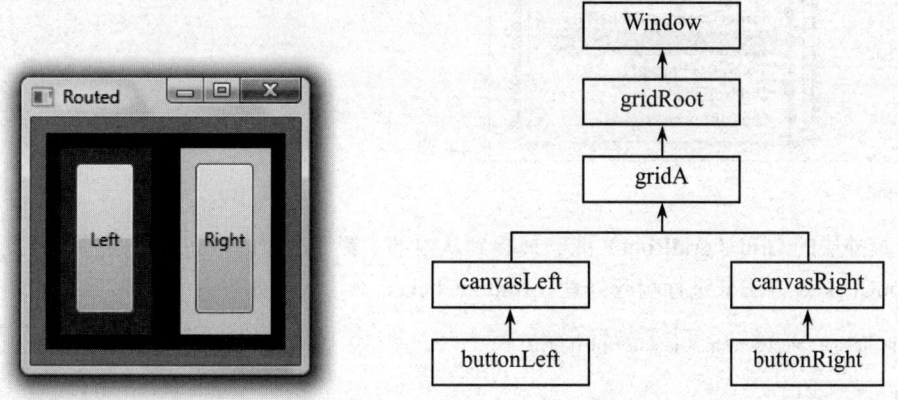

图 8-5 运行效果和 Logical Tree 结构

当单击 buttonLeft 时，Button.Click 事件就会沿着 buttonLeft→canvasLeft→gridA→girdRoot→Window 这条路线向上传送；单击 buttonRight，则 Button.Click 事件沿着 buttonRight→canvasRight→gridA→gridRoot→Window 路线传送。因为目前还没有哪个控件侦听 Button.Click 事件，所以单击按钮后尽管事件向上传递却并没有受到响应。下面，让我们为 gridRoot 安装针对 Button.Click 事件的侦听器。

方法很简单,就是在窗体的构造器中调用 gridRoot 的 AddHandler 方法把想监听的事件与事件的处理器关联起来:

```
public Window1()
{
    InitializeComponent();
    this.gridRoot.AddHandler(Button.ClickEvent, new RoutedEventHandler(this.ButtonClicked));
}
```

AddHandler 方法源自 UIElement 类,也就是说,所有 UI 控件都具有这个方法。书写 AddHandler 方法时你会发现它的第一个参数是 Button.ClickEvent 而不是 Button.Click。原来,WPF 的事件系统也使用了与属性系统类似的"静态字段→包装器"的策略。也就是说,路由事件本身是一个 RoutedEvent 类型的静态成员变量(Button.ClickEvent),Button 还有一个与之对应的 Click 事件(CLR 包装)专门用于对外界暴露这个事件。"名字叫路由事件,可我却得选择一个静态字段",这是很多初学者所迷惑的地方(如图 8-6 所示)。所以,我们不妨效仿依赖属性,把路由事件的 CLR 包装称为"CLR 事件"。如此,就像每个依赖属性拥有自己的 CLR 属性包装一样,每个路由事件都拥有自己的 CLR 事件。

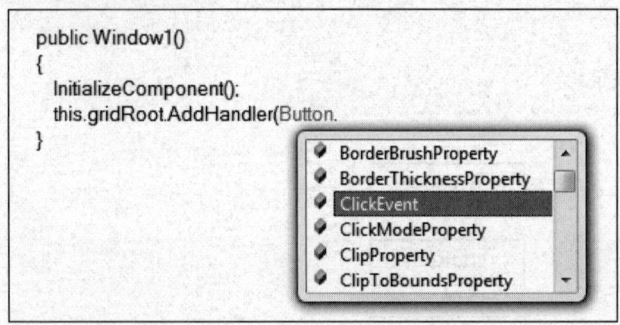

图 8-6　路由事件是静态字段

上面的代码让最外层的 Grid(gridRoot)能够捕捉到从内部"飘"出来的按钮单击事件,捕捉到后会用 this.ButtonClicked 方法来进行响应处理。ButtonClicked 方法代码如下:

```
private void ButtonClicked(object sender, RoutedEventArgs e)
{
    MessageBox.Show((e.OriginalSource as FrameworkElement).Name);
}
```

这里有一点非常重要:因为路由事件(的消息)是从内部一层一层传递出来最后到达最外层的 gridRoot,并且由 gridRoot 元素将事件消息交给 ButtonClicked 方法来处理,所以传入 ButtonClicked 方法的参数 sender 实际上是 gridRoot 而不是被单击的 Button,这与传统的直接事件不太一样。如果想查看事件的源头(最初发起者)怎么办呢?答案是使用 e.OriginalSource,使用它的时候需要使用 as/is 操作符或者强制类型转换把它识别/转换为正确的类型。

运行程序并单击右边的按钮，运行效果如图 8-7 所示。

图 8-7　运行效果

上述为元素添加路由事件处理器的事情在 XAML 里也可以完成，只需要把 XAML 代码改成这样即可：

```
<Grid x:Name="gridRoot" Background="Lime" Button.Click="ButtonClicked">
    <!--原有内容-->
</Grid>
```

遗憾的是，XAML 编辑器的自动提示功能对于给元素添加路由事件处理器支持的并不完美，所以当你写出 Button.时并不会得到什么提示，这时候你必须"勇敢地写下去"，直到你敲出"="时它才会给出提示——问你是创建一个新的事件处理器还是使用已有的、能与此事件匹配的事件处理器（如图 8-8 所示）。

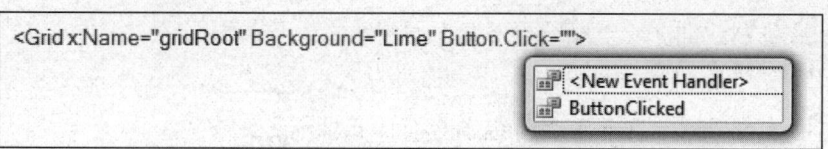

图 8-8　自动提示功能

不过，如果你使用的是 ButtonBase 而不是 Button，就能获得 XAML 编辑器的自动提示支持（如图 8-9 所示）。

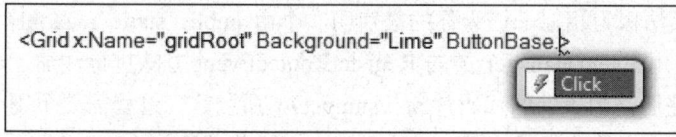

图 8-9　自动提示功能

道理很简单，因为 ClickEvent 这个路由事件是 ButtonBase 类的静态成员变量（Button 类是通过继承获得它的），而 XAML 编辑器只认得包含 ClickEvent 字段定义的类。

8.3.2 自定义路由事件

为了方便程序中对象之间的通信常需要我们自己定义一些路由事件，说实话，在程序中使用这种能够在对象间"飞来飞去"的事件、不再受直接事件（那种必须手动把事件一层一层向外传）的束缚的感觉真的很棒！那么，我们如何才能定义自己的路由事件呢？本节就来详细讨论这个问题。

创建自定义路由事件大体可以分为三个步骤：

（1）声明并注册路由事件。
（2）为路由事件添加 CLR 事件包装。
（3）创建可以激发路由事件的方法。

下面以从 ButtonBase 类中抽取出的代码为例来展示这 3 个步骤。为了避免生疏代码对学习的干扰，此处对代码做了些简化：

```csharp
public abstract class ButtonBase : ContentControl, ICommandSource
{
    // 声明并注册路由事件
    public static readonly RoutedEvent ClickEvent = /*注册路由事件*/;

    // 为路由事件添加 CLR 事件包装器
    public event RoutedEventHandler Click
    {
        add { this.AddHandler(ClickEvent, value); }
        remove { this.RemoveHandler(ClickEvent, value); }
    }

    // 激发路由事件的方法。此方法在用户单击鼠标时会被 Windows 系统调用
    protected virtual void OnClick()
    {
        RoutedEventArgs newEvent = new RoutedEventArgs(ButtonBase.ClickEvent, this);
        this.RaiseEvent(newEvent);
    }

    // ...
}
```

定义路由事件与定义依赖属性的手法极为相似——为你的类声明一个由 public static readonly 修饰的 RoutedEvent 类型字段，然后使用 EventManager 类的 RegisterRoutedEvent 方法进行注册。可惜的是 Visual Studio 2008 没有声明注册路由事件的代码片断（snippet），所以这一过程需要手写代码。互联网上有一些用于声明注册路由事件的代码片断，大家可以自己下载并添加。

为路由事件添加 CLR 事件包装是为了把路由事件暴露得像一个传统的直接事件，如果不关注底层实现，程序员不会感觉到它与传统直接事件的区别，仍然可以使用操作符（+=）为事件添加处理器和使用操作符（-=）移除不再使用的事件处理器。为路由事件添加 CLR 事件包装的代码与

使用 CLR 属性包装依赖属性的代码格式亦非常相近，只是关键字 get 和 set 被替换为 add 和 remove。当使用操作符（+=）添加对路由事件的侦听处理时，add 分支的代码会被调用；当使用操作符（-=）移除对此事件的侦听处理时，remove 分支的代码会被调用——CLR 事件只是"看上去像"一个直接事件，本质上不过是在当前元素（路由的第一站）上调用 AddHandler 和 RemoveHandler 而已。另外，XAML 编辑器也是靠这个 CLR 事件包装器来产生自动提示。

激发路由事件很简单，首先创建需要让事件携带的消息（RoutedEventArgs 类的实例）并把它与路由事件关联，然后调用元素的 RaiseEvent 方法（继承自 UIElement 类）把事件发送出去。注意，这与激发传统直接事件的方法不同，传统直接事件的激发是通过调用 CLR 事件的 Invoke 方法实现的，而路由事件的激发与作为其包装器的 CLR 事件毫不相干。

了解了创建自定义路由事件的步骤后，让我们关注用于注册路由事件的代码。完整的注册代码如下：

```
// 声明并注册路由事件
public static readonly RoutedEvent ClickEvent = EventManager.RegisterRoutedEvent
("Click", RoutingStrategy.Bubble, typeof(RoutedEventHandler), typeof(ButtonBase));
```

最重要的是了解 EventManager.RegisterRoutedEvent 方法的四个参数。

第一个参数为 string 类型，被称为路由事件的名称，按微软的建议，这个字符串应该与 RoutedEvent 变量的前缀和 CLR 事件包装器的名称一致。本例中，路由事件变量名为 ClickEvent，则此字符串为 Click，CLR 事件的名称亦为 Click。因为底层算法与依赖属性类似，需要使用这个字符串去生成用于注册路由事件的 Hash Code，所以这个字符串不能为空。

第二个参数称为路由事件的策略。WPF 路由事件有 3 种路由策略：

- Bubble，冒泡式：路由事件由事件的激发者出发向它的上级容器一层一层路由，直至最外层容器（Window 或者 Page）。因为是由树的底端向顶端移动，而且从事件激发元素到 UI 树的树根只有确定的一条路径，所以这种策略被形象地命名为"冒泡式"。
- Tunnel，隧道式：事件的路由方向正好与 Bubble 策略相反，是由 UI 树的树根向事件激发控件移动。因为从 UI 树根向树底移动时有很多路径，但我们希望是由树根向激发事件的控件移动，这就好像在树根与目标控件之间挖掘了一条隧道，事件只能沿着隧道移动，所以称之为"隧道式"。
- Direct，直达式：模仿 CLR 直接事件，直接将事件消息送达事件处理器。

第三个参数用于指定事件处理器的类型。事件处理器的返回值类型和参数列表必须与此参数指定的委托保持一致，不然会导致在编译时抛出异常。

第四个参数用于指明路由事件的宿主（拥有者）是哪个类型。与依赖属性类似，这个类型和第一个参数共同参与一些底层算法且产生这个路由事件的 Hash Code 并被注册到程序的路由事件列表中。

下面我们自己动手创建一个路由事件，这个事件的用途是报告事件发生的时间。

所谓"兵马未动，粮草先行"——为了让事件消息能携带按钮被单击时的时间，我们创建了一个 RoutedEventArgs 类的派生类，并为其添加 ClickTime 属性：

```csharp
// 用于承载时间消息的事件参数
class ReportTimeEventArgs : RoutedEventArgs
{
    public ReportTimeEventArgs(RoutedEvent routedEvent, object source)
        : base(routedEvent, source){}

    public DateTime ClickTime { get; set; }
}
```

然后，再创建一个 Button 类的派生类并按前述步骤为其添加路由事件：

```csharp
class TimeButton : Button
{
    // 声明和注册路由事件
    public static readonly RoutedEvent ReportTimeEvent = EventManager.RegisterRoutedEvent
        ("ReportTime", RoutingStrategy.Bubble, typeof(EventHandler<ReportTimeEventArgs>), typeof(TimeButton));

    // CLR 事件包装器
    public event RoutedEventHandler ReportTime
    {
        add { this.AddHandler(ReportTimeEvent, value); }
        remove { this.RemoveHandler(ReportTimeEvent, value); }
    }

    // 激发路由事件，借用 Click 事件的激发方法
    protected override void OnClick()
    {
        base.OnClick();       // 保证 Button 原有功能正常使用、Click 事件能被激发

        ReportTimeEventArgs args = new ReportTimeEventArgs(ReportTimeEvent, this);
        args.ClickTime = DateTime.Now;
        this.RaiseEvent(args);
    }
}
```

下面是程序的界面 XAML 代码：

```xml
<Window x:Class="WpfApplicationTimeButton.Window1"
    xmlns="http://schemas.microsoft.com/winfx/2006/xaml/presentation"
    xmlns:x="http://schemas.microsoft.com/winfx/2006/xaml"
    xmlns:local="clr-namespace:WpfApplicationTimeButton" Title="Routed Event"
    x:Name="window_1" Height="300" Width="300"
    local:TimeButton.ReportTime="ReportTimeHandler">
    <Grid x:Name="grid_1" local:TimeButton.ReportTime="ReportTimeHandler">
        <Grid x:Name="grid_2" local:TimeButton.ReportTime="ReportTimeHandler">
            <Grid x:Name="grid_3" local:TimeButton.ReportTime="ReportTimeHandler">
```

```xml
<StackPanel x:Name="stackPanel_1"
            local:TimeButton.ReportTime="ReportTimeHandler">
    <ListBox x:Name="listBox" />
    <local:TimeButton x:Name="timeButton" Width="80" Height="80"
            Content="报时" local:TimeButton.ReportTime="ReportTimeHandler"/>
</StackPanel>
            </Grid>
        </Grid>
    </Grid>
</Window>
```

在 UI 界面上，以 Window 为根，套了三层 Grid 和一层 StackPanel（它们都设定了 x:Name），最里面的 StackPanel 中放置了一个 ListBox 和一个 TimeButton（上面刚刚创建的 Button 派生类）。注意：从最内层的 TimeButton 到最外层的 Window 都侦听着 TimeButton.ReportTimeEvent 这个路由事件，并用 ReportTimeHandler 方法来响应这个事件。ReportTimeHandler 的代码如下：

```csharp
// ReportTimeEvent 路由事件处理器
private void ReportTimeHandler(object sender, ReportTimeEventArgs e)
{
    FrameworkElement element = sender as FrameworkElement;
    string timeStr = e.ClickTime.ToLongTimeString();
    string content = string.Format("{0} 到达 {1}", timeStr, element.Name);
    this.listBox.Items.Add(content);
}
```

运行程序、单击按钮，效果如图 8-10 所示。

图 8-10　运行效果

> **注意**
> 因为我们为 TimeButton 注册 ReportTimeEvent 时使用的是 Bubble 策略，所以事件是沿这样的路径由内向外传递的：TimeButton→StackPanel→Grid→Grid→Grid→Window。

如果我们把 TimeReportEvent 的策略改为 Tunnel：

```csharp
// 声明和注册路由事件
public static readonly RoutedEvent ReportTimeEvent = EventManager.RegisterRoutedEvent
```

("ReportTime", RoutingStrategy.Tunnel, typeof(EventHandler<ReportTimeEventArgs>), typeof(TimeButton));

单击按钮后，效果是如图 8-11 所示。

图 8-11　运行效果

正好与 Bubble 策略相反，Tunnel 策略使事件沿着从外向内的路径传递：Window→Grid→Grid→Grid→StackPanel→TimeButton。

说到这里，不禁想起一句名言：Bucket stop here，意为麻烦事传递到自己手里就不要再继续往下传了。那么，如何让一个路由事件 bucket stop here 呢？换句话说，如何让一个路由事件在某个结点处不再继续传递呢？办法非常简单：路由事件携带的事件参数必须是 RoutedEventArgs 类或其派生类的实例，RoutedEventArgs 类具有一个 bool 类型属性 Handled，一旦这个属性被设置为 true，就表示路由事件"已经被处理"了（Handle 有"处理"、"搞定"的意思），那么路由事件也就不必再往下传递了。如果把上面的 ReportTimeEvent 处理器修改为这样：

```
// ReportTimeEvent 路由事件处理器
private void ReportTimeHandler(object sender, ReportTimeEventArgs e)
{
    FrameworkElement element = sender as FrameworkElement;
    string timeStr = e.ClickTime.ToLongTimeString();
    string content = string.Format("{0} 到达 {1}", timeStr, element.Name);
    this.listBox.Items.Add(content);

    if (element == this.grid_2)
    {
        e.Handled = true;
    }
}
```

运行程序、单击按钮后，效果如图 8-12 所示（分别为 Bubble 策略和 Tunnel 策略）：

显然，因为 e.Handled 被设置为 true，无论是 Bubble 策略还是 Tunnel 策略，路由事件在经过 grid_2 后就被处理了、不再向下传递。

图 8-12　运行效果

> **注意**
>
> 让我们稍作总结。路由事件将程序中的组件进一步解耦（比用直接事件传递消息还要松散），使程序员可以更自由地编写代码、实现设计。这里有两点经验与大家分享：
> - 很多类的事件都是路由事件，如 TextBox 类的 TextChanged 事件、Binding 类的 SourceUpdated 事件等，所以在用到这些类型的时候不要墨守传统.NET 编程带来的习惯，要发挥自己的想象力，让程序结构更加合理、代码更加简洁。
> - 路由事件虽好，但也不要滥用，举个例子，如果让所有 Button（包括组件里的 Button）的 Click 事件都传递到最外层窗体，让窗体捕捉并处理它，那么程序架构就变得毫无意义了。正确的办法是，事件该由谁来捕捉处理，传到这个地方时就应该处理掉。

8.3.3　RoutedEventArgs 的 Source 与 OriginalSource

前面已经提到，路由事件是沿着 VisualTree 传递的。VisualTree 与 LogicalTree 的区别就在于：LogicalTree 的叶子结点是构成用户界面的控件，而 VisualTree 要连控件中的细微结构也算上。

我们说"路由事件在 VisualTree 上传递"，本意上是说"路由事件的消息在 VisualTree 上传递"，而路由事件的消息则包含在 RoutedEventArgs 实例中。RoutedEventArgs 有两个属性 Source 和 OriginalSource，这两个属性都表示路由事件传递的起点（即事件消息的源头），只不过 Source 表示的是 LogicalTree 上的消息源头，而 OriginalSource 则表示 VisualTree 上的源头。请看下面的例子。

首先创建了一个 UserControl，XAML 代码如下（没有 C# 逻辑代码）：

```xml
<UserControl x:Class="ItemsPanelSample.MyUserControl"
    xmlns="http://schemas.microsoft.com/winfx/2006/xaml/presentation"
    xmlns:x="http://schemas.microsoft.com/winfx/2006/xaml">
    <Border BorderBrush="Orange" BorderThickness="3" CornerRadius="5">
        <Button x:Name="innerButton" Width="80" Height="80" Content="OK" />
    </Border>
</UserControl>
```

这个 UserControl 的类名为 MyUserControl，其中包含一个名为 innerButton 的 Button。然后把这个 UserControl 添加到主窗体中：

```xml
<Window x:Class="ItemsPanelSample.MainWindow"
        xmlns="http://schemas.microsoft.com/winfx/2006/xaml/presentation"
        xmlns:x="http://schemas.microsoft.com/winfx/2006/xaml"
        xmlns:local="clr-namespace:SourceAndOriginalSourceSample"
        Title="Source v.s. OriginalSource"
        Height="180" Width="300" WindowStyle="ToolWindow">
    <Grid>
        <local:MyUserControl x:Name="myUserControl" Margin="10" />
    </Grid>
</Window>
```

最后在后台代码中为主窗体添加对 Button.Click 路由事件的侦听:

```csharp
public partial class MainWindow : Window
{
    public MainWindow()
    {
        InitializeComponent();

        // 为主窗体添加对 Button.Click 事件的侦听
        this.AddHandler(Button.ClickEvent, new RoutedEventHandler(this.Button_Click));
    }

    // 路由事件处理器
    private void Button_Click(object sender, RoutedEventArgs e)
    {
        string strOriginalSource = string.Format("VisualTree start point: {0}, type is {1}",
            (e.OriginalSource as FrameworkElement).Name, e.OriginalSource.GetType().Name);

        string strSource = string.Format("LogicalTree start point: {0}, type is {1}",
            (e.Source as FrameworkElement).Name, e.Source.GetType().Name);

        MessageBox.Show(strOriginalSource + "\r\n" + strSource);
    }
}
```

运行程序、单击按钮，效果如图 8-13 所示。

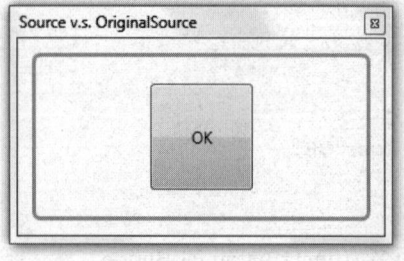
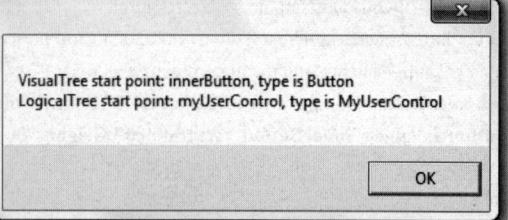

图 8-13　运行效果

Button.Click 路由事件是从 MyUserControl 的 innerButton 发出来的，在主窗体中，myUserControl 是 LogicalTree 的末端结点，所以 e.Source 就是 myUserControl；而窗体的 VisualTree 则包含了 myUserControl 的内部结构，可以"看见"路由事件究竟是从哪个控件发出来的，所以使用 e.OriginalSource 可以获得 innerButton。

8.3.4 事件也附加——深入浅出附加事件

在 WPF 事件系统中还有一种事件被称为附加事件（Attached Event），它就是路由事件。"那为什么还要起个新名字呢？"你可能会问。

"身无彩凤双飞翼，心有灵犀一点通"，这就是对附加事件宿主的真实写照。怎么解释呢？让我们看看都有哪些类拥有附加事件：

- Binding 类：SourceUpdated 事件、TargetUpdated 事件。
- Mouse 类：MouseEnter 事件、MouseLeave 事件、MouseDown 事件、MouseUp 事件等。
- Keyboard 类：KeyDown 事件、KeyUp 事件等。

再对比一下那些拥有路由事件的类，如 Button、Slider、TextBox……发现什么问题了吗？原来，路由事件的宿主都是些拥有可视化实体的界面元素，而附加事件则不具备显示在用户界面上的能力。也就是说，附加事件的宿主没有界面渲染功能这双"飞翼"，但一样可以使用附加事件这个"灵犀"与其他对象进行沟通。

理解了附加事件的原理，让我们动手写一个例子。我想实现的逻辑是这样的：设计一个名为 Student 的类，如果 Student 实例的 Name 属性值发生了变化就激发一个路由事件，我会使用界面元素来捕捉这个事件。

这个类的代码如下：

```csharp
public class Student
{
    // 声明并定义路由事件
    public static readonly RoutedEvent NameChangedEvent = EventManager.RegisterRoutedEvent
        ("NameChanged", RoutingStrategy.Bubble, typeof(RoutedEventHandler), typeof(Student));

    public int Id { get; set; }
    public string Name { get; set; }
}
```

设计一个简单的界面：

```xml
<Window x:Class="WpfApplication1.Window1"
    xmlns="http://schemas.microsoft.com/winfx/2006/xaml/presentation"
    xmlns:x="http://schemas.microsoft.com/winfx/2006/xaml" Title="Attached Event"
    Height="200" Width="200">
    <Grid x:Name="gridMain">
        <Button x:Name="button1" Content="OK" Width="80" Height="80"
            Click="Button_Click" />
```

```
        </Grid>
    </Window>
```

其后台代码如下:

```csharp
public partial class Window1 : Window
{
    public Window1()
    {
        InitializeComponent();

        // 为外层 Grid 添加路由事件侦听器
        this.gridMain.AddHandler(
            Student.NameChangedEvent,
            new RoutedEventHandler(this.StudentNameChangedHandler));
    }

    // Click 事件处理器
    private void Button_Click(object sender, RoutedEventArgs e)
    {
        Student stu = new Student() { Id = 101, Name = "Tim" };
        stu.Name = "Tom";
        //   准备事件消息并发送路由事件
        RoutedEventArgs arg = new RoutedEventArgs(Student.NameChangedEvent, stu);
        this.button1.RaiseEvent(arg);
    }

    // Grid 捕捉到 NameChangedEvent 后的处理器
    private void StudentNameChangedHandler(object sender, RoutedEventArgs e)
    {
        MessageBox.Show((e.OriginalSource as Student).Id.ToString());
    }
}
```

后台代码中，当界面上唯一的 Button 被单击后会触发 Button_Click 这个方法。有一点必须注意的是：因为 Student 不是 UIElement 的派生类，所以它不具有 RaiseEvent 这个方法，为了发送路由事件就不得不"借用"一下 Button 的 RaiseEvent 方法了。在窗体的构造器中为 Grid 元素添加了对 Student.NameChangedEvent 的侦听，这与添加对路由事件的侦听没有任何区别。Grid 在捕捉到路由事件后会显示事件消息源（一个 Student 实例）的 Id。

运行程序并单击按钮，效果如图 8-14 所示。

理论上现在的 Student 类已经算是具有一个附加事件了，但微软的官方文档约定要为这个附加事件添加一个 CLR 包装以便 XAML 编辑器识别并进行智能提示。可惜的是，Student 类并非派生自 UIElement，因此亦不具备 AddHandler 和 RemoveHandler 这两个方法，所以不能使用 CLR 属性作为包装器（因为 CLR 属性包装器的 add 和 remove 分支分别调用当前对象的 AddHandler 和 RemoveHandler）。微软规定：

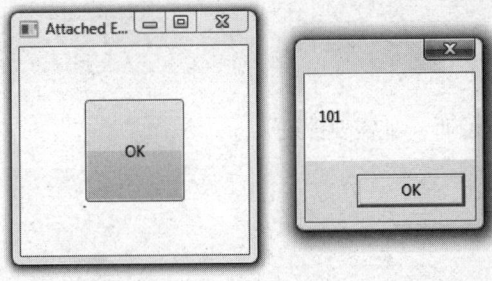

图 8-14 运行效果

- 为目标 UI 元素添加附加事件侦听器的包装器是一个名为 Add*Handler 的 public static 方法，星号代表事件名称（与注册事件时的名称一致）。此方法接收两个参数，第一个参数是事件的侦听者（类型为 DependencyObject），第二个参数为事件的处理器（RoutedEventHandler 委托类型）。
- 解除 UI 元素对附加事件侦听的包装器是名为 Remove*Handler 的 public static 方法，星号亦为事件名称，参数与 Add*Handler 一致。

按照规范，Student 类被升级为这样：

```
public class Student
{
    // 声明并定义路由事件
    public static readonly RoutedEvent NameChangedEvent = EventManager.RegisterRoutedEvent
        ("NameChanged", RoutingStrategy.Bubble, typeof(RoutedEventHandler), typeof(Student));

    // 为界面元素添加路由事件侦听
    public static void AddNameChangedHandler(DependencyObject d, RoutedEventHandler h)
    {
        UIElement e = d as UIElement;
        if (e != null)
        {
            e.AddHandler(Student.NameChangedEvent, h);
        }
    }

    // 移除侦听
    public static void RemoveNameChangedHandler(DependencyObject d, RoutedEventHandler h)
    {
        UIElement e = d as UIElement;
        if (e != null)
        {
            e.RemoveHandler(Student.NameChangedEvent, h);
        }
    }
}
```

```
    public int Id { get; set; }
    public string Name { get; set; }
}
```

原来的代码也需要做出相应的改动（只有添加事件侦听一处需要改动）：

```
public Window1()
{
    InitializeComponent();

    // 为外层 Grid 添加路由事件侦听器
    Student.AddNameChangedHandler(
        this.gridMain,
        new RoutedEventHandler(this.StudentNameChangedHandler));
}
```

现在让我们仔细理解一下附加事件的"附加"。确切地说，UIElement 类是路由事件宿主与附加事件宿主的分水岭，不单是因为从 UIElement 类开始才具备了在界面上显示的能力，还因为 RaiseEvent、AddHandler 和 RemoveHandler 这些方法也定义在 UIElement 类中。因此，如果在一个非 UIElement 派生类中注册了路由事件，则这个类的实例既不能自己激发（Raise）此路由事件也无法自己侦听此路由事件，只能把这个事件的激发"附着"在某个具有 RaiseEvent 方法的对象上，借助这个对象的 RaiseEvent 方法把事件发送出去；事件的侦听任务也只能交给别的对象去做。总之，附加事件只能算是路由事件的一种用法而非一个新概念，说不定哪天微软就把附加事件这个概念撤消了。

> **注意**
>
> 最后分享些实际工作中的经验：
>
> 第一，像 Button.Click 这些路由事件，因为事件的宿主是界面元素、本身就是 UI 树上是一个结点，所以路由事件路由时的第一站就是事件的激发者。附加事件宿主不是 UIElement 的派生类，所以不能出现在 UI 树上的结点，而且附加事件的激发是借助 UI 元素实现的，因此，而附加事件路由的第一站是激发它的元素。
>
> 第二，实际上很少会把附加事件定义在 Student 这种与业务逻辑相关的类中，一般都是定义在像 Binding、Mouse、Keyboard 这种全局的 Helper 类中。如果需要业务逻辑类的对象能发送出路由事件来怎么办？我们不是有 Binding 吗！如果程序架构设计的好（使用数据驱动 UI），那么业务逻辑一定会使用 Binding 对象与 UI 元素关联，一旦与业务逻辑相关的对象实现了 INotifyPropertyChanged 接口并且 Binding 对象的 NotifyOnSourceUpdated 属性设为 true，则 Binding 就会激发其 SourceUpdated 附加事件，此事件会在 UI 元素树上路由并被侦听者捕获。

9

深入浅出话命令

按理说，这章让《三国演义》中的诸葛亮来讲是最合适不过了。为什么呢？因为孔明先生妙计多多嘛！你没看见他左一个锦囊、右一个锦囊发往前线吗？

锦囊里装的自然是妙计啦！锦囊是精美的"包装"，妙计是"内容"（比如《Chibi-Campaign Guide》、《How To Borrow Arrows with Thatched Boats – A Step By Step Manual》），总之，你按照谋划上的策略一步一步执行就是了。我恍然大悟："哦，这锦囊妙计的本质不就是命令吗！"真的不得不佩服孔明先生的管理才能，连听起来威严生硬的"命令"也被他包装的如此漂亮。WPF 也为我们准备了完善的命令（Command）系统，所以每个 WPF 程序员都有机会过一把作诸葛亮的瘾。

你可能会问："有了路由事件为什么还需要命令系统呢？"事件的作用是发布、传播一些消息，消息送达接收者，事件的使命也就完成了，至于如何响应事件送来的消息事件并不做规定，每个接收者可以使用自己的行为来响应事件。也就是说，事件不具有约束力。命令与事件的区别就在于命令是具有约束力的——战场上，将军一声令下："前进！"无论是步兵还是装甲兵都会执行同一个行为 MoveForward()（而这个方法很可能定义在 BattleUnitBase 这个步兵和装甲兵共同的基类里）；同样当你在 Visual Studio 菜单栏上单击 图标或按下 Ctrl+Shift+S 时，所有打开的文档窗口都会执行 Save()方法——不能执行统一的行为，还能叫"命令"吗？

的确，实际编程工作中就算只使用事件、不使用命令，程序的逻辑也一样可以被驱动得很好，但我们不能阻止程序员按自己的习惯去编写代码。比如保存事件的处理器，程序员们可以写 Save()、SaveHandler()、SaveDocument()……这些都符合代码规范，但迟早有一天整个项目会变得无法被读懂，新来的程序员或修改 bug 的程序员会很抓狂。如果使用命令，情况会好很多——当 Save 命令到达某个组件时，命令会主动去调用组件的 Save()方法，而这个方法可能被定义在基类或者接口里（即保证了这个方法一定是存在的），这就在代码结构和命名上做了约束。不但如此，命令还可控制接收者"先做校验、再保存、然后关闭"，也就是说，命令除了可以约束代码，还可以约束步骤逻辑，这让新来的程序员想犯错都难，也让修改 bug 的程序员很快能找到规律、容易上手。

既然命令能帮助我们降低成本，何乐而不为呢？本章就让我们一同来学习如何使用 WPF 命令系统。

9.1 命令系统的基本元素与关系

9.1.1 命令系统的基本元素

WPF 的命令系统由几个基本要素构成,它们是:

- 命令(Command):WPF 的命令实际上就是实现了 ICommand 接口的类,平时使用最多的是 RoutedCommand 类。我们还会学习使用自定义命令。
- 命令源(Command Source):即命令的发送者,是实现了 ICommandSource 接口的类。很多界面元素都实现了这个接口,其中包括 Button、MenuItem、ListBoxItem 等。
- 命令目标(Command Target):即命令将发送给谁,或者说命令将作用在谁身上。命令目标必须是实现了 IInputElement 接口的类。
- 命令关联(Command Binding):负责把一些外围逻辑与命令关联起来,比如执行之前对命令是否可以执行进行判断、命令执行之后还有哪些后续工作等。

9.1.2 基本元素之间的关系

这些基本元素之间的关系体现在使用命令的过程中。命令的使用大概分为如下几步:

(1)创建命令类:即获得一个实现 ICommand 接口的类,如果命令与具体业务逻辑无关则使用 WPF 类库中的 RoutedCommand 类即可。如果想得到与业务逻辑相关的专有命令,则需创建 RoutedCommand(或者 ICommand 接口)的派生类。

(2)声明命令实例:使用命令时需要创建命令类的实例。这里有个技巧,一般情况下程序中某种操作只需要一个命令实例与之对应即可。比如对应"保存"这个操作,你可以拿同一个实例去命令每个组件执行其保存功能,因此程序中的命令多使用单件模式(Singletone Pattern)以减少代码的复杂度。

(3)指定命令的源:即指定由谁来发送这个命令。如果把命令看作炮弹,那么命令源就相当于火炮。同一个命令可以有多个源。比如保存命令,既可以由菜单中的保存项来发送,也可以由工具栏中的保存图标来发送。需要注意的是,一旦把命令指派给命令源,那么命令源就会受命令的影响,当命令不能被执行的时候作为命令源的控件将处在不可用状态。看来命令这种炮弹很智能,当不满足发射条件时还会给用来发射它的火炮上一道保险、避免走火。还需要注意,各种控件发送命令的方法不尽相同,比如 Button 和 MenuItem 是在单击时发送命令,而 ListBoxItme 单击时表示被选中所以双击时才发送命令。

(4)指定命令目标:命令目标并不是命令的属性而是命令源的属性,指定命令目标是告诉命令源向哪个组件发送命令,无论这个组件是否拥有焦点它都会收到这个命令。如果没有为命令源指定命令目标,则 WPF 系统认为当前拥有焦点的对象就是命令目标。这个步骤有点像为火炮指定目标。

（5）设置命令关联：炮兵是不能单独战斗的，就像炮兵需要侦查兵在射击前观察敌情、判断发射时机，在射击后观测射击效果、帮助修正一样，WPF 命令需要 CommandBinding 在执行前来帮助判断是不是可以执行、在执行后做一些事件来"打扫战场"。

在命令目标和命令关联之间还有一个微妙的关系。无论命令目标是由程序员指定还是由 WPF 系统根据焦点所在地判断出来的，一旦某个 UI 组件被命令源"瞄上"，命令源就会不停地向命令目标"投石问路"，命令目标就会不停地发送出可路由的 PreviewCanExecute 和 CanExecute 附加事件，事件会沿着 UI 元素树向上传递并被命令关联所捕捉，命令关联捕捉到这些事件后会把命令能不能发送实时报告给命令。类似的，如果命令被发送出来并到达命令目标，命令目标就会发送 PreviewExecuted 和 Executed 两个附加事件，这两个事件也会沿着 UI 元素树向上传递并被命令关联所捕捉，命令关联会完成一些后续的任务。别小看是"后续任务"，对于那些与业务逻辑无关的通用命令，这些后续任务才是最重要的。

你可能会问："命令目标怎么会发出 PreviewCanExecute、CanExecute、PreviewExecuted 和 Executed 事件呢？"其实这 4 个事件都是附加事件，是被 CommandManager 类"附加"给命令目标的。大家可以翻过头再去理解一下附加事件。另外，PreviewCanExecute 和 CanExecute 的执行时机不由程序员控制，而且执行频率比较高，这不但会给系统性能带来些降低，偶尔还会引入几个意想不到的 bug 并且比较难调试，务请多加小心。

如图 9-1 所示是 WPF 命令系统基本元素的关系图。

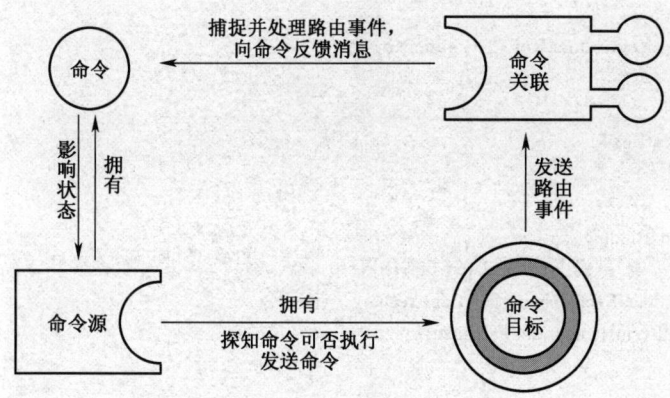

图 9-1　关系图

9.1.3　小试命令

说起来很热闹，现在让我们动手实践一下。实现这样一个需求：定义一个命令，使用 Button 来发送这个命令，当命令送达 TextBox 时 TextBox 会被清空（如果 TextBox 中没有文字则命令不可被发送）。

程序的 XAML 界面代码如下：

```xml
<Window x:Class="WpfApplication1.Window1"
        xmlns="http://schemas.microsoft.com/winfx/2006/xaml/presentation"
        xmlns:x="http://schemas.microsoft.com/winfx/2006/xaml" Title="Command"
        Background="LightBlue" Height="175" Width="260">
    <StackPanel x:Name="stackPanel">
        <Button x:Name="button1" Content="Send Command" Margin="5" />
        <TextBox x:Name="textBoxA" Margin="5,0" Height="100" />
    </StackPanel>
</Window>
```

后台代码为：

```csharp
public partial class Window1 : Window
{
    public Window1()
    {
        InitializeComponent();
        InitializeCommand();
    }

    // 声明并定义命令
    private RoutedCommand clearCmd = new RoutedCommand("Clear", typeof(Window1));

    private void InitializeCommand()
    {
        // 把命令赋值给命令源（发送者）并指定快捷键
        this.button1.Command = this.clearCmd;
        this.clearCmd.InputGestures.Add(new KeyGesture(Key.C, ModifierKeys.Alt));

        // 指定命令目标
        this.button1.CommandTarget = this.textBoxA;

        // 创建命令关联
        CommandBinding cb = new CommandBinding();
        cb.Command = this.clearCmd;         // 只关注与 clearCmd 相关的事件
        cb.CanExecute += new CanExecuteRoutedEventHandler(cb_CanExecute);
        cb.Executed += new ExecutedRoutedEventHandler(cb_Executed);

        // 把命令关联安置在外围控件上
        this.stackPanel.CommandBindings.Add(cb);
    }

    // 当探测命令是否可以执行时，此方法被调用
    void cb_CanExecute(object sender, CanExecuteRoutedEventArgs e)
    {
        if (string.IsNullOrEmpty(this.textBoxA.Text))
        { e.CanExecute = false; }
        else
```

```
            { e.CanExecute = true; }

        // 避免继续向上传而降低程序性能
        e.Handled = true;
    }

    // 当命令送达目标后，此方法被调用
    void cb_Executed(object sender, ExecutedRoutedEventArgs e)
    {
        this.textBoxA.Clear();

        // 避免继续向上传而降低程序性能
        e.Handled = true;
    }
}
```

运行程序，在 TextBox 中输入文字后 Button 在命令可执行状态的影响下变为可用，此时单击 Button 或者按 Alt+C 键，TextBox 都会被清空，效果如图 9-2 所示。

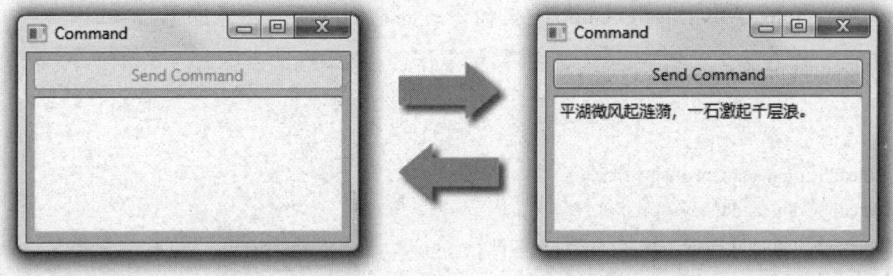

图 9-2　运行效果

注意

对于上面代码有几点需要注意的地方：

第一，使用命令可以避免自己写代码判断 Button 是否可用以及添加快捷键。

第二，RoutedCommand 是一个与业务逻辑无关的类，只负责在程序中"跑腿"而并不对命令目标做任何操作，TextBox 并不是由它清空的。那么对 TextBox 的清空操作是谁做的呢？答案是 CommandBinding。因为无论是探测命令是否执行还是命令送达目标，都会激发命令目标发送路由事件，这些路由事件会沿着 UI 元素树向上传递并最终被 CommandBinding 所捕捉。本例中 CommandBinding 被安装在外围的 StackPanel 上，CommandBinding "站在高处"起一个侦听器的作用，而且专门针对 clearCmd 命令捕捉与其相关的路由事件。本例中，当 CommandBinding 捕捉到 CanExecute 事件就会调用 cb_CanExecute 方法（判断命令执行的条件是否满足，并反馈给命令供其影响命令源的状态）；当捕捉到的是 Executed 事件（表示命令的 Execute 方法已经执行了，或说命令已经作用在了命令目标上，RoutedCommand 的 Execute 方法不包含业务逻辑、只负责让命令目标激发 Executed），则调用 cb_Executed 方法。

第三，因为 CanExecute 事件的激发频率比较高，为了避免降低性能，在处理完后建议把 e.Handled 设为 true。

第四，CommandBinding 一定要设置在命令目标的外围控件上，不然无法捕捉到 CanExecute 和 Executed 等路由事件。

9.1.4 WPF 的命令库

上面这个例子中我们自己声明定义了一个命令：

```
private RoutedCommand clearCmd = new RoutedCommand("Clear", typeof(Window1));
```

命令具有"一处声明、处处使用"的特点，比如 Save 命令，在程序的任何地方它都表示要求命令目标保存数据。因此，微软在 WPF 类库里准备了一些便捷的命令库，这些命令库包括：

- ApplicationCommands
- ComponentCommands
- NavigationCommands
- MediaCommands
- EditingCommands

它们都是静态类，而命令就是用这些类的静态只读属性以单件模式暴露出来的。例如：ApplicationCommands 类就包含了 CancelPrint、Close、ContextMenu、Copy、CorrectionList、Cut、Delete、Find、Help、New、NotACommand、Open、Paste、Print、PrintPreview、Properties、Redo、Replace、Save、SaveAs、SelectAll、Stop、Undo 这些命令，而它们的源码示意如下：

```
public static class ApplicationCommands
{
    public static RoutedUICommand Cut { get { /*...*/ } }
    public static RoutedUICommand Copy { get { /*...*/ } }
    public static RoutedUICommand Paste { get { /*...*/ } }
    public static RoutedUICommand Delete { get { /*...*/ } }
    public static RoutedUICommand Undo { get { /*...*/ } }
    public static RoutedUICommand Redo { get { /*...*/ } }

    // ...
}
```

其他几个命令库也与之类似。如果你的程序中需要诸如 Open、Save、Play、Stop 等标准命令那就没必要自己声明了，直接拿命令库来用就好了。

9.1.5 命令参数

前面提到命令库里有很多 WPF 预制的命令，如 New、Open、Copy、Cut、Paste 等。这些命令都是 ApplicationCommands 类的静态属性，所以它们的实例永远只有一个，这就引出一个问题：如果界面上有两个按钮，一个用来新建 Teacher 的档案，另一个用来新建 Student 的档案，都使用 New 命令的话，程序应该如何区别新建的是什么档案呢？

答案是使用 CommandPrameter。命令源一定是实现了 ICommandSource 接口的对象，而

ICommandSource 有一个属性就是 CommandPrameter，如果把命令看作飞向目标的炮弹，那么 CommandPrameter 就相当于装载在炮弹肚子里的"消息"。下面是程序的实现代码。

XAML 代码如下：

```xml
<Window x:Class="CommandPrameterSample.MainWindow"
        xmlns="http://schemas.microsoft.com/winfx/2006/xaml/presentation"
        xmlns:x="http://schemas.microsoft.com/winfx/2006/xaml" Title="Command Prameter"
        Height="240" Width="360" Background="LightBlue" WindowStyle="ToolWindow">
    <Grid Margin="6">
        <Grid.RowDefinitions>
            <RowDefinition Height="24" />
            <RowDefinition Height="4" />
            <RowDefinition Height="24" />
            <RowDefinition Height="4" />
            <RowDefinition Height="24" />
            <RowDefinition Height="4" />
            <RowDefinition Height="*" />
        </Grid.RowDefinitions>
        <!--命令和命令参数-->
        <TextBlock Text="Name:" VerticalAlignment="Center" HorizontalAlignment="Left"
            Grid.Row="0" />
        <TextBox x:Name="nameTextBox" Margin="60, 0,0,0" Grid.Row="0" />
        <Button Content="New Teacher" Command="New" CommandParameter="Teacher"
            Grid.Row="2" />
        <Button Content="New Student" Command="New" CommandParameter="Student"
            Grid.Row="4" />
        <ListBox x:Name="listBoxNewItems" Grid.Row="6" />
    </Grid>
    <!--为窗体添加 CommandBinding-->
    <Window.CommandBindings>
        <CommandBinding Command="New" CanExecute="New_CanExecute"
            Executed="New_Executed" />
    </Window.CommandBindings>
</Window>
```

> **注意**
>
> 代码有两个值得注意的地方：
>
> 两个按钮都使用 New 命令，但分别使用字符串 Teacher 和 Student 作为参数。
>
> 这次是使用 XAML 代码为窗体添加 CommandBinding，CommandBinding 的 CanExecute 和 Executed 事件处理器写在后台 C#代码里。

CommandBinding 的两个事件处理器代码如下：

```csharp
private void New_CanExecute(object sender, CanExecuteRoutedEventArgs e)
{
    if (string.IsNullOrEmpty(this.nameTextBox.Text))
    {
        e.CanExecute = false;
    }
    else
    {
        e.CanExecute = true;
    }
}

private void New_Executed(object sender, ExecutedRoutedEventArgs e)
{
    string name = this.nameTextBox.Text;
    if (e.Parameter.ToString() == "Teacher")
    {
        this.listBoxNewItems.Items.Add(string.Format("New Teacher: {0}，学而不厌、诲人不倦。", name));
    }
    if (e.Parameter.ToString() == "Student")
    {
        this.listBoxNewItems.Items.Add(string.Format("New Student: {0}，好好学习、天天向上。", name));
    }
}
```

运行程序，当 TextBox 中没有内容时两个按钮均不可用；当输入文字后按钮变为可用，单击按钮，ListBox 会加入不同条目。效果如图 9-3 所示。

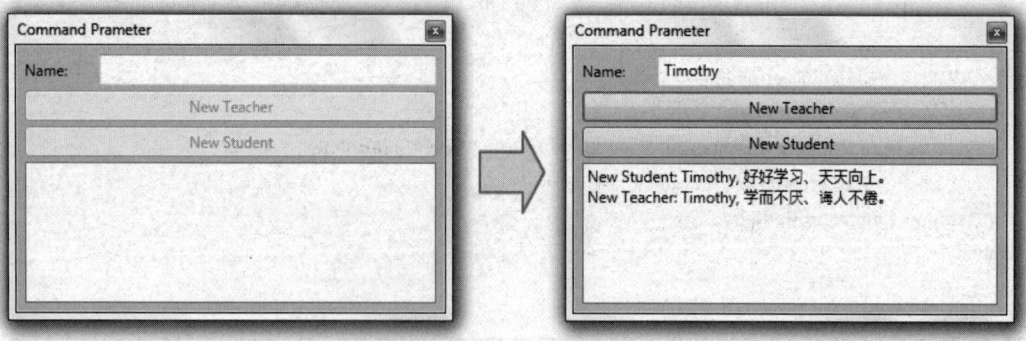

图 9-3　运行效果

9.1.6　命令与 Binding 的结合

初试命令，你可能会想到这样一个问题：控件有很多事件，可以让我们进行各种各样不同的操作，可控件只有一个 Command 属性、而命令库中却有数十种命令，这样怎么可能使用这个唯一的 Command 属性来调用那么多种命令呢？答案是：使用 Binding。前面已经说过，Binding 作为一种间接的、不固定的赋值手段，可以让你有机会选择在某个条件下为目标赋特定的值（有时候需要借助 Converter）。

例如，如果一个 Button 所关联命令有可能根据某些条件而改变，我们可以把代码写成这样：

```
<Button x:Name="dynamicCmdBtn" Command="{Binding Path=ppp, Source=sss}" Content="Command" />
```

不过话说回来，因为大多数命令按钮都有相对应的图标来表示固定的含义，所以日常工作中一个控件的命令一经确定就很少改变。

9.2 近观命令

一般情况下，程序中使用与逻辑无关的 RoutedCommand 来跑跑龙套就足够了，但为了使程序的结构更加简洁（比如去掉外围的 CommandBinding 和与之相关的事件处理器），我们常需要定义自己的命令。本节中我们走近 WPF 命令，先由剖析 RoutedCommand 入手，再创建自己的命令。

9.2.1 ICommand 接口与 RoutedCommand

WPF 的命令是实现了 ICommand 接口的类。ICommand 接口非常简单，只包含两个方法和一个事件：

- Execute 方法：命令执行，或者说命令作用于命令目标之上。需要注意的是，现实世界中的命令是不会自己"执行"的，它只能"被执行"，而在这里，执行变成了命令的方法，颇有点儿拟人化的味道。
- CanExecute 方法：在执行之前用来探知命令是否可被执行。
- CanExecuteChanged 事件：当命令可执行状态发生改变时，可激发此事件来通知其他对象。

RoutedCommand 就是这样一个实现了 ICommand 接口的类。RoutedCommand 在实现 ICommand 接口时，并未向 Execute 和 CanExecute 方法中添加任何逻辑，也就是说，它是通用的、与具体业务逻辑无关的。怎么理解这个"与具体业务逻辑无关的"呢？让我们从外部和内部两方面来理解。

从外部来看，让我们回顾一下 ApplicationCommands 命令库里的命令们：

```
public static class ApplicationCommands
{
    public static RoutedUICommand Cut { get { /*...*/ } }
    public static RoutedUICommand Copy { get { /*...*/ } }
    public static RoutedUICommand Paste { get { /*...*/ } }
    public static RoutedUICommand Delete { get { /*...*/ } }
```

```csharp
    public static RoutedUICommand Undo { get { /*...*/ } }
    public static RoutedUICommand Redo { get { /*...*/ } }

    // ...
}
```

虽然他们都有自己的名字（如 Copy、Paste、Cut、Delete），但它们都是普普通通的 RoutedUICommand 类实例。也就是说，当一个命令到达命令目标后，具体是执行 Copy 还是 Cut（即业务逻辑）不是由命令决定的，而是外围的 CommandBinding 捕获到命令目标受命令激发而发送的路由事件后在其 Executed 事件处理器中完成。换句话说，就算你的 CommandBinding 在捕捉到 Copy 命令后执行的是清除操作也与命令无关。

从内部分析，我们就要读读 RoutedCommand 的源码了。RoutedCommand 类与命令执行相关的代码简化如下：

```csharp
public class RoutedCommand : ICommand
{
    // 由 ICommand 继承而来，仅供内部使用
    private void ICommand.Execute(object parameter)
    {
        Execute(parameter, FilterInputElement(Keyboard.FocusedElement));
    }

    // 新定义的方法，可由外部调用
    public void Execute(object parameter, IInputElement target)
    {
        // 命令目标为空，选定当前具有焦点的控件作为目标
        if (target == null)
        {
            target = FilterInputElement(Keyboard.FocusedElement);
        }

        // 真正执行命令的逻辑
        ExecuteImpl(parameter, target, false);
    }

    // 真正执行命令的逻辑，仅供内部使用
    private bool ExecuteImpl(object parameter, IInputElement target, bool userInitiated)
    {
        // ...
        UIElement targetUIElement = target as UIElement;
        // ...
        ExecutedRoutedEventArgs args = new ExecutedRoutedEventArgs(this, parameter);
        args.RoutedEvent = CommandManager.PreviewExecutedEvent;

        if (targetUIElement != null)
```

```
            {
                    targetUIElement.RaiseEvent(args, userInitiated);
            }
            //...

            return false;
    }

    // 另一个调用 ExecuteImpl 方法的函数，依序集级别可用
    internal bool ExecuteCore(object parameter, IInputElement target, bool userInitiated)
        {
                if (target == null)
                {
                        target = FilterInputElement(Keyboard.FocusedElement);
                }

                return ExecuteImpl(parameter, target, userInitiated);
        }
        //...
}
```

阅读代码我们可以发现，从 ICommand 接口继承来的 Execute 并没有被公开（甚至可以说是废弃不用了），仅仅是调用新声明的带两个参数的 Execute 方法。新声明的带两个参数的 Execute 方法是对外公开的，可以使用第一个参数向命令传递一些数据，第二个参数是命令的目标，如果目标为 null，Execute 方法就把当前拥有焦点的控件作为命令的目标。新的 Execute 方法会调用命令执行逻辑的核心——ExecuteImpl 方法（ExecuteImpl 是 Execute Implement 的缩写），而这个方法内部并没有什么神秘的东西，简要而言就是"借用"命令目标的 RaiseEvent 把 RoutedEvent 发送出去。显然，这个事件会被外围的 CommandBinding 捕获到然后执行程序员预设的与业务相关的逻辑。

最后，我们以 ButtonBase 为例看看 UI 控件是如何发送命令的。ButtonBase 是在 Click 事件发生时发送命令的，而 Click 事件的激发是放在 OnClick 方法里。ButtonBase 的 OnClick 方法如下：

```
public class ButtonBase: ContentControl, ICommandSource
{
    // 激发 Click 路由事件，然后发送命令
    protected virtual void OnClick()
    {
            RoutedEventArgs newEvent = new RoutedEventArgs(ButtonBase.ClickEvent, this);
            RaiseEvent(newEvent);

            // 调用内部类 CommandHelpers 的 ExecuteCommandSource 方法
            MS.Internal.Commands.CommandHelpers.ExecuteCommandSource(this);
    }

    //...
}
```

ButtonBase 调用了一个 .NET Framework 内部类（这个类没有向程序员暴露）CommandHelpers 的 ExecuteCommandSource 方法，并把 ButtonBase 对象自己当作参数传了进去。如果我们走进 ExecuteCommandSource 方法内部就会发现这个方法实际上是把传进来的参数当作命令源、调用命令源的 ExecuteCore 方法（本质上是调用其 ExecuteImpl 方法）、获取命令源的 CommandTarget 属性值（命令目标）并使命令作用于命令目标之上。

```
internal static class CommandHelpers
{
    // ...
    internal static void ExecuteCommandSource(ICommandSource commandSource)
    {
        CriticalExecuteCommandSource(commandSource, false);
    }

    internal static void CriticalExecuteCommandSource(ICommandSource commandSource, bool userInitiated)
    {
        ICommand command = commandSource.Command;
        if (command != null)
        {
            object parameter = commandSource.CommandParameter;
            IInputElement target = commandSource.CommandTarget;

            RoutedCommand routed = command as RoutedCommand;
            if (routed != null)
            {
                if (target == null)
                {
                    target = commandSource as IInputElement;
                }
                if (routed.CanExecute(parameter, target))
                {
                    routed.ExecuteCore(parameter, target, userInitiated);
                }
            }
            else if (command.CanExecute(parameter))
            {
                command.Execute(parameter);
            }
        }
    }
    // ...
}
```

9.2.2 自定义 Command

说到"自定义命令"，我们可以分两个层次来理解。第一个层次比较浅，指的是当 WPF 命令库中没有包含想要的命令时，我们就得声明定义自己的 RoutedCommand 实例。比如你想让命令目标在命令到达时发出笑声，WPF 命令库里没有这个命令，那就可以定义一个名为 Laugh 的 RoutedCommand 实例。很难说这是真正意义上的"自定义命令"，这只是对 RoutedCommand 的使用。第二个层次是指从实现 ICommand 接口开始，定义自己的命令并且把某些业务逻辑也包含在命令之中，这才称得上是真正意义上的自定义命令。但比较棘手的是，在 WPF 的命令系统中命令源（包括 ButtonBase、MenuItem、ListBoxItem、Hyperlink）、RoutedCommand 和 CommandBinding 三者互相依赖的相当紧密。在源码级别上，不但没有将与命令相关的方法声明为 virtual 以供我们重写，而且还有很多未向程序员公开的逻辑（比如对 ExecuteCore 和 CanExecuteCore 这些方法的声明和调用）。换句话说，WPF 自带的命令源和 CommandBinding 就是专门为 RoutedCommand 而编写的，如果我们想使用自己的 ICommand 派生类就必须连命令源一起实现（即实现 ICommandSource 接口）。因此，为了简便地使用 WPF 这套成熟的体系，为了更高效率地"从零开始"打造自己的命令系统，需要我们根据项目的实际情况进行权衡。

既然本节名为自定义命令，那么我们就从实现 ICommand 接口开始、打造一个"纯手工"的自定义命令。

前面已经多次提到，RoutedCommand 与业务逻辑无关，业务逻辑要依靠外围的 CommandBinding 来实现。这样一来，如果对 CommandBinding 管理不善就有可能造成代码杂乱无章，毕竟一个 CommandBinding 要牵扯到谁是它的宿主以及它的两个事件处理器。

为了简化使用 CommandBinding 来处理业务逻辑的程序结构，我们可能会希望把业务逻辑移入命令的 Execute 方法内。比如，我们可以自定义一个名为 Save 的命令，当命令到达命令目标的时候先通过命令目标的 IsChanged 属性判断命令目标的内容是否已经被改变，如果已经改变则命令可以执行，命令的执行会直接调用命令目标的 Save 方法、驱动命令目标以自己的方式保存数据。很显然，这回是命令直接在命令目标上起作用了，而不像 RoutedCommand 那样先在命令目标上激发出路由事件等外围控件捕捉到事件后再"翻过头来"对命令目标加以处理。你可能会问："如果命令目标不包含 IsChanged 和 Save 方法怎么办？"这就要靠接口来约束了，如果我在程序中定义这样一个接口：

```
public interface IView
{
    // 属性
    bool IsChanged { get; set; }

    // 方法
    void SetBinding();
    void Refresh();
    void Clear();
    void Save();
    // ...
}
```

并且要求每个需要接受命令的组件都必须实现这个接口，这样就确保了命令可以成功地对它们执行操作。

接下来，我们实现 ICommand 接口，创建一个专门作用于 IView 派生类的命令。

```csharp
// 自定义命令
public class ClearCommand : ICommand
{
    // 当命令可执行状态发生改变时，应当被激发
    public event EventHandler CanExecuteChanged;

    // 用于判断命令是否可以执行（暂不实现）
    public bool CanExecute(object parameter)
    {
        throw new NotImplementedException();
    }

    // 命令执行，带有与业务相关的 Clear 逻辑
    public void Execute(object parameter)
    {
        IView view = parameter as IView;
        if (view != null)
        {
            view.Clear();
        }
    }
}
```

命令实现了 ICommand 接口并继承了 CanExecuteChanged 事件、CanExecute 方法和 Execute 方法。目前这个命令比较简单，只用到了 Execute 方法。在实现这个方法时，我们将这个方法唯一的参数作为命令的目标，如果目标是 IView 接口的派生类则调用其 Clear 方法——显然，我们已经把业务逻辑引入了命令的 Execute 方法中。

有了自定义命令，我们拿什么命令源来"发射"它呢？前面说过，WPF 命令系统的命令源是专门为 RoutedCommand 准备的并且不能重写，所以我们只能通过实现 ICommandSource 接口来创建自己的命令源。代码如下：

```csharp
// 自定义命令源
public class MyCommandSource : UserControl, ICommandSource
{
    // 继承自 ICommandSource 的三个属性
    public ICommand Command { get; set; }
    public object CommandParameter { get; set; }
    public IInputElement CommandTarget { get; set; }

    // 在组件被单击时连带执行命令
```

```csharp
protected override void OnMouseLeftButtonDown(MouseButtonEventArgs e)
{
    base.OnMouseLeftButtonDown(e);

    // 在命令目标上执行命令，或称让命令作用于命令目标
    if (this.CommandTarget != null)
    {
        this.Command.Execute(this.CommandTarget);
    }
}
```

ICommandSource 接口只包含 Command、CommandParameter 和 CommandTarget 三个属性，至于这三个属性之间有什么样的关系就要看我们怎么实现了。在本例中，CommandParameter 完全没有被用到，而 CommandTarget 被当作参数传递给了 Command 的 Execute 方法。命令不会自己被发出，所以一定要为命令的执行选择一个合适的时机，本例中我们在控件被左单击时执行命令。

现在命令和命令源都有了，还差一个可用的命令目标。因为我们的 ClearCommand 专门作用于 IView 的派生类，所以合格的 ClearCommand 命令目标必须实现 IView 接口。设计这种既有 UI 又需要实现接口的类可以先用 XAML 编辑器实现其 UI 部分再找到它的后台 C#代码实现接口，原理很简单，WPF 会自动为 UI 元素类添加 partial 关键字修饰，XAML 代码会被翻译成类的一个部分，后台代码是类的另一个部分（甚至可以再多添加几个部分），我们可以在后台代码部分指定基类或实现接口，最终这些部分会被编译到一起。

这个组件的 XAML 部分如下：

```xml
<UserControl x:Class="WpfApplication1.MiniView"
    xmlns="http://schemas.microsoft.com/winfx/2006/xaml/presentation"
    xmlns:x="http://schemas.microsoft.com/winfx/2006/xaml" Height="114" Width="200">
    <Border CornerRadius="5" BorderBrush="LawnGreen" BorderThickness="2">
        <StackPanel>
            <TextBox x:Name="textBox1" Margin="5" />
            <TextBox x:Name="textBox2" Margin="5,0" />
            <TextBox x:Name="textBox3" Margin="5" />
            <TextBox x:Name="textBox4" Margin="5,0" />
        </StackPanel>
    </Border>
</UserControl>
```

它的后台代码部分如下：

```csharp
// 自定义命令目标
public partial class MiniView : UserControl, IView
{
    // 构造器
    public MiniView()
```

```csharp
{
    InitializeComponent();
}

// 继承自 IView 的成员们
public bool IsChanged { get; set; }
public void SetBinding() {/*...*/   }
public void Refresh()  {    /*...*/}
public void Save() {/*...*/}

// 用于清除内容的业务逻辑
public void Clear()
{
    this.textBox1.Clear();
    this.textBox2.Clear();
    this.textBox3.Clear();
    this.textBox4.Clear();
}
}
```

因为我们只演示命令对 Clear 方法的调用，所以其他几个方法没有具体实现。当 Clear 方法被调用的时候，它的几个 TextBox 会被清空。

最后是把自定义的命令、命令源和命令目标集成起来。窗体的 XAML 代码如下：

```xml
<Window x:Class="WpfApplication1.Window1"
    xmlns="http://schemas.microsoft.com/winfx/2006/xaml/presentation"
    xmlns:x="http://schemas.microsoft.com/winfx/2006/xaml"
    xmlns:local="clr-namespace:WpfApplication1" Title="Command" Height="205"
    Width="250">
    <StackPanel>
        <local:MyCommandSource x:Name="ctrlClear" Margin="10">
            <TextBlock Text="清除" FontSize="16" TextAlignment="Center"
                    Background="LightGreen" Width="80" />
        </local:MyCommandSource>
        <local:MiniView x:Name="miniView" />
    </StackPanel>
</Window>
```

本例中使用了简单的文本作为命令源的显示内容，实际工作中你可以使用图标、按钮或更复杂的内容来填充它，但要注意适当更改激发命令的方法。比如你打算在里面放置一个按钮，那么就不要用重写 OnMouseLeftButtonDown 的方法来执行命令了，而应该捕捉 Button.Click 事件并在事件处理器中执行方法（Mouse 事件会被 Button "吃掉"）。

后台 C#代码如下：

```csharp
public partial class Window1 : Window
{
```

```
public Window1()
{
    InitializeComponent();

    // 声明命令并使命令源和目标与之关联
    ClearCommand clearCmd = new ClearCommand();
    this.ctrlClear.Command = clearCmd;
    this.ctrlClear.CommandTarget = this.miniView;
}
```

我们先创建了一个 ClearCommand 命令的实例并把它赋值给自定义命令源的 Command 属性，自定义命令源的 CommandTarget 属性值是自定义命令目标 MiniView 的实例。提醒一句：为了讲解清晰才把命令声明放在这里，正规的方法应该是把命令声明在静态全局的地方供所有对象使用。

运行程序，在 TextBox 里输入文字再单击"清除"控件，效果如图 9-4 所示。

图 9-4 运行效果

至此，一个简单的自定义命令就完成了。若想通过 Command 的 CanExecute 方法返回值来影响命令源的状态，还需要使用 ICommand 和 ICommandSource 接口的成员组成更复杂的逻辑，介于篇幅原因不再赘述。

10

深入浅出话资源

我们把有用的东西称为资源。"兵马未动，粮草先行"——程序中的各种数据就是算法的原料和粮草。程序中可以存放数据的地方有很多，可以放在数据库里、可以存储在变量里。界于数据库存储和变量存储之间，我们还可以把数据存储在程序主体之外的文件里。外部文件与程序主体分离，这就有可能丢失或损坏，为了避免丢失或损坏，编译器允许我们把外部文件编译进程序主体、成为程序主体不可分割的一部分，这就是传统意义上的程序资源（也称为二进制资源）。

WPF 不但支持程序级的传统资源，同时还推出了独具特色的对象级资源，每个界面元素都可以携带自己的资源并可被自己的子级元素共享。比如后面章节要讲到的各种模板、程序样式和主题就经常放在对象级资源里。这样一来，在 WPF 程序中数据就分为四个等级存储了：数据库里的数据相当于存放在仓库里，资源文件里的数据相当于放在旅行箱里，WPF 对象资源里的数据相当于放在随身携带的背包里，变量中的数据相当于拿在手里。

本章先来学习 WPF 对象级资源，然后回顾传统资源在 WPF 中的使用。

10.1 WPF 对象级资源的定义与查找

每个 WPF 的界面元素都具有一个名为 Resources 的属性，这个属性继承自 FrameworkElement 类，其类型为 ResourceDictionary。ResourceDictionary 能够以"键-值"对的形式存储资源，当需要使用某个资源时，使用"键-值"对可以索引到资源对象。在保存资源时，ResourceDictionary 视资源对象为 object 类型，所以在使用资源时先要对资源对象进行类型转换，XAML 编译器能够根据标签的 Attribute 自动识别资源类型，如果类型不对就会抛出异常，但在 C#代码里检索到资源对象后，类型转换的事情就只能由我们自己来做了。

ResourceDictionary 可以存储任意类型的对象。在 XAML 代码中向 Resources 添加资源时需要把正确的名称空间引入到 XAML 代码中。让我们看一个例子：

```
<Window x:Class="WpfApplication1.Window1"
        xmlns="http://schemas.microsoft.com/winfx/2006/xaml/presentation"
```

```
        xmlns:x="http://schemas.microsoft.com/winfx/2006/xaml"
        xmlns:sys="clr-namespace:System;assembly=mscorlib"
        Title="Resource" FontSize="16">
    <Window.Resources>
        <ResourceDictionary>
            <sys:String x:Key="str">
                沉舟侧畔千帆过，病树前头万木春。
            </sys:String>
            <sys:Double x:Key="dbl">3.1415926</sys:Double>
        </ResourceDictionary>
    </Window.Resources>
    <StackPanel>
        <TextBlock Text="{StaticResource ResourceKey=str}" Margin="5" />
        <!--<TextBlock Text="{StaticResource ResourceKey=dbl}" />-->
    </StackPanel>
</Window>
```

首先将 System 名称空间引入 XAML 代码并映射为 sys 名称空间，然后在 Window.Resources 属性里添加了两个资源条目，一个是 string 类型实例、一个是 double 类型实例，最后我用两个 TextBlock 来消费这些资源（被注销掉的代码会因数据类型不匹配而抛出异常）。程序的运行效果如图 10-1 所示。

图 10-1　运行效果

因为在 XAML 代码中可以对集合类型内容及标签扩展进行简写，所以上面代码更常见的书写格式是这样：

```
<Window x:Class="WpfApplication1.Window1"
        xmlns="http://schemas.microsoft.com/winfx/2006/xaml/presentation"
        xmlns:x="http://schemas.microsoft.com/winfx/2006/xaml"
        xmlns:sys="clr-namespace:System;assembly=mscorlib" Title="Resource"
        FontSize="16">
    <Window.Resources>
        <sys:String x:Key="str">
            沉舟侧畔千帆过，病树前头万木春。
        </sys:String>
        <sys:Double x:Key="dbl">3.1415926</sys:Double>
    </Window.Resources>
    <StackPanel>
        <TextBlock Text="{StaticResource str}" Margin="5" />
    </StackPanel>
</Window>
```

在检索资源时，先查找控件自己的 Resources 属性，如果没有这个资源程序会沿着逻辑树向上一级控件查找，如果连最顶层容器都没有这个资源，程序就会去查找 Application.Resources（也就是程序的顶级资源），如果还没找到，那就只好抛出异常了。这就好比每个界面元素都有自己的一个背包，里面可能装着各种各样的资源，使用的时候打开找一找，如果没有找到还可以去翻看上一层控件的背包，直至找到资源或报告没有这个资源为止。

如果想在C#代码中使用定义在XAML代码里的资源，大概格式是这样：

```
private void Window_Loaded(object sender, RoutedEventArgs e)
{
    string text = (string)this.FindResource("str");
    this.textBlock1.Text = text;
}
```

或者你明确地知道资源放在哪的资源词典里，就可以这样检索资源：

```
private void Window_Loaded(object sender, RoutedEventArgs e)
{
    string text = (string)this.Resources["str"];
    this.textBlock1.Text = text;
}
```

你可能会想：如果能把资源像CSS或JavaScript那样放在独立的文件中，使用时成套引用、重用时便于分发岂不更好？WPF的资源当然能够做到这一点，ResourceDictionary具有一个名为Source的属性，只要把包含资源定义的文件路径赋值给这个属性就一切搞定！举个例子，http://wpf.codeplex.com中包含了很多官方/半官方的WPF资源，其中包括WPF工具包和一组非常漂亮的程序皮肤，这些皮肤以资源的形式放在XAML文件中，使用时仅需把相应的XAML文件添加进项目并使用Source属性进行引用，你的程序立刻就变得光鲜照人：

```
<Window.Resources>
    <ResourceDictionary Source="ShinyRed.xaml" />
</Window.Resources>
```

运行效果如图10-2所示。

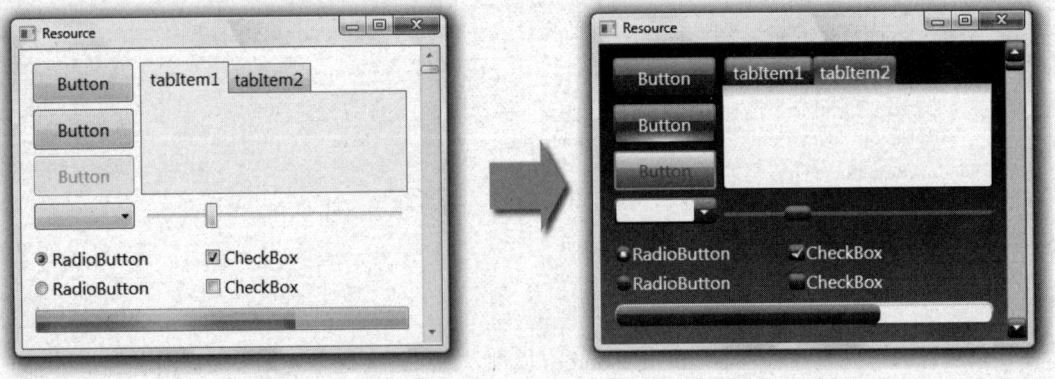

图10-2　运行效果

10.2 且"静"且"动"用资源

当资源被存储进资源词典后,我们可以通过两种方式来使用这些资源——静态方式和动态方式。Static 和 Dynamic 两个词是我们的老朋友了,当这对词一同出现的时候 Static 指的是程序的非执行状态而 Dynamic 指的是程序运行状态。对于资源的使用,Static 和 Dynamic 也是这个意思。静态资源使用(StaticResource)指的是在程序载入内存时对资源的一次性使用,之后就不再去访问这个资源了;动态资源使用(DynamicResource)使用指的是在程序运行过程中仍然会去访问资源。显然,如果你确定某些资源只在程序初始化的时候使用一次、之后不会再改变,就应该使用 StaticResource,而程序运行过程中还有可能改变的资源应该以 DynamicResource 形式使用。拿程序的主题来举例,如果程序皮肤的颜色在运行中始终不变,以 StaticResource 方式来使用资源就可以了;如果程序运行过程中允许用户更改程序皮肤的配色方案则必须以 DynamicResource 方式来使用资源。

请看下面的例子。我在 Window 的资源词典里放置了两个 TextBlock 类型资源并分别以 StaticResource 和 DynamicResource 方式来使用之:

```xml
<Window x:Class="WpfApplication1.Window1"
        xmlns="http://schemas.microsoft.com/winfx/2006/xaml/presentation"
        xmlns:x="http://schemas.microsoft.com/winfx/2006/xaml"
        Title="Static v.s. Dynamic" FontSize="16">
    <Window.Resources>
        <TextBlock x:Key="res1" Text="海上生明月" />
        <TextBlock x:Key="res2" Text="海上生明月" />
    </Window.Resources>
    <StackPanel>
        <Button Margin="5,5,5,0" Content="{StaticResource res1}" />
        <Button Margin="5,5,5,0" Content="{DynamicResource res2}" />
        <Button Margin="5,5,5,0" Content="Update" Click="Button_Click" />
    </StackPanel>
</Window>
```

界面上的第三个按钮负责在程序运行过程当中对资源词典里的两个资源进行改变:

```csharp
private void Button_Click(object sender, RoutedEventArgs e)
{
    this.Resources["res1"] = new TextBlock() { Text = "天涯共此时" };
    this.Resources["res2"] = new TextBlock() { Text = "天涯共此时" };
}
```

实际上,因为第一个按钮是以静态方式使用资源,所以尽管资源已经被更新它也不会知道。运行程序、单击第三个按钮，效果如图 10-3 所示。

图 10-3　运行效果

10.3　向程序添加二进制资源

对于资源这个概念，很多 WPF 的初学者会感到迷惑，因为早在 WPF 出现之前 Windows 应用程序就已经能够携带资源了。Windows 应用程序资源的道理与 WinZip 或 WinRAR 压缩包的道理差不多，实际上是把一些应用程序必须使用的资源与应用程序自身打包在一起，这样资源就不会意外丢失了（负作用就是应用程序体积会变大）。常见的应用程序资源有图标、图片、文本、音频、视频等，各种编程语言的编译器或资源编译器都有能力把这些文件编译进目标文件（最终的.exe 或.dll 文件），资源文件在目标文件里以二进制数据的形式存在、形成目标文件的资源段（Resource Section），使用时数据会被提取出来。（请参考 http://msdn.microsoft.com/en-us/magazine/cc301808.aspx）

为了不把资源词典里的资源和应用程序内嵌的资源搞混，我们明确地称呼资源词典里的资源为"WPF 资源"或"对象资源"，称呼应用程序的内嵌资源为"程序集资源"或"二进制资源"。特别提醒一点，WPF 程序中写在<Application.Resources>…</ApplicationResources>标签内的资源仍然是 WPF 资源而非二进制资源。

下面让我们看看如何向 WPF 程序添加二进制资源并使用他们。

如果要添加的资源是字符串而非文件，我们可以使用应用程序 Properties 名称空间中的 Resources.resx 资源文件。打开资源文件的方法是在项目管理器中展开 Properties 结点并双击 Resources.resx，如图 10-4 所示。

Resources.resx 文件内容的组织形式也是"键－值"对，编译后，Resources.resx 会形成 Properties 名称空间中的 Resources 类，使用这个类的方法或属性就能获取资源。为了让 XAML 编译器能够访问这个类，一定要把 Resources.resx 的访问级别由 Internal 改为 Public。利用资源文件编辑器，可在资源文件的字符串组里添加两个条目，然后分别在 XAML 和 C#代码中访问它们。

在 XAML 代码中使用 Resources.resx 中的资源，先要把程序的 Properties 名称空间映射为 XAML 名称空间，然后使用 x:Static 标签扩展来访问资源：

```
<Window x:Class="WpfApplication1.Window1"
    xmlns="http://schemas.microsoft.com/winfx/2006/xaml/presentation"
```

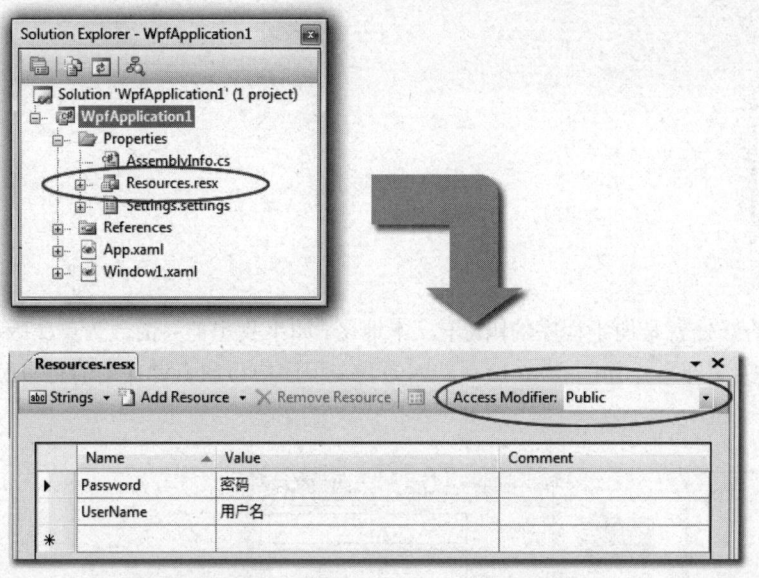

图 10-4　添加字符串资源

```
        xmlns:x="http://schemas.microsoft.com/winfx/2006/xaml"
        xmlns:prop="clr-namespace:WpfApplication1.Properties"
        Title="Binary Resource">
    <Grid Margin="5">
        <Grid.ColumnDefinitions>
            <ColumnDefinition Width="Auto" />
            <ColumnDefinition Width="4" />
            <ColumnDefinition Width="*" />
        </Grid.ColumnDefinitions>
        <Grid.RowDefinitions>
            <RowDefinition Height="23" />
            <RowDefinition Height="4" />
            <RowDefinition Height="23" />
        </Grid.RowDefinitions>
        <TextBlock Text="{x:Static prop:Resources.UserName}" />
        <TextBlock x:Name="textBlockPassword" Grid.Row="2" />
        <TextBox BorderBrush="Black" Grid.Column="2" />
        <TextBox BorderBrush="Black" Grid.Column="2" Grid.Row="2" />
    </Grid>
</Window>
```

C#代码中访问 Resources.resx 中的资源与使用一般别无二致：

```
public Window1()
{
    InitializeComponent();
    this.textBlockPassword.Text = Properties.Resources.Password;
}
```

运行效果如图 10-5 所示。

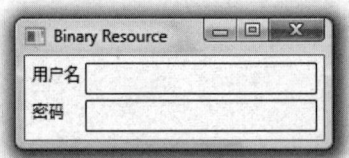

图 10-5　运行效果

使用 Resources.resx 最大的好处就是便于程序的国际化、本地化。如果我想把界面改为英文版，只需要把资源的值改为相应的英文即可，如图 10-6 所示。因为我在程序中访问资源使用的是资源的名，所以代码无需改动。

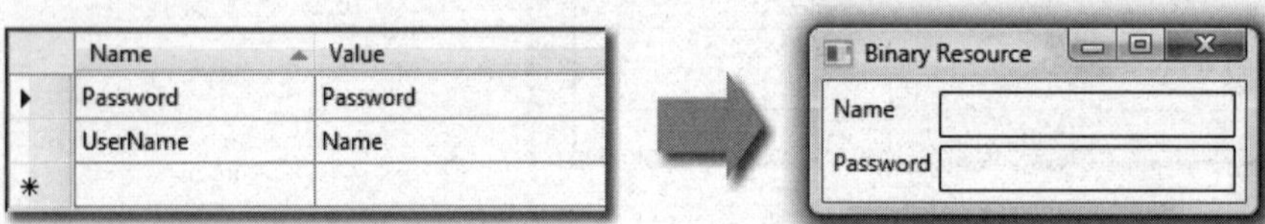

图 10-6　使用 Resources.resx 的好处

如果需要添加的资源不是字符串而是图标、图片、音频或视频，方法就不是使用 Resources.resx 了，WPF 不支持这样做。在 WPF 中使用外部文件作为资源，仅需简单地将其加入项目即可。方法是在项目管理器中右击项目名称，在弹出菜单里选择 Add→New Folder，按需要新建几层文件夹来组织资源，然后在恰当的文件夹上右击，在弹出菜单里选择 Add→Existing Item…，在文件对话框里选择文件后单击 Add 按钮，文件就以资源形式加入到项目中了。

如果在程序中添加了一个 mp3 文件和一张图片，如图 10-7 所示，结果文件的体积就会膨胀好几兆：

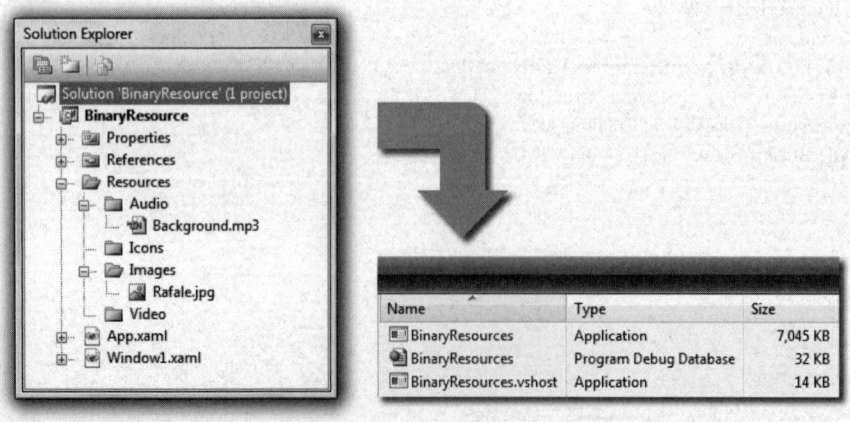

图 10-7　在程序中添加一个 mp3 和一张图片

> **注意**
> 有一点特别提醒大家注意,那就是如果想让外部文件编译进目标成为二进制资源,必须在属性窗口中把文件的 Build Action 属性值设为 Resource(如图 10-8 所示)。并不是每种文件都会自动设为 Resource,比如图片文件会、mp3 文件就不会。一般情况下如果 Build Action 属性被设为 Resource,则 Copy to Output Directory 属性就设为 Do not copy;如果不希望以资源的形式使用外部文件,可以把 Build Action 设为 None,而把 Copy to Output Directory 设为 Copy always。另外,Build Action 属性的下拉列表里有一个颇具迷惑性的值 Embedded Resource,不要选择这个值。

图 10-8　设置文件的 BuildAction 属性

10.4　使用 Pack URI 路径访问二进制资源

好了!二进制资源已经被添加进我们的程序,怎样才能访问到它们呢?

WPF 对二进制资源的访问有自己的一套方法,称为 Pack URI 路径。有时候死记硬背既能帮助读者快速学习又能帮助作者偷点小懒,比如 WPF 的 Pack URI 路径,你只需要记住这样的格式即可:

pack://application:,,,[/程序集名称;][可选版本号;][文件夹名称/]文件名称

而实际上因为 pack://application:,,, 可以省略、程序集名称和版本号常使用缺省值,所以剩下的就只有这个了:

[文件夹名称/]文件名称

前面例子中我们向资源中添加了一张名为 Rafale.jpg 的图片,它在项目里的路径是 Resources/Images/Rafale.jpg,原封不动使用这个路径就可以访问此图片了。我们用这个图片填充一个<Image/>元素并把<Image/>元素作为窗体的背景:

```
<Window x:Class="WpfApplication1.Window1"
        xmlns="http://schemas.microsoft.com/winfx/2006/xaml/presentation"
        xmlns:x="http://schemas.microsoft.com/winfx/2006/xaml"
        Title="Binary Resource">
    <Grid>
        <Image x:Name="ImageBg" Source="Resources/Images/Rafale.jpg" Stretch="Fill" />
```

        </Grid>
</Window>

或：

```
<Window x:Class="WpfApplication1.Window1"
        xmlns="http://schemas.microsoft.com/winfx/2006/xaml/presentation"
        xmlns:x="http://schemas.microsoft.com/winfx/2006/xaml" Title="Binary Resource">
    <Grid>
        <Image x:Name="ImageBg"
               Source="pack://application:,,,/Resources/Images/Rafale.jpg"
               Stretch="Fill" />
    </Grid>
</Window>
```

与之等价的 C#代码如下：

```csharp
public Window1()
{
    InitializeComponent();

    Uri imgUri = new Uri(@"Resources/Images/Rafale.jpg", UriKind.Relative);
    this.ImageBg.Source = new BitmapImage(imgUri);
}
```

或：

```csharp
public Window1()
{
    InitializeComponent();

    Uri imgUri = new Uri(@"pack://application:,,,/Resources/Images/Rafale.jpg", UriKind.Absolute);
    this.ImageBg.Source = new BitmapImage(imgUri);
}
```

运行效果如图 10-9 所示。

图 10-9　运行效果

注意

在使用 Pack URI 路径时有几点需要注意：
- Pack URI 使用从右向左的正斜线（/）表示路径。
- 使用缩略写法意味着是相对路径，C#代码中的 UriKind 必须为 Relative 而且代表根目录的/可以省略。
- 使用完整写法时是绝对路径，C#代码中的 UriKind 必须为 Absolute 并且代表根目录的/不能省略。
- 使用相对路径时可以借助类似 DOS 的语法进行导航，比如./代表同级目录、../代表父级目录。

11
深入浅出话模板

图形用户界面应用程序较之控制台界面应用程序最大的好处就是界面友好、数据显示直观。CUI 程序中数据只能以文本的形式线性显示，GUI 程序则允许数据以文本、列表、图形等多种形式立体显示。

用户体验在 GUI 程序设计中起着举足轻重的作用——用户界面设计成什么样子看上去才够漂亮？控件如何安排才简单易用并且少犯错误？这些都是设计师需要考虑的问题。WPF 系统不但支持传统 Windows Forms 编程的用户界面和用户体验设计，更支持使用专门设计工具 Microsoft Expression Blend 进行专业设计，同时还推出了以模板为核心的新一代设计理念。

本章我们就一同来领略 WPF 强大的模板功能的风采。

11.1 模板的内涵

从字面上看，模板就是"具有一定规格的样板"，有了模板，就可以依照它制造很多一样的实例。我们常把看起来一样的东西称为"一个模子里刻出来的"就是这个道理。然而，WPF 中模板的内涵远比这个要深刻。

Binding 和基于 Binding 的数据驱动界面是 WPF 的核心部分，WPF 最精彩的部分是什么呢？依我看，既不是美轮美奂的 3D 图形，也不是炫丽夺目的动画，而是有些默默无闻的模板（Template）。实际上，就连 2D/3D 绘图和动画也常常是为它锦上添花。

Template 究竟具有什么能力使得它在 WPF 体系中获此殊荣呢？这还要从哲学谈起，"形而上者谓之道，形而下者谓之器"，这句话出自《易经》，大意是说在我们能够观察到的世间万物的形象之上抽象的结果就是思维，而形象之下掩盖的则是其本质。显然，古人已经注意到"形"是连接本质与思维的枢纽，让我们把这句话引入计算机世界。

- "形而上者谓之道"指的就是基于现实世界对万物进行抽象封装、理顺它们之间的关系，这个"道"不就是面向对象思想吗！如果把面向对象思想进一步提升、总结出对象之间的最优组合关系，"道"就上升为设计模式思想。

- "形而下者谓之器"指的是我们能观察到的世间万物都是物质本质内容的表现形式，"本质与表现"或者说"内容与形式"是哲学范畴内的一对矛盾统一体。

软件开发之"道"并非本书研究的主要内容，本书研究的是 WPF。WPF 的全称是 Windows Presentation Foundation，Presentation 一词的意思就是外观、呈现、表现，也就是说，在 Windows GUI 程序这个尺度上，WPF 扮演的就是"形"的角色、是程序的外在"形式"，而程序的"内容"仍然是由数据和算法构成的业务逻辑。与 WPF 类似，Windows Forms 和 ASP.NET 都是程序内容的表现形式，如图 11-1 所示。

让我们把尺度缩小到 WPF 系统内部。这个系统与程序内容（业务逻辑）的边界是 Binding，Binding 把数据源源不断地从程序内部送出来、交由界面元素来显示，又把从界面元素收集来的数据传送回程序内部。界面元素间的沟通则依靠路由事件来完成，有时候路由事件和附加事件也会参与到数据的传输中。让我们思考一个问题：WPF 作为 Windows 程序的表示方式，它究竟在表示什么？换句话说，WPF 作为一种"形式"，它要表现的"内容"究竟是什么？答案是：程序的数据和算法——Binding 传递的是数据，事件参数携带的也是

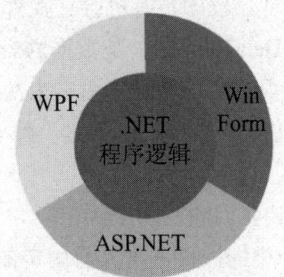

图 11-1　WPF 与 Windows Forms 和 ASP.NET 的关系

数据；方法和委托的调用是算法，事件传递消息也是算法……数据在内存里就是一串串数字或字符，算法是一组组看不见摸不着的抽象逻辑，如何恰如其分地把它们展现给用户呢？

假如想表达一个 bool 类型数据，同时还想表达用户可以在这两个值之间自由切换这样一个算法，你会怎么做？你一定会想到使用一个 CheckBox 控件来满足要求；再比如颜色值实际上是一串数字，而用户基本上不可能只看这串数字就能想象出真正的颜色，而且用户也不希望只能靠输入字符来设置颜色值，这时，颜色值这一"数据内容"的恰当表现形式就是一个填充着真实颜色的色块，而用户既可以输入值又可以用取色管取色来设置颜色值的"算法内容"恰当的表达方式是创建一个 ColorPicker 控件。相信你已经发现，控件（Control）是数据内容表现形式和算法内容表现形式的双重载体。换句话说，控件既是数据的表现形式让用户可以直观地看到数据，又是算法的表现形式让用户方便地操作逻辑。

作为"表现形式"，每个控件都是为了实现某种用户操作算法和直观显示某种数据而生，一个控件看上去是什么样子由它的"算法内容"和"数据内容"决定，这就是内容决定形式。这里，我们引入两个概念：

- 控件的"算法内容"：指控件能展示哪些数据、具有哪些方法、能响应哪些操作、能激发什么事件，简而言之就是控件的功能，它们是一组相关的算法逻辑。
- 控件的"数据内容"：控件所展示的具体数据是什么。

以往的 GUI 开发技术（如 Windows Forms 和 ASP.NET）中，控件内部的逻辑和数据是固定的，程序员不能改变；对于控件的外观，程序员能做的改变也非常有限，一般也就是设置控件的属性，想改变控件的内部结构是不可能的。如果想扩展一个控件的功能或者更改其外观让其更适应业务逻

辑,哪怕只有一丁点改变,也经常需要创建控件的子类或者创建用户控件(UserControl)。造成这个局面的根本原因就是数据和算法的"形式"与"内容"耦合的太紧了。

在 WPF 中,通过引入模板(Template)微软将数据和算法的"内容"与"形式"解耦了。WPF 中的 Template 分为两大类:

- ControlTemplate 是算法内容的表现形式,一个控件怎样组织其内部结构才能让它更符合业务逻辑、让用户操作起来更舒服就是由它来控制的。它决定了控件"长成什么样子",并让程序员有机会在控件原有的内部逻辑基础上扩展自己的逻辑。
- DataTemplate 是数据内容的表现形式,一条数据显示成什么样子,是简单的文本还是直观的图形动画就由它来决定。

一言蔽之,Template 就是"外衣"——ControlTemplate 是控件的外衣,DataTemplate 是数据的外衣。

下面让我们欣赏两个例子。

WPF 中的控件不再具有固定的形象,仅仅是算法内容或数据内容的载体。你可以把控件理解为一组操作逻辑穿上了一套衣服,换套衣服它就能变成另外一个模样。你看到的控件默认形象实际上就是出厂时微软为它穿上的默认服装。看到下面图中的温度计,你是不是习惯性地猜想这是一个由若干控件和图形拼凑起来的 UserControl 呢?实际上它是一个 ProgressBar 控件,只是我们的设计师为它设计了一套新衣服——这套衣服改变了一些颜色、添加了一些装饰品和刻度线并移除了脉搏动画,如图 11-2 所示。

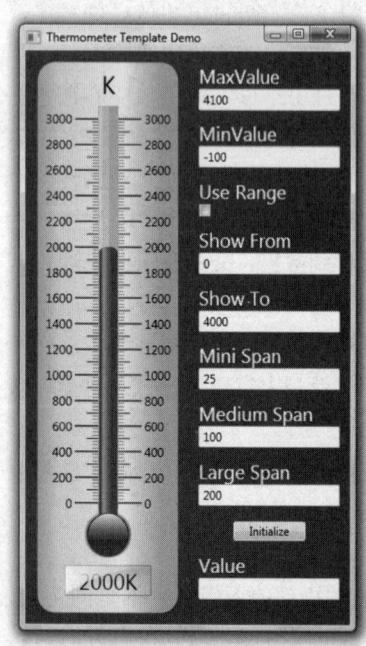

图 11-2　ProgressBar 控件制作的温度计

WPF 中的数据显示成什么样子也可以自由设定。比如下面这张图中，只是为数据条目准备了一个 DataTemplate，在这个 DataTemplate 中用 Binding 把一个 TextBlock 的 Text 属性关联到数据对象的 Year 属性上、把一个 Rectangle 的 Width 属性和另一个 TextBlock 的 Text 属性都关联在数据对象的 Price 属性上，并使用 StackPanel 和 Grid 对这几个控件布局。一旦应用这个 DataTemplate，单调的数据就变成了直观的柱状图，如图 11-3 所示。以往这项工作不但需要先创建用于显示数据的 UserControl，还要为 UserControl 添加显示/回写数据的代码。

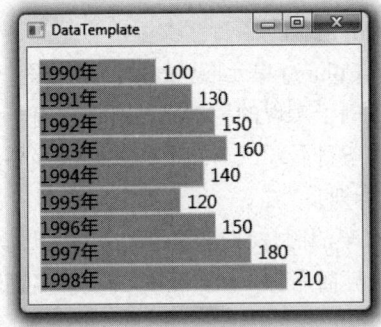

图 11-3　DataTemplate 示例

如果别的项目组也喜欢这个柱状图，你要做的事情只是把 DataTemplate 的 XAML 代码发给他们。它的代码如下：

```xml
<DataTemplate>
    <Grid>
        <StackPanel Orientation="Horizontal">
            <Grid>
                <Rectangle Stroke="Yellow" Fill="Orange" Width="{Binding Price}" />
                <TextBlock Text="{Binding Year}" />
            </Grid>
            <TextBlock Text="{Binding Price}" Margin="5,0" />
        </StackPanel>
    </Grid>
</DataTemplate>
```

我想，尽管你还没有学习什么是 DataTemplate，但借着前面学习的基础也一样能看个八九不离十。

11.2　数据的外衣 DataTemplate

"横看成岭侧成峰，远近高低各不同"，庐山美景如此，数据又何尝不是这样呢？同样一条数据，比如具有 Id、Name、PhoneNumber、Address 等属性的 Student 实例，放在 GridView 里有时可能就是简单的文本、每个单元格只显示一个属性；放在 ListBox 里有时为了避免单调可以在最左端显示 64*64 的头像，再将其他属性分两行排列在后面；如果是单独显示一个学生的信息则可以用类似简历的复杂格式来展现学生的全部数据。一样的内容可以用不同的形式来展现,软件设计称之为"数据-视图"(Data-View)模式。以往的开发技术,如 MFC、Windows Forms、ASP.NET 等,视图要靠 UserControl 来实现,WPF 不但支持 UserControl 还支持用 DataTemplate 为数据形成视图。别以为 DataTemplate 有多难哦!从 UserControl 升级到 DataTemplate 一般就是复制、粘贴一下再改几个字符的事儿。

DataTemplate 常用的地方有 3 处,分别是:
- ContentControl 的 ContentTemplate 属性,相当于给 ContentControl 的内容穿衣服。
- ItemsControl 的 ItemTemplate 属性,相当于给 ItemsControl 的数据条目穿衣服。
- GridViewColumn 的 CellTemplate 属性,相当于给 GridViewColumn 单元格里的数据穿衣服。

让我们用一个例子对比 UserControl 与 DataTemplate 的使用。例子实现的需求是这样的:有一列汽车的数据,这列数据显示在一个 ListBox 里,要求 ListBox 的条目显示汽车的厂商图标和简要参数,单击某个条目后在窗体的详细内容区域显示汽车的照片和详细参数。

无论是使用 UserControl 还是 DataTemplate,厂商的 Logo 和汽车的照片都是要用到的,所以先在项目中建立资源管理目录并把图片添加进来。Logo 的文件名与厂商名称一致,照片的文件名则与车名一致。组织结构如图 11-4 所示。

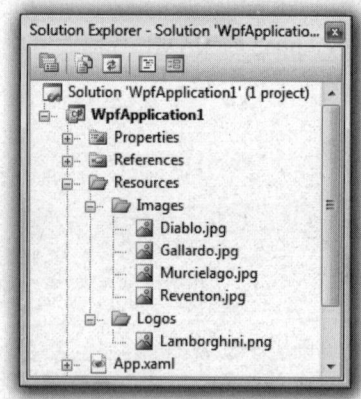

图 11-4 资源管理目录的组织结构图

首先创建 Car 数据类型:

```
public class Car
{
    public string Automaker { get; set; }
    public string Name { get; set; }
    public string Year { get; set; }
    public string TopSpeed { get; set; }
}
```

为了在 ListBox 里显示 Car 类型数据,我们需要准备一个 UserControl,命名为 CarListItemView。

这个 UserControl 由一个 Car 类型实例在背后支持，当设置这个实例的时候，界面元素将实例的属性值显示在各个控件里。CarListItemView 的 XAML 部分代码如下：

```xml
<UserControl x:Class="WpfApplication1.CarListItemView"
    xmlns="http://schemas.microsoft.com/winfx/2006/xaml/presentation"
    xmlns:x="http://schemas.microsoft.com/winfx/2006/xaml">
    <Grid Margin="2">
        <StackPanel Orientation="Horizontal">
            <Image x:Name="imageLogo" Grid.RowSpan="3" Width="64" Height="64" />
            <StackPanel Margin="5,10">
                <TextBlock x:Name="textBlockName" FontSize="16" FontWeight="Bold" />
                <TextBlock x:Name="textBlockYear" FontSize="14" />
            </StackPanel>
        </StackPanel>
    </Grid>
</UserControl>
```

CarListItemView 用于支持前台显示的属性 C#代码如下：

```csharp
private Car car;
public Car Car
{
    get { return car; }
    set
    {
        car = value;
        this.textBlockName.Text = car.Name;
        this.textBlockYear.Text = car.Year;
        string uriStr = string.Format(@"/Resources/Logos/{0}.png", car.Automaker);
        this.imageLogo.Source = new BitmapImage(new Uri(uriStr, UriKind.Relative));
    }
}
```

类似的原理，我们需要为 Car 类型数据准备一个详细信息的视图。UserControl 名称为 CarDetailView，XAML 部分代码如下：

```xml
<UserControl x:Class="WpfApplication1.CarDetailView"
    xmlns="http://schemas.microsoft.com/winfx/2006/xaml/presentation"
    xmlns:x="http://schemas.microsoft.com/winfx/2006/xaml">
    <Border BorderBrush="Black" BorderThickness="1" CornerRadius="6">
        <StackPanel Margin="5">
            <Image x:Name="imagePhoto" Width="400" Height="250" />
            <StackPanel Orientation="Horizontal" Margin="5,0">
                <TextBlock Text="Name:" FontWeight="Bold" FontSize="20" />
                <TextBlock x:Name="textBlockName" FontSize="20" Margin="5,0" />
            </StackPanel>
            <StackPanel Orientation="Horizontal" Margin="5,0">
```

```xml
            <TextBlock Text="Automaker:" FontWeight="Bold" />
            <TextBlock x:Name="textBlockAutomaker" Margin="5,0" />
            <TextBlock Text="Year:" FontWeight="Bold" />
            <TextBlock x:Name="textBlockYear" Margin="5,0" />
            <TextBlock Text="Top Speed:" FontWeight="Bold" />
            <TextBlock x:Name="textBlockTopSpeed" Margin="5,0" />
        </StackPanel>
    </StackPanel>
  </Border>
</UserControl>
```

后台支持数据大同小异:

```csharp
private Car car;
public Car Car
{
    get { return car; }
    set
    {
        car = value;
        this.textBlockName.Text = car.Name;
        this.textBlockYear.Text = car.Year;
        this.textBlockTopSpeed.Text = car.TopSpeed;
        this.textBlockAutomaker.Text = car.Automaker;
        string uriStr = string.Format(@"/Resources/Images/{0}.jpg", car.Name);
        this.imagePhoto.Source = new BitmapImage(new Uri(uriStr, UriKind.Relative));
    }
}
```

最后把它们组装到主窗体上:

```xml
<Window x:Class="WpfApplication1.Window1"
        xmlns="http://schemas.microsoft.com/winfx/2006/xaml/presentation"
        xmlns:x="http://schemas.microsoft.com/winfx/2006/xaml"
        xmlns:local="clr-namespace:WpfApplication1"
        Height="350" Width="623" Title="UserControl">
    <StackPanel Orientation="Horizontal" Margin="5">
        <local:CarDetailView x:Name="detailView" />
        <ListBox x:Name="listBoxCars" Width="180" Margin="5,0"
                 SelectionChanged="listBoxCars_SelectionChanged" />
    </StackPanel>
</Window>
```

窗体的后台代码如下:

```csharp
public partial class Window1 : Window
{
    // 构造器
```

```csharp
public Window1()
{
    InitializeComponent();
    InitialCarList();
}

// 初始化 ListBox
private void InitialCarList()
{
    List<Car> carList = new List<Car>()
    {
        new Car(){ Automaker="Lamborghini", Name="Diablo",    Year="1990", TopSpeed="340"},
        new Car(){ Automaker="Lamborghini", Name="Murcielago", Year="2001", TopSpeed="353"},
        new Car(){ Automaker="Lamborghini", Name="Gallardo",  Year="2003", TopSpeed="325"},
        new Car(){ Automaker="Lamborghini", Name="Reventon",  Year="2008", TopSpeed="356"},
    };

    foreach (Car car in carList)
    {
        CarListItemView view = new CarListItemView();
        view.Car = car;
        this.listBoxCars.Items.Add(view);
    }
}

// 选项变化事件的处理器
private void listBoxCars_SelectionChanged(object sender, SelectionChangedEventArgs e)
{
    CarListItemView view = e.AddedItems[0] as CarListItemView;
    if (view != null)
    {
        this.detailView.Car = view.Car;
    }
}
```

运行程序并单击 ListBox 里的条目，效果如图 11-5 所示。

很难说这样做是错的，但在 WPF 里如此实现需求真是浪费了数据驱动界面这一重要功能。我们常说的"把 WPF 当作 Windows Forms 来用"指的就是这种实现方法。这种方法对 WPF 最大的曲解在于没有借助 Binding 实现数据驱动界面，并且认为 ListBox.Items 属性里放置的是控件——这种曲解迫使数据在界面元素间交换并且程序员只能使用事件驱动方式来实现逻辑——程序员必须借助处理 ListBox 的 SelectionChanged 事件来推动 CarDetailView 来显示数据，而数据又是由 CarListItemView 控件转交给 CarDetailView 控件的，之间还做了一次类型转换。图 11-6 用于说明目前的事件驱动模式与期望中数据驱动界面模式的不同：

图 11-5 运行效果

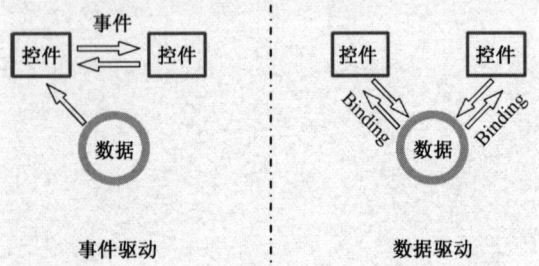

图 11-6 事件驱动模式与数据驱动模式的区别

显然，事件驱动是控件和控件之间沟通或者说是形式与形式之间的沟通，数据驱动则是数据与控件之间的沟通、是内容决定形式。使用 DataTemplate 就可以很方便地把事件驱动模式升级为数据驱动模式。

你是不是在担心前面写的代码会被删掉呢？不会的！由 UserControl 升级为 DataTemplate 时 90%的代码可以原样拷贝，另 10%可以放心删除，再做一点点改动就可以了。让我们开始吧！

首先把两个 UserControl 的"芯"剪切出来，用<DataTemplate>标签包装，再放进主窗体的资源词典里。最重要的一点是为 DataTemplate 里的每个控件设置 Binding，告诉各个控件应该关注数据的哪个属性。因为使用 Binding 在控件与数据间建立关联，免去了在 C#代码中访问界面元素，所以 XAML 代码中的大多数 x:Name 都可以去掉，代码看上去地简洁不少。

有些属性的值不能直接拿来用，比如汽车的厂商和名称不能直接拿来作为图片的路径，这时就要使用 Converter。有两种办法可以在 XAML 代码中使用 Converter：

- 把 Converter 以资源的形式放在资源词典里（本例使用的方法）。
- 为 Converter 准备一个静态属性，形成单件模式，在 XAML 代码里使用{x:Static}标签扩展来访问。

我们的两个 Converter 代码如下：

```csharp
// 厂商名称转换为 Logo 图片路径
public class AutomakerToLogoPathConverter : IValueConverter
{
    // 正向转换
    public object Convert(object value, Type targetType, object parameter, CultureInfo culture)
    {
        string uriStr = string.Format(@"/Resources/Logos/{0}.png", (string)value);
        return new BitmapImage(new Uri(uriStr, UriKind.Relative));
    }

    // 未被用到
    public object ConvertBack(object value, Type targetType, object parameter, CultureInfo culture)
    {
        throw new NotImplementedException();
    }
}

// 汽车名称转换为照片路径
public class NameToPhotoPathConverter : IValueConverter
{
    // 正向转换
    public object Convert(object value, Type targetType, object parameter, CultureInfo culture)
    {
        string uriStr = string.Format(@"/Resources/Images/{0}.jpg", (string)value);
        return new BitmapImage(new Uri(uriStr, UriKind.Relative));
    }

    // 未被用到
    public object ConvertBack(object value, Type targetType, object parameter, CultureInfo culture)
    {
        throw new NotImplementedException();
    }
}
```

有了这两个 Converter 之后我们就可以设计 DataTemplate 了。窗体完整的 XAML 代码如下：

```xml
<Window x:Class="WpfApplication1.Window1"
    xmlns="http://schemas.microsoft.com/winfx/2006/xaml/presentation"
    xmlns:x="http://schemas.microsoft.com/winfx/2006/xaml"
    xmlns:local="clr-namespace:WpfApplication1" Height="350" Width="623"
    Title="DataTemplate">
    <Window.Resources>
```

```xml
<!--Converters-->
<local:AutomakerToLogoPathConverter x:Key="a2l" />
<local:NameToPhotoPathConverter x:Key="n2p" />
<!--DataTemplate for Detail View-->
<DataTemplate x:Key="carDetailViewTemplate">
    <Border BorderBrush="Black" BorderThickness="1" CornerRadius="6">
        <StackPanel Margin="5">
            <Image Width="400" Height="250"
                   Source="{Binding Name, Converter={StaticResource n2p}}" />
            <StackPanel Orientation="Horizontal" Margin="5,0">
                <TextBlock Text="Name:" FontWeight="Bold" FontSize="20" />
                <TextBlock Text="{Binding Name}" FontSize="20" Margin="5,0" />
            </StackPanel>
            <StackPanel Orientation="Horizontal" Margin="5,0">
                <TextBlock Text="Automaker:" FontWeight="Bold" />
                <TextBlock Text="{Binding Automaker}" Margin="5,0" />
                <TextBlock Text="Year:" FontWeight="Bold" />
                <TextBlock Text="{Binding Year}" Margin="5,0" />
                <TextBlock Text="Top Speed:" FontWeight="Bold" />
                <TextBlock Text="{Binding TopSpeed}" Margin="5,0" />
            </StackPanel>
        </StackPanel>
    </Border>
</DataTemplate>
<!--DataTemplate for Item View-->
<DataTemplate x:Key="carListItemViewTemplate">
    <Grid Margin="2">
        <StackPanel Orientation="Horizontal">
            <Image Source="{Binding Automaker, Converter={StaticResource a2l}}"
                   Grid.RowSpan="3" Width="64" Height="64" />
            <StackPanel Margin="5,10">
                <TextBlock Text="{Binding Name}" FontSize="16" FontWeight="Bold" />
                <TextBlock Text="{Binding Year}" FontSize="14" />
            </StackPanel>
        </StackPanel>
    </Grid>
</DataTemplate>
</Window.Resources>
<!--窗体的内容-->
<StackPanel Orientation="Horizontal" Margin="5">
    <UserControl ContentTemplate="{StaticResource carDetailViewTemplate}"
                 Content="{Binding SelectedItem, ElementName=listBoxCars}" />
```

```xml
        <ListBox x:Name="listBoxCars" Width="180" Margin="5,0"
                 ItemTemplate="{StaticResource carListItemViewTemplate}" />
    </StackPanel>
</Window>
```

代码对于初学者稍微长了点但结构非常简单。其中最重要的两句是：

- ContentTemplate="{StaticResource carDetailViewTemplate}"，相当于给一个普通 UserControl 的数据内容穿上一件外衣、让 Car 类型数据以图文并茂的形式展现出来。这件外衣就是以 x:Key="carDetailViewTemplate"标记的 DataTemplate 资源。
- ItemTemplate="{StaticResource carListItemViewTemplate}"，是把一件数据的外衣交给 ListBox，当 ListBox.ItemsSource 被赋值时，ListBox 会为每个条目穿上这件外衣。这件外衣是以 x:Key="carListItemViewTemplate"标记的 DataTemplate 资源。

因为不再使用事件驱动，而且给数据穿衣服的事儿也已自动完成，所以后台的 C#代码就非常简单了。窗体的 C#代码就只剩下这些：

```csharp
public partial class Window1 : Window
{
    // 构造器
    public Window1()
    {
        InitializeComponent();
        InitialCarList();
    }

    // 初始化 ListBox
    private void InitialCarList()
    {
        List<Car> carList = new List<Car>()
        {
            new Car(){ Automaker="Lamborghini", Name="Diablo",    Year="1990", TopSpeed="340"},
            new Car(){ Automaker="Lamborghini", Name="Murcielago", Year="2001", TopSpeed="353"},
            new Car(){ Automaker="Lamborghini", Name="Gallardo",  Year="2003", TopSpeed="325"},
            new Car(){ Automaker="Lamborghini", Name="Reventon",  Year="2008", TopSpeed="356"},
        };

        // 填充数据源
        this.listBoxCars.ItemsSource = carList;
    }
}
```

运行程序，效果如图 11-7 所示，与先前使用 UserControl 实现的没有任何区别。用户永远不会知道程序员在后台使用了什么样的技术与模式，但作为程序员，我们可以清楚地体会到使用 DataTemplate 可以让程序结构更清晰、代码更简洁、维护更方便。不夸张地说，是 DataTemplate

帮助彻底完成了"数据驱动界面",让 Binding 和数据关联渗透到用户界面的每一个细胞中。

图 11-7　使用 DataTemplate 后的运行效果

11.3　控件的外衣 ControlTemplate

每每提到 ControlTemplate,我都会想起"披着羊皮的狼"这句话——披上羊皮之后,虽然看上去像是只羊,但其行为仍然是匹狼。狼的行为指的是它会做吃别的动物、对着满月嚎叫等事情,控件也有自己的行为,比如显示数据、执行方法、激发事件等。控件的行为要靠编程逻辑来实现,所以也可把控件的行为称为控件的算法内容。举个例子,WPF 中的 CheckBox 与其基类 ToggleButton 在功能上几乎完全一样,但外观上区别却非常大,这就是更换 ControlTemplate 的结果。经过更换 ControlTemplate,我们不但可以制作出披着 CheckBox 外衣的 ToggleButton,还能制作出披着温度计外衣的 ProgressBar 控件。

> **注意**
> 实际项目中,ControlTemplate 主要有两大用武之地:
> - 通过更换 ControlTemplate 改变控件外观,使之具有更优的用户使用体验及外观。
> - 借助 ControlTemplate,程序员与设计师可以并行工作,程序员可以先用 WPF 标准控件进行编程,等设计师的工作完成后,只需把新的 ControlTemplate 应用到程序中就可以了。

较之传统 GUI 开发,这两点都能极大地提高工作效率。第一点让程序更换皮肤变得非常容易,第二点则解决了团队分工与合作的问题。比如程序员 A 在开发一个物理实验仿真程序时需要一个温度计组件,他请程序员 B 来制作这个组件,程序员 B 和设计师 C 共同完成组件开发。A 可以要求 B 在实现这个组件时暴露的接口与 ProgressBar 保持一致并先用 ProgressBar 替代,这需要 B 使用装饰者模式小心编程,A 还要冒点小风险,万一 B 实现的接口与 ProgressBar 有出入,替换控件的时候就麻烦了(替换控件需要添加程序集引用、名称空间引用,本身就已经够麻烦了)。A 也可以不要求 B 一定按照 ProgressBar 的接口来编程,A 可以先去写别的部分,等 B 的工作完成后再读一读新控件的文档然后继续这部分工作,而实际工作中,有没有文档是一回事,读别人的文档或代码本身就挺浪费时间。使用 ControlTemplate 情况会好很多,A 可以直接用 ProgressBar、读着 MSDN 文档来编程,并请设计师 C 来完成一个让 ProgressBar 看起来像是个温度计的 ControlTemplate,C 的工作完成后只需要把一段 XAML 代码拷贝到程序中并应用新的 ControlTemplate,工作就完成了——省人、省时、省力、省心。

如何为控件设计 ControlTemplate 呢?首先需要你了解每个控件的内部结构。你可能会问:"在哪儿可以查到控件的内部结构呢?"。没有文档可查,想知道一个控件的内部结构就必须把控件"打碎"了看一看。用于打碎控件、查看内部结构的工具就是 Microsoft Expression 套装中的 Blend,目前最新的版本是 Blend 3.0。

11.3.1 庖丁解牛看控件

挑柿子得找软的捏,剖析控件也得先从结构简单的入手。TextBox 和 Button 最简单,我们就从这两个控件开始。运行 Blend,新建一个 WPF 项目(或者打开一个由 VS 2008 创建的 WPF 项目),先把窗体的背景色改为线性渐变,再在窗体的主容器 Grid 里画上两个 TextBox 和一个 Button。对于程序员来说,完全可以把 Blend 理解为一个功能更强大的窗体设计器,而对于设计师来说,可以把 Blend 理解为会写 XAML 代码的 Photoshop 或 Fireworks。程序运行效果如图 11-8 所示。

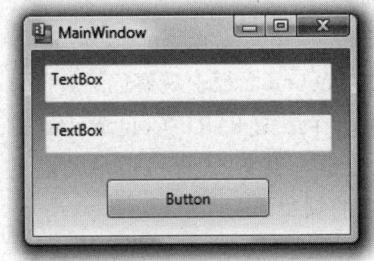

图 11-8 运行效果

现在的 TextBox 方方正正、有楞有角,与窗体和 Button 的圆角风格不太协调,怎样让它的边框变为圆角矩形呢?传统的方法可能是创建一个 UserControl 并在 TextBox 外套上一个 Border,然后还要声明一些属性和方法暴露封装在 UserControl 里的 TextBox 上。我们的办法是在 TextBox 上右击,在弹出菜单中选择 Edit Template→Edit a Copy…,如图 11-9 所示。

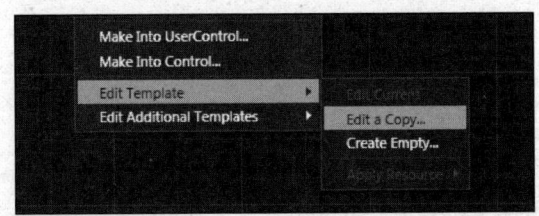

图 11-9 打开菜单

之所以不选择 Create Empty 是因为 Create Empty 是从头开始设计一个控件的 ControlTemplate，新做衣服哪如改衣服快呀！单击菜单项后弹出资源对话框，尽管可以用 C#代码来创建 ControlTemplate，但绝大多数情况下 ControlTemplate 是由 XAML 代码编写的并放在资源词典里，所以才会弹出对话框询问你资源的 x:Key 是什么、打算把资源放在哪里。作为资源，ControlTemplate 可以放在三个地方：Application 的资源词典里、某个界面元素的资源词典里，或者放在外部 XAML 文件中（请大家回顾第 10 章）。我们选择把它放在 Application 的资源词典里以便统一管理，并命名为 RoundCornerTextBoxStyle，如图 11-10 所示。

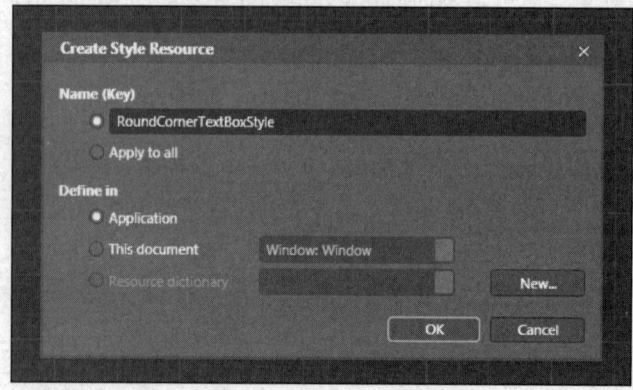

图 11-10　资源对话框

单击 OK 按钮便进入了控件的模板的编辑状态。在 Objects and Timeline 面板中观察已经解剖开的 TextBox 控件，发现它是由一个名为 Bd 的 ListBoxChrome 套着一个名为 PART_ContentHost 的 ScrollViewer 组成的（如图 11-11 所示）。为了显示圆角矩形边框，我们只需要把最外层的 ListBoxChrome 换成 Border、删掉 Border 不具备的属性值、设置它的圆角弧度即可。

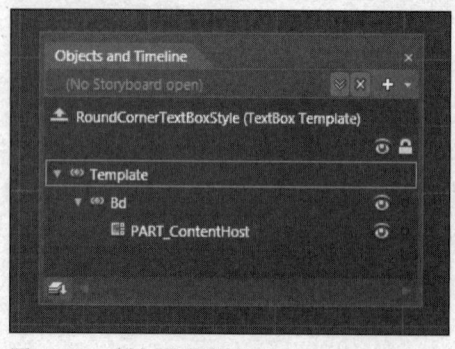

图 11-11　模板的编辑状态

更改后的核心代码如下：

```
<Style x:Key="RoundCornerTextBoxStyle" BasedOn="{x:Null}" TargetType="{x:Type TextBox}">
    <Setter Property="Template">
```

```xml
        <Setter.Value>
            <ControlTemplate TargetType="{x:Type TextBox}">
                <Border x:Name="Bd" SnapsToDevicePixels="true"
                        Background="{TemplateBinding Background}"
                        BorderBrush="{TemplateBinding BorderBrush}"
                        BorderThickness="{TemplateBinding BorderThickness}"
                        CornerRadius="5">
                    <ScrollViewer x:Name="PART_ContentHost"
                                  SnapsToDevicePixels="{TemplateBinding SnapsToDevicePixels}" />
                </Border>
                <!--Template 的其他内容-->
            </ControlTemplate>
        </Setter.Value>
    </Setter>
    <!--其他 Setter-->
</Style>
```

这段代码有如下几个看点：

看点一，作为资源的不是单纯的 ControlTemplate 而是 Style，说是编辑 ControlTemplate 但实际上是把 ControlTemplate 包含在 Style 里，不知道微软以后会不会更正这个小麻烦。Style 是什么呢？简单讲就是一组<Setter>，也就是一组属性设置器。回想一下 Windows Forms 编程的时候，窗体设计器不是能生成这样的代码吗：

```csharp
private void InitializeComponent()
{
    //...
    // textBox1
    this.textBox1.Location = new System.Drawing.Point(12, 12);
    this.textBox1.Name = "textBox1";
    this.textBox1.Size = new System.Drawing.Size(100, 20);
    this.textBox1.TabIndex = 0;

    // button1
    this.button1.Location = new System.Drawing.Point(12, 38);
    this.button1.Name = "button1";
    this.button1.Size = new System.Drawing.Size(100, 23);
    this.button1.TabIndex = 1;
    this.button1.Text = "button1";
    //...
}
```

同样的逻辑如果在 XAML 里出现就变成了这样：

```xml
<Style>
    <Setter Property="pName1" Value="value" />
    <Setter Property="pName2" Value="value" />
```

```xml
            <Setter Property="pName3">
                <Setter.Value>
                    <!--Object Value-->
                </Setter.Value>
            </Setter>
            <Setter Property="pName4">
                <Setter.Value>
                    <!--Object Value-->
                </Setter.Value>
            </Setter>
</Style>
```

使用 Style 时，如果 Value 的值比较简单，那就直接用 Attribute 值来表示，如果 Value 值不能用一个简单的字符串描述就需要使用 XAML 的属性对象语法。例子中，TextBox 的 Template 属性是一个 ControlTemplate 对象，如此复杂的值只能使用属性对象语法来描述。对于 Style，后面会有专门的章节来介绍。

看点二，直接将原来的 ListBoxChrome 标签替换成了 Border 标签，去掉 Border 不具备的属性并添加了 CornerRadius="5"。

看点三，TemplateBinding。ControlTemplate 最终将被应用到一个控件上，我们称这个控件为模板目标控件或模板化控件（Templated Control），ControlTemplate 里的控件可以使用 TemplateBinding 将自己的属性值关联在目标控件的某个属性值上，必要的时候还可以添加 Converter。例如 Background="{TemplateBinding Background}"这句，意思是让 Border 的 Background 与模板目标控件保持一致，产生的效果就是你为模板的目标控件设置 Background 属性，Border 的 Background 也会跟着变。回顾 Binding 章节，你会发现 TemplateBinding 的功能与 {Binding RelativeSource={RelativeSource TemplatedParent}} 一致。

好了！把我们设计的圆角 Style 应用到两个 TextBox 上，代码如下：

```xml
<Window xmlns="http://schemas.microsoft.com/winfx/2006/xaml/presentation"
        xmlns:x="http://schemas.microsoft.com/winfx/2006/xaml"
        x:Class="WpfApplication1.MainWindow" Title="ControlTemplate"
        Width="270" Height="180">
    <Window.Background>
        <LinearGradientBrush EndPoint="0.5,1" StartPoint="0.5,0">
            <GradientStop Color="#FF00B0FF" Offset="0" />
            <GradientStop Color="White" Offset="1" />
        </LinearGradientBrush>
    </Window.Background>
    <StackPanel>
        <TextBox Style="{DynamicResource RoundCornerTextBoxStyle}"
            Height="30"   Margin="10" BorderBrush="Black" />
        <TextBox Style="{DynamicResource RoundCornerTextBoxStyle}"
            Height="30"   Margin="10,0" BorderBrush="Black" />
        <Button Width="130" Height="30" Content="Button" Margin="10" />
```

        </StackPanel>
    </Window>

程序的运行效果如图 11-12 所示。是不是感觉圆角的 TextBox 更和谐呢？

图 11-12　运行效果

以同样的方法"打碎"Button，你会发现 Button 的内部结构与 TextBox 的差不多。但如果"打碎"一个 ProgressBar，你会发现它的内部结构就复杂得多了，如图 11-13 所示。

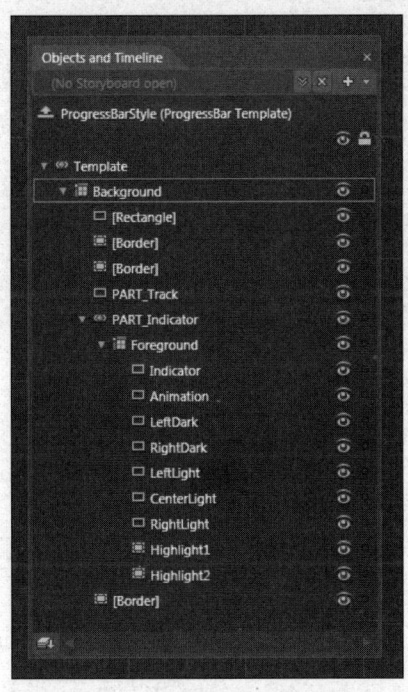

图 11-13　ProgressBar 的内容结构

在 Blend 里你可以通过控件后面的"眼睛"图标控制控件的显隐，这样就能区分出每个子控件的用途，这也是学习控件设计的好方法。如果想把这个 ProgressBar 改造成一个温度计，只需要在此基础上添加一个背景、更改进度指示器控件的前景色、再在合适的控件外面套上一个画出刻度的

Grid（刻度可以根据要求计算出来也可以是固定的）。

不知大家意识到没有，其实每个控件本身就是一棵 UI 元素树。WPF 的 UI 元素可以看作两棵树——LogicalTree 和 VisualTree，这两棵树的交点就是 ControlTemplate。如果把界面上的控件元素看作是一个结点，那元素们构成的就是 LogicalTree，如果把控件内部由 ControlTemplate 生成的控件也算上，那构成的就是 VisualTree。换句话说，在 LogicalTree 上导航不会进入到控件内部，而在 VisualTree 上导航则可检索到控件内部由 ControlTemplate 生成的子级控件。

11.3.2 ItemsControl 的 PanelTemplate

ItemsControl 具有一个名为 ItemsPanel 的属性，它的数据类型为 ItemsPanelTemplate。ItemsPanelTemplate 也是一种控件 Template，它的作用就是让程序员有机会控制 ItemsControl 的条目容器。

举例而言，我们的印象中 ListBox 中的条目都是自上而下排列的，如果客户要求我们制作一个条目水平排列的 ListBox 怎么办呢？WPF 之前，我们只能重写控件比较底层的方法和属性，而现在我们只需要调整 ListBox 的 ItemsPanel 属性。请看下面的代码。

这是一个没有经过调整的 ListBox，条目纵向排列。

```xml
<Grid Margin="6">
    <ListBox>
        <TextBlock Text="Allan" />
        <TextBlock Text="Kevin" />
        <TextBlock Text="Drew" />
        <TextBlock Text="Timothy" />
    </ListBox>
</Grid>
```

如果我把代码更改成这样：

```xml
<Grid Margin="6">
    <ListBox>
        <!--ItemsPanel-->
        <ListBox.ItemsPanel>
            <ItemsPanelTemplate>
                <StackPanel Orientation="Horizontal" />
            </ItemsPanelTemplate>
        </ListBox.ItemsPanel>
        <!--条目-->
        <TextBlock Text="Allan" />
        <TextBlock Text="Kevin" />
        <TextBlock Text="Drew" />
        <TextBlock Text="Timothy" />
    </ListBox>
</Grid>
```

条目就会包装在一个水平排列的 StackPanel 中，从而横向排列，如图 11-14 所示。

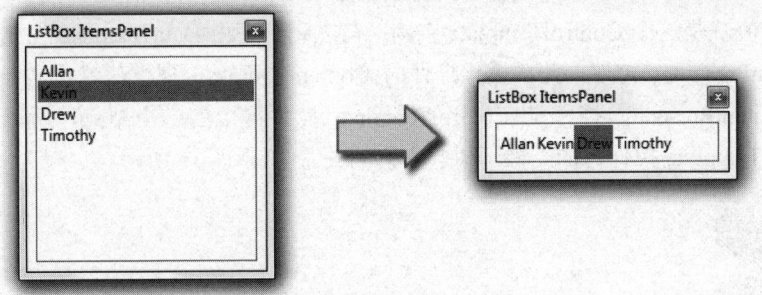

图 11-14　条目水平排列的 ListBox 效果

11.4　DataTemplate 与 ControlTemplate 的关系与应用

11.4.1　DataTemplate 与 ControlTemplate 的关系

学习过 DataTemplate 和 ControlTemplate，你应该已经体会到，控件只是个数据和行为的载体、是个抽象的概念，至于它本身会长成什么样子（控件内部结构）、它的数据会长成什么样子（数据显示结构）都是靠 Template 生成的。决定控件外观的是 ControlTemplate，决定数据外观的是 DataTemplate，它们正是 Control 类的 Template 和 ContentTemplate 两个属性的值。它们的作用范围如图 11-15 所示。

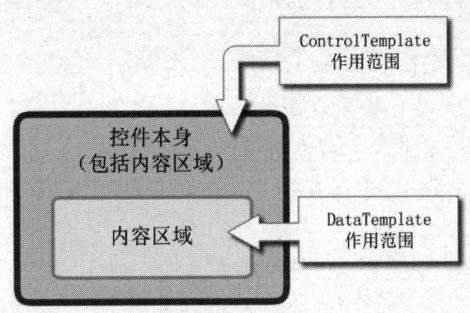

图 11-15　作用范围图

凡是 Template，最终都是要作用在控件上的，这个控件就是 Template 的目标控件，也叫模板化控件（Templated Control）。你可能会问："DataTemplate 的目标应该是数据呀，怎么会是控件？" DataTemplate 给人的感觉的确是施加在了数据对象上，但施加在数据对象上生成的一组控件总得有个载体吧？这个载体一般是落实在一个 ContentPresenter 对象上。ContentPresenter 类只有 ContentTemplate 属性、没有 Template 属性，这就证明了承载由 DataTemplate 生成的一组控件是它的专门用途。

至此我们可以看出，由 ControlTemplate 生成的控件树其树根就是 ControlTemplate 的目标控件，此模板化控件的 Template 属性值就是这个 ControlTemplate 实例；与之相仿，由 DataTemplate 生成的控件树其树根是一个 ContentPresenter 控件，此模板化控件的 ContentTemplate 属性值就是这个 DataTemplate 实例。因为 ContentPresenter 控件是 ControlTemplate 控件树上的一个结点，所以 DataTemplate 控件树是 ControlTemplate 控件树的一棵子树。它们的关系如图 11-16 所示。

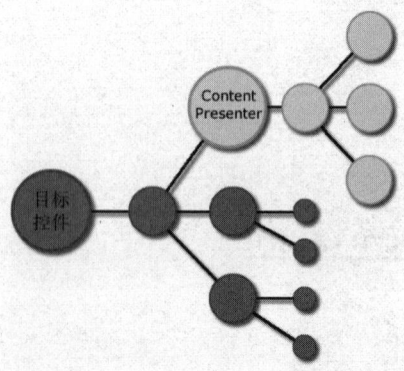

图 11-16　DataTemplate 与 ControlTemplate 的关系

既然 Template 生成的控件树都有根，那么如何找到树根呢？办法非常简单，每个控件都有个名为 TemplatedParent 的属性，如果它的值不为 null，说明这个控件是由 Template 自动生成的，而属性值就是应用了模板的控件（模板的目标，模板化控件）。如果由 Template 生成的控件使用了 TemplateBinding 获取属性值，则 TemplateBinding 的数据源就是应用了这个模板的目标控件。

回顾一下本章开头的 DataTemplate 实例代码：

```
<DataTemplate>
    <Grid>
        <StackPanel Orientation="Horizontal">
            <Grid>
                <Rectangle Stroke="Yellow" Fill="Orange" Width="{Binding Price}" />
                <TextBlock Text="{Binding Year}" />
            </Grid>
            <TextBlock Text="{Binding Price}" Margin="5,0" />
        </StackPanel>
    </Grid>
</DataTemplate>
```

这里用到的是普通 Binding 而不是 TemplateBinding，那数据源又是谁呢？不知大家是否还记得，当为一个 Binding 只指定 Path 不指定 Source 时，Binding 会沿着逻辑树一直向上找、查看每个结点的 DataContext 属性，如果 DataContext 引用的对象具有 Path 指定的属性名，Binding 就会把这个对象当作自己的数据源。显然，如果把数据对象赋值给 ContentPresenter 的 DataContext 属性，由

DataTemplate 生成的控件自然会找到这个数据对象并把它当作自己的数据源。

11.4.2 DataTemplate 与 ControlTemplate 的应用

为 Template 设置其应用目标有两种方法，一种是逐个设置控件的 Template/ContentTemplate/ItemsTemplate/CellTemplate 等属性，不想应用 Template 的控件不设置；另一种是整体应用，即把 Template 应用在某个类型的控件或数据上。

把 ControlTemplate 应用在所有目标上需要借助 Style 来实现，但 Style 不能标记 x:Key，例如下面的代码：

```xml
<Window x:Class="WpfApplication2.Window1"
        xmlns="http://schemas.microsoft.com/winfx/2006/xaml/presentation"
        xmlns:x="http://schemas.microsoft.com/winfx/2006/xaml" Title="Template"
        Height="150" Width="230">
    <Window.Resources>
        <Style TargetType="{x:Type TextBox}">
            <Setter Property="Template">
                <Setter.Value>
                    <ControlTemplate TargetType="{x:Type TextBox}">
                        <!--与前面例子相同-->
                    </ControlTemplate>
                </Setter.Value>
            </Setter>
            <Setter Property="Margin" Value="5" />
            <Setter Property="BorderBrush" Value="Black" />
            <Setter Property="Height" Value="25" />
        </Style>
    </Window.Resources>
    <StackPanel>
        <TextBox />
        <TextBox />
        <TextBox Style="{x:Null}" Margin="5" />
    </StackPanel>
</Window>
```

Style 没有 x:Key 标记，默认为应用到所有由 x:Type 指定的控件上，如果不想应用则需把控件的 Style 标记为{x:Null}。运行效果如图 11-17 所示。

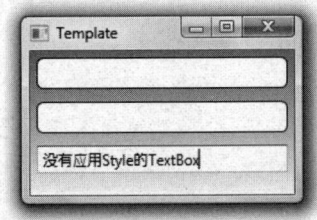

图 11-17 运行效果

把 DataTemplate 应用在某个数据类型上的方法是设置 DataTemplate 的 DataType 属性,并且 DataTemplate 作为资源时也不能带有 x:Key 标记。例如下面的代码:

```xaml
<Window x:Class="WpfApplication1.Window1"
        xmlns="http://schemas.microsoft.com/winfx/2006/xaml/presentation"
        xmlns:x="http://schemas.microsoft.com/winfx/2006/xaml"
        xmlns:local="clr-namespace:WpfApplication1"
        xmlns:c="clr-namespace:System.Collections;assembly=mscorlib"
        Title="DataTemplate" Height="300" Width="300">
    <Window.Resources>
        <!--DataTemplate-->
        <DataTemplate DataType="{x:Type local:Unit}">
            <Grid>
                <StackPanel Orientation="Horizontal">
                    <Grid>
                        <Rectangle Stroke="Yellow" Fill="Orange" Width="{Binding Price}" />
                        <TextBlock Text="{Binding Year}" />
                    </Grid>
                    <TextBlock Text="{Binding Price}" Margin="5,0" />
                </StackPanel>
            </Grid>
        </DataTemplate>
        <!--数据源-->
        <c:ArrayList x:Key="ds">
            <local:Unit Year="2001 年" Price="100" />
            <local:Unit Year="2002 年" Price="120" />
            <local:Unit Year="2003 年" Price="140" />
            <local:Unit Year="2004 年" Price="160" />
            <local:Unit Year="2005 年" Price="180" />
            <local:Unit Year="2006 年" Price="200" />
        </c:ArrayList>
    </Window.Resources>
    <StackPanel>
        <ListBox ItemsSource="{StaticResource ds}" />
        <ComboBox ItemsSource="{StaticResource ds}" Margin="5" />
    </StackPanel>
</Window>
```

代码中 DataTemplate 的目标数据类型和 ListBox 的条目类型都是 Unit:

```
public class Unit
{
    public int Price { get; set; }
    public string Year { get; set; }
}
```

此时 DataTemplate 会自动加载到所有 Unit 类型对象上,尽管我并没有为 ListBox 和 ComboBox

指定 ItemsTemplate，一样会得到如图 11-18 所示的运行效果。

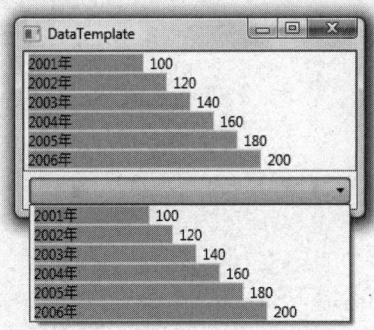

图 11-18　运行效果

很多时候数据是以 XML 形式存储的，如果把 XML 结点先转换成 CLR 数据类型再应用 DataTemplate 就太麻烦了。DataTemplate 很智能，具有直接把 XML 数据结点当作目标对象的功能——XML 数据中的元素名（标签名）可以作为 DataType，元素的子结点和 Attribute 可以使用 XPath 来访问。下面的代码使用 XmlDataProvider 作为数据源（其 XPath 指出的必须是一组结点），请注意细节之处的变化（已用粗体标出）：

```xml
<Window Background="Cornsilk"
        xmlns="http://schemas.microsoft.com/winfx/2006/xaml/presentation"
        xmlns:x="http://schemas.microsoft.com/winfx/2006/xaml"
        x:Class="WpfApplication1.Window1" Title="DataTemplate"
        SizeToContent="WidthAndHeight">
    <Window.Resources>
        <!--DataTemplate-->
        <DataTemplate DataType="Unit">
            <Grid>
                <StackPanel Orientation="Horizontal">
                    <Grid>
                        <Rectangle Stroke="Yellow" Fill="Orange"
                                   Width="{Binding XPath=@Price}" />
                        <TextBlock Text="{Binding XPath=@Year}" />
                    </Grid>
                    <TextBlock Text="{Binding XPath=@Price}" Margin="5,0" />
                </StackPanel>
            </Grid>
        </DataTemplate>
        <!--数据源-->
        <XmlDataProvider x:Key="ds" XPath="Units/Unit">
            <x:XData>
                <Units xmlns="">
                    <Unit Year="2001" Price="100" />
```

```xml
                    <Unit Year="2001" Price="120" />
                    <Unit Year="2001" Price="140" />
                    <Unit Year="2001" Price="160" />
                    <Unit Year="2001" Price="180" />
                    <Unit Year="2001" Price="200" />
                </Units>
            </x:XData>
        </XmlDataProvider>
    </Window.Resources>
    <StackPanel>
        <ListBox ItemsSource="{Binding Source={StaticResource ds}}" />
        <ComboBox ItemsSource="{Binding Source={StaticResource ds}}" Margin="5" />
    </StackPanel>
</Window>
```

XML 最大的优势是可以方便地表示带有层级的数据，比如"年级→班级→小组"或"主菜单→次级菜单→三级菜单"。同时，WPF 准备了 TreeView 和 MenuItem 控件用来显示层级数据。能够帮助层级控件显示层级数据的模板是 HierarchicalDataTemplate。下面是两个实际工作中常见的例子。

第一个例子是使用 TreeView 显示多层级、不同类型数据。因为数据类型不同，所以我们需要为每种数据设计一个模板，这就有机会使每种数据类型有自己独特的外观。

数据保存在项目根目录的 Data.xml 文件中，内容如下：

```xml
<?xml version="1.0" encoding="utf-8" ?>
<Data xmlns="">
    <Grade Name="一年级">
        <Class Name="甲班">
            <Group Name="A 组"/>
            <Group Name="B 组"/>
            <Group Name="C 组"/>
        </Class>
        <Class Name="乙班">
            <Group Name="A 组"/>
            <Group Name="B 组"/>
            <Group Name="C 组"/>
        </Class>
    </Grade>
    <Grade Name="二年级">
        <Class Name="甲班">
            <Group Name="A 组"/>
            <Group Name="B 组"/>
            <Group Name="C 组"/>
        </Class>
        <Class Name="乙班">
            <Group Name="A 组"/>
            <Group Name="B 组"/>
```

```xml
            <Group Name="C 组"/>
        </Class>
    </Grade>
</Data>
```

程序的 XAML 代码如下：

```xml
<Window x:Class="WpfApplication1.Window1"
        xmlns="http://schemas.microsoft.com/winfx/2006/xaml/presentation"
        xmlns:x="http://schemas.microsoft.com/winfx/2006/xaml"
        Title="HierarchicalDataTemplate" Height="300" Width="300">
    <Window.Resources>
        <!--数据源-->
        <XmlDataProvider x:Key="ds" Source="Data.xml" XPath="Data/Grade" />
        <!--年级模板-->
        <HierarchicalDataTemplate DataType="Grade" ItemsSource="{Binding XPath=Class}">
            <TextBlock Text="{Binding XPath=@Name}" />
        </HierarchicalDataTemplate>
        <!--班级模板-->
        <HierarchicalDataTemplate DataType="Class" ItemsSource="{Binding XPath=Group}">
            <RadioButton Content="{Binding XPath=@Name}" GroupName="gn" />
        </HierarchicalDataTemplate>
        <!--小组模板-->
        <HierarchicalDataTemplate DataType="Group" ItemsSource="{Binding XPath=Student}">
            <CheckBox Content="{Binding XPath=@Name}" />
        </HierarchicalDataTemplate>
    </Window.Resources>
    <Grid>
        <TreeView Margin="5" ItemsSource="{Binding Source={StaticResource ds}}" />
    </Grid>
</Window>
```

程序运行效果如图 11-19 所示。

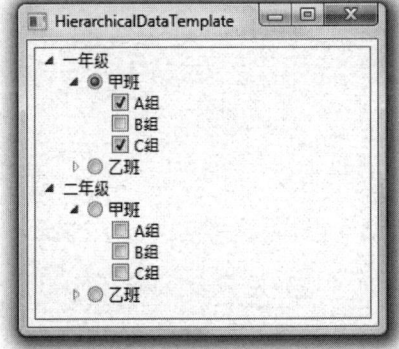

图 11-19　运行效果

第二个例子是同一种数据类型的嵌套结构,这种情况下只设计一个 HierarchicalDataTemplate 就可以了,它会产生自动迭代应用的效果。

数据仍然存放在 Data.xml 文件中,数据全都是 Operation 类型:

```xml
<?xml version="1.0" encoding="utf-8" ?>
<Data xmlns="">
    <Operation Name="文件" Gesture="F">
        <Operation Name="新建" Gesture="N">
            <Operation Name="项目" Gesture="Control + P"/>
            <Operation Name="网站" Gesture="Control + W"/>
            <Operation Name="文档" Gesture="Control + D"/>
        </Operation>
        <Operation Name="保存" Gesture="S"/>
        <Operation Name="打印" Gesture="P"/>
        <Operation Name="退出" Gesture="X"/>
    </Operation>
    <Operation Name="编辑" Gesture="E">
        <Operation Name="拷贝" Gesture="Control + C"/>
        <Operation Name="剪切" Gesture="Control + X"/>
        <Operation Name="粘贴" Gesture="Control + V"/>
    </Operation>
</Data>
```

程序的 XAML 代码如下:

```xml
<Window x:Class="WpfApplication1.Window1"
    xmlns="http://schemas.microsoft.com/winfx/2006/xaml/presentation"
    xmlns:x="http://schemas.microsoft.com/winfx/2006/xaml"
    xmlns:sys="clr-namespace:System;assembly=mscorlib"
    Title="HierarchicalDataTemplate" Height="300" Width="300">
    <Window.Resources>
        <!--数据源-->
        <XmlDataProvider x:Key="ds" Source="Data.xml" XPath="Data/Operation" />
        <!--Operation 模板-->
        <HierarchicalDataTemplate DataType="Operation"
                ItemsSource="{Binding XPath=Operation}">
            <StackPanel Orientation="Horizontal">
                <TextBlock Text="{Binding XPath=@Name}" Margin="10, 0" />
                <TextBlock Text="{Binding XPath=@Gesture}" />
            </StackPanel>
        </HierarchicalDataTemplate>
    </Window.Resources>
    <StackPanel>
        <Menu ItemsSource="{Binding Source={StaticResource ds}}" />
    </StackPanel>
</Window>
```

运行效果如图 11-20 所示。

图 11-20　运行效果

值得一提的是，HierarchicalDataTemplate 的作用目标不是 MenuItem 的内容，而是它的 Header。如果对 MenuItem 的单击事件进行侦听处理，我们就可以从被单击 MenuItem 的 Header 中取出 XML 数据。

XAML 代码如下：

```
<StackPanel MenuItem.Click="StackPanel_Click">
    <Menu ItemsSource="{Binding Source={StaticResource ds}}" />
</StackPanel>
```

事件处理器代码如下：

```
private void StackPanel_Click(object sender, RoutedEventArgs e)
{
    MenuItem mi = e.OriginalSource as MenuItem;
    XmlElement xe = mi.Header as XmlElement;
    MessageBox.Show(xe.Attributes["Name"].Value);
}
```

运行程序、单击菜单项，效果如图 11-21 所示。

图 11-21　运行效果

一旦拿到数据，使用数据去驱动什么样的逻辑就完全由你来决定了。比如可以维护一个 CommandHelper 类，根据拿到的数据来决定执行什么 RoutedCommand。

11.4.3 寻找失落的控件

"井水不犯河水"常用来形容两个组织之间界限分明、互不相干，LogicalTree 与控件内部这棵小树之间就保持着这样的关系。换句话说，如果 UI 元素树上有个 x:Name="TextBox1"的控件，某个控件内部也有一个由 Template 生成的 x:Name="TextBox1"的控件，它们并不冲突，LogicalTree 不会看到控件内部的细节，控件内部元素也不去理会控件外面有什么。你可能会想："这样一来，万一我想从外界访问 Template 内部的控件、获取它的属性值，岂不是做不到了？"放心，WPF 为我们准备了访问控件内部小世界的入口，现在就让我们出发去寻找那些失落的控件！

由 ControlTemplate 或 DataTemplate 生成的控件都是"由 Template 生成的控件"。ControlTemplate 和 DataTemplate 两个类均派生自 FrameworkTemplate 类，这个类有个名为 FindName 的方法供我们检索其内部控件。也就是说，只要我们能拿到 Template，找到其内部控件就不成问题。对于 ControlTemplate 对象，访问其目标控件的 Template 属性就能拿到，但想拿到 DataTemplate 对象就要费一番周折了。千万不要以为 ListBoxItem 或者 ComboBoxItem 容器就是 DataTemplate 的目标控件哦！因为控件的 Template 属性和 ContentTemplate 属性可是两码事（请参考前一小节内容）。

我们先来寻找由 ControlTemplate 生成的控件。首先设计一个 ControlTemplate 并把它应用在一个 UserControl 上。界面上还有一个 Button，在它的 Click 事件处理器中我们检索由 ControlTemplate 生成的代码。

程序的 XAML 代码如下：

```xaml
<Window x:Class="WpfApplication1.Window1"
        xmlns="http://schemas.microsoft.com/winfx/2006/xaml/presentation"
        xmlns:x="http://schemas.microsoft.com/winfx/2006/xaml" Title="ControlTemplate"
        Height="172" Width="300">
    <Window.Resources>
        <ControlTemplate x:Key="cTmp">
            <StackPanel Background="Orange">
                <TextBox x:Name="textBox1" Margin="6" />
                <TextBox x:Name="textBox2" Margin="6,0" />
                <TextBox x:Name="textBox3" Margin="6" />
            </StackPanel>
        </ControlTemplate>
    </Window.Resources>
    <StackPanel Background="Yellow">
        <UserControl x:Name="uc" Template="{StaticResource cTmp}" Margin="5" />
        <Button Content="Find by Name" Width="120" Height="30" Click="Button_Click" />
    </StackPanel>
</Window>
```

Button 的 Click 事件处理器代码如下：

```csharp
private void Button_Click(object sender, RoutedEventArgs e)
{
```

```
TextBox tb = this.uc.Template.FindName("textBox1", this.uc) as TextBox;
tb.Text = "Hello WPF";
StackPanel sp = tb.Parent as StackPanel;
(sp.Children[1] as TextBox).Text = "Hello ControlTemplate";
(sp.Children[2] as TextBox).Text = "I can find you!";
}
```

运行程序并单击按钮，效果如图 11-22 所示。

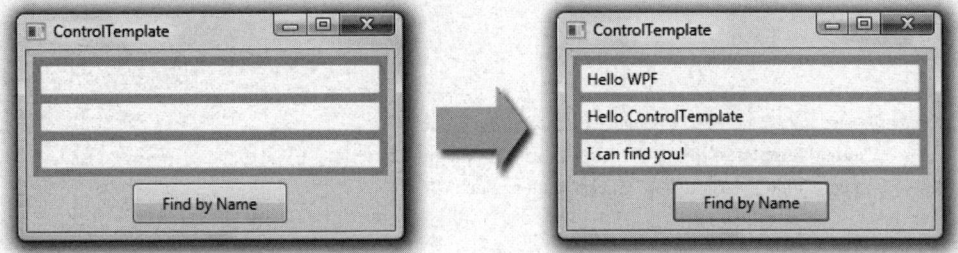

图 11-22　运行效果

接下来我们来寻找由 DataTemplate 生成的控件。不过在正式开始之前，请大家先思考一个问题：寻找到一个由 DataTemplate 生成的控件后，我们想从中获取哪些数据，如果想获得单纯与用户界面相关的数据（比如控件的宽度、高度等），这么做是正确的；但如果是获取与业务逻辑相关的数据，那就要考虑程序的设计是不是出了问题——因为 WPF 采用数据驱动 UI 逻辑，获取业务逻辑数据的事情在底层就能做到，一般不会跑到表层上来找。

先来看一个简单的例子。作为业务逻辑数据的类如下：

```
public class Student
{
    public int Id { get; set; }
    public string Name { get; set; }
    public string Skill { get; set; }
    public bool HasJob { get; set; }
}
```

界面 XAML 代码如下：

```
<Window x:Class="WpfApplication1.Window1"
        xmlns="http://schemas.microsoft.com/winfx/2006/xaml/presentation"
        xmlns:x="http://schemas.microsoft.com/winfx/2006/xaml"
        xmlns:local="clr-namespace:WpfApplication1" Title="DataTemplate" FontSize="16"
        Height="175" Width="220">
    <Window.Resources>
        <!--数据对象-->
        <local:Student x:Key="stu" Id="1" Name="Timothy" Skill="WPF" HasJob="True" />
        <!--DataTemplate-->
```

```xml
            <DataTemplate x:Key="stuDT">
                <Border BorderBrush="Orange" BorderThickness="2" CornerRadius="5">
                    <StackPanel>
                        <TextBlock Text="{Binding Id}" Margin="5" />
                        <TextBlock x:Name="textBlockName" Text="{Binding Name}" Margin="5" />
                        <TextBlock Text="{Binding Skill}" Margin="5" />
                    </StackPanel>
                </Border>
            </DataTemplate>
        </Window.Resources>
    <!--主体布局-->
    <StackPanel>
        < ContentPresenter x:Name="cp" Content="{StaticResource stu}"
                ContentTemplate="{StaticResource stuDT}" Margin="5" />
        <Button Content="Find" Margin="5,0" Click="Button_Click" />
    </StackPanel>
</Window>
```

Button 的 Click 事件处理器代码如下：

```csharp
private void Button_Click(object sender, RoutedEventArgs e)
{
    TextBlock tb = this.cp.ContentTemplate.FindName("textBlockName", this.cp) as TextBlock;
    MessageBox.Show(tb.Text);

    //Student stu = this.cp.Content as Student;
    //MessageBox.Show(stu.Name);
}
```

未被注释的代码是使用 DataTemplate 的 FindName 方法获取由 DataTemplate 生成的控件并访问其属性，被注释的代码是直接使用底层数据。显然，如果为了获取 Student 的某个属性，应该使用被注释的代码而不必绕到表层控件上来，除非你想得到的是控件的长度、宽度等与业务逻辑无关的纯 UI 属性。

下面再来看一个复杂的例子。DataTemplate 的一个常用之处是 GridViewColumn 的 CellTemplate 属性。把 GridViewColumn 放置在 GridView 控件里就可以生成表格了。GridViewColumn 的默认 CellTemplate 是使用 TextBlock 只读性地显示数据，如果我们想让用户能修改数据或者使用 CheckBox 显示 bool 类型数据的话就需要自定义 DataTemplate。

还是先定义这个名为 Student 的类：

```csharp
public class Student
{
    public int Id { get; set; }
    public string Name { get; set; }
    public string Skill { get; set; }
```

```
        public bool HasJob { get; set; }
}
```

准备数据集合、呈现数据的工作全部由 XAML 代码来完成：

```xml
<Window x:Class="WpfApplication1.Window1"
        xmlns="http://schemas.microsoft.com/winfx/2006/xaml/presentation"
        xmlns:x="http://schemas.microsoft.com/winfx/2006/xaml"
        xmlns:c="clr-namespace:System.Collections;assembly=mscorlib"
        xmlns:local="clr-namespace:WpfApplication1" Title="DataTemplate" Height="300"
        Width="300" Background="Orange">
    <Window.Resources>
        <!--数据集合-->
        <c:ArrayList x:Key="stuList">
            <local:Student Id="1" Name="Timoty Liu" Skill="WPF" HasJob="True" />
            <local:Student Id="2" Name="Tom Chang" Skill="BI/SQL" HasJob="True" />
            <local:Student Id="3" Name="Guan Chong" Skill="Writing" HasJob="False" />
            <local:Student Id="4" Name="Shanshan" Skill="C#/Java" HasJob="False" />
            <local:Student Id="5" Name="Pingping Zhang" Skill="Writing" HasJob="False" />
            <local:Student Id="6" Name="Kenny Tian" Skill="ASP.NET" HasJob="False" />
        </c:ArrayList>
        <!--DataTemplates-->
        <DataTemplate x:Key="nameDT">
            <TextBox x:Name="textBoxName" Text="{Binding Name}" />
        </DataTemplate>
        <DataTemplate x:Key="skillDT">
            <TextBox x:Name="textBoxSkill" Text="{Binding Skill}" />
        </DataTemplate>
        <DataTemplate x:Key="hjDT">
            <CheckBox x:Name="checkBoxJob" IsChecked="{Binding HasJob}" />
        </DataTemplate>
    </Window.Resources>
    <!--主体布局-->
    <Grid Margin="5">
        <ListView x:Name="listViewStudent" ItemsSource="{StaticResource stuList}">
            <ListView.View>
                <GridView>
                    <GridViewColumn Header="ID" DisplayMemberBinding="{Binding Id}" />
                    <GridViewColumn Header="姓名" CellTemplate="{StaticResource nameDT}" />
                    <GridViewColumn Header="技术" CellTemplate="{StaticResource skillDT}" />
                    <GridViewColumn Header="已工作" CellTemplate="{StaticResource hjDT}" />
                </GridView>
            </ListView.View>
        </ListView>
    </Grid>
</Window>
```

程序的运行效果如图 11-23 所示。

图 11-23　运行效果

然后，我们为显示姓名的 TextBox 添加 GotFocus 事件的处理器：

```
<DataTemplate x:Key="nameDT">
    <TextBox x:Name="textBoxName" Text="{Binding Name}" GotFocus="TextBoxName_GotFocus" />
</DataTemplate>
```

因为我们是在 DataTemplate 里添加事件处理器，所以界面上任何一个由此 DataTemplate 生成的 TextBox 都会在获得焦点时调用 TextBoxName_GotFocus 这个事件处理器。TextBoxName_GotFocus 的代码如下：

```
private void TextBoxName_GotFocus(object sender, RoutedEventArgs e)
{
    // 访问业务逻辑数据
    TextBox tb = e.OriginalSource as TextBox;              // 获取事件发起的源头
    ContentPresenter cp = tb.TemplatedParent as ContentPresenter;    // 获取模板目标
    Student stu = cp.Content as Student;           // 获取业务逻辑数据
    this.listViewStudent.SelectedItem = stu;       // 设置 ListView 的选中项

    // 访问界面元素
    ListViewItem lvi = this.listViewStudent.
        ItemContainerGenerator.ContainerFromItem(stu) as ListViewItem;
    CheckBox chb = this.FindVisualChild<CheckBox>(lvi);
    MessageBox.Show(chb.Name);
}

private ChildType FindVisualChild<ChildType>(DependencyObject obj)
    where ChildType : DependencyObject
{
    for (int i = 0; i < VisualTreeHelper.GetChildrenCount(obj); i++)
    {
        DependencyObject child = VisualTreeHelper.GetChild(obj, i);
```

```
            if (child != null && child is ChildType)
                return child as ChildType;
            else
            {
                ChildType childOfChild = FindVisualChild<ChildType>(child);
                if (childOfChild != null)
                    return childOfChild;
            }
        }
        return null;
    }
```

当使用 GridView 作为 ListView 的 View 属性时,如果某一列使用 TextBox 作为 CellTemplate,那么即使这列中的 TextBox 被鼠标单击并获得了焦点 ListView 也不会把此项作为自己的 SelectedItem。所以,TextBoxName_GotFocus 的前半部分就是先获得事件的最初源头(TextBox),然后沿 UI 元素树上溯到 DataTemplate 的目标控件(ContentPresenter)并获取它的内容,它的内容一定是一个 Student 实例。

TextBoxName_GotFocus 的后半部分则借助 VisualTreeHelper 类检索由 DataTemplate 生成的控件。前面说过,每个 ItemsControl 的派生类(如 ListBox、ComboBox、ListView)都具有自己独特的条目容器,使用 ItemContainerGenerator.ContainerFromItem 方法就能获得包装着指定条目数据的容器,本例中是一个包装着 Student 对象的 ListViewItem(注意:此 ListViewItem 对象的 Content 也是 Student 对象)。可以把这个 ListViewItem 控件视为一棵子树的根,使用 VisualTreeHelper 类就能遍历它的各个结点。本例中是把遍历算法封装在了 FindVisualChild 范型方法里。

运行程序,并单击某个显示姓名的 TextBox,效果如图 11-24 所示。

图 11-24 运行效果

由本例可以看出,无论是从事件源头"自下而上"地找,还是使用 ItemContainerGenerator.ContainerFromItem 方法找到条目容器再"自上而下"地找,总之,找到业务逻辑数据(Student 实例)并不难,而工作中大多数时候是操作业务逻辑数据。如果真的要寻找由 DataTemplate 生成的控件,对于结构简单的控件,可以使用 DataTemplate 对象的 FindName 方法;对于结构复杂的控件,则需要借助 VisualTreeHelper 来实现。

11.5 深入浅出话 Style

Style 直译过来就是"风格"、"样式"。拿人来举例,人的风格是指静态外观和行为举止。同样一个人,如果留平头、穿上足球队的队服、脚蹬战靴,看上去就感觉他是一名叱咤球场的运动员;如果让他换上一身笔挺的西装、穿上皮鞋,再拎上一个公文包,看上去就是一位商务人士;如果让他梳起爆炸头、戴上墨镜、打几个耳孔再穿上一身肥大的休闲装,活脱脱一个非主流形象。这些就是静态外观风格,是通过改变一些属性值的搭配来实现的。除了从静态外观来判断一个人的风格,我们还会观察他的行为特点。比如遇到困难时,有些人很乐观、照样谈笑风生,有些人很谨慎、仔细分析问题,有些人会很悲观、成天唉声叹气,这就是行为风格,行为风格是由对外界刺激的响应体现出来的。说到这儿,大家一定能想到一种职业——演员。演员就是靠调整自己的静态和行为风格来饰演各种角色的。

如果把 WPF 窗体看作一个舞台,那么窗体上的控件就是一个个演员,它们的职责就是在用户界面上按照业务逻辑的需要扮演自己的角色。为了让同一种控件能担当起不同的角色,程序员就要为它们设计多种外观样式和行为动作,这就是 Style。构成 Style 最重要的两种元素是 Setter 和 Trigger,Setter 类帮助我们设置控件的静态外观风格,Trigger 类则帮助我们设置控件的行为风格。

11.5.1 Style 中的 Setter

Setter,设置器。什么的设置器呢?属性值的。我们给属性赋值的时候一般都采用"属性名=属性值"的形式。Setter 类的 Property 属性用来指明你想为目标的哪个属性赋值;Setter 类的 Value 属性则是你提供的属性值。

下面的例子中在 Window 的资源词典中放置一个针对 TextBlock 的 Style,Style 中使用若干 Setter 来设定 TextBlock 的一些属性,这样程序中的 TextBlock 就会具有统一的风格,除非你使用{x:Null}显示地清空 Style。

XAML 代码如下:

```
<Window x:Class="WpfApplication1.Window1"
        xmlns="http://schemas.microsoft.com/winfx/2006/xaml/presentation"
        xmlns:x="http://schemas.microsoft.com/winfx/2006/xaml" Title="Style"
        Height="132" Width="300">
    <Window.Resources>
        <Style TargetType="TextBlock">
            <Style.Setters>
                <Setter Property="FontSize" Value="24" />
                <Setter Property="TextDecorations" Value="Underline" />
                <Setter Property="FontStyle" Value="Italic" />
            </Style.Setters>
```

```
            </Style>
        </Window.Resources>
        <StackPanel Margin="5">
            <TextBlock Text="Hello WPF!" />
            <TextBlock Text="This is a sample for Style!" />
            <TextBlock Text="by Tim 2009.12.23" Style="{x:Null}" />
        </StackPanel>
</Window>
```

因为 Style 的内容属性是 Setters，所以我们可以直接在<Style>标签的内容区域写 Setter。上面的代码可以简化如下：

```
<Style TargetType="TextBlock">
    <Setter Property="FontSize" Value="24" />
    <Setter Property="TextDecorations" Value="Underline" />
    <Setter Property="FontStyle" Value="Italic" />
</Style>
```

运行效果如图 11-25 所示。

图 11-25　运行效果

根据上面这个例子我们可以推知，如果想设置控件的 ControlTemplate，只需要把 Setter 的 Property 设为 Template 并为 Value 提供一个 ControlTemplate 对象即可。

11.5.2　Style 中的 Trigger

Trigger，触发器，即当某些条件满足时会触发一个行为（比如某些值的变化或动画的发生等）。触发器比较像事件。事件一般是由用户操作触发的，而触发器除了有事件触发型的 EventTrigger 外还有数据变化触发型的 Trigger/DataTrigger 及多条件触发型的 MultiTrigger/MultiDataTrigger 等。

1．基本 Trigger

Trigger 类是最基本的触发器。类似于 Setter，Trigger 也有 Property 和 Value 这两个属性，Property 是 Trigger 关注的属性名称，Value 是触发条件。Trigger 类还有一个 Setters 属性，此属性值是一组 Setter，一旦触发条件被满足，这组 Setter 的"属性-值"就会被应用，触发条件不再满足后，各属性值会被还原。

下面这个例子中包含一个针对 CheckBox 的 Style，当 CheckBox 的 IsChecked 属性为 true 的时候前景色和字体会改变。XAML 代码如下：

```xml
<Window x:Class="WpfApplication1.Window1"
        xmlns="http://schemas.microsoft.com/winfx/2006/xaml/presentation"
        xmlns:x="http://schemas.microsoft.com/winfx/2006/xaml" Title="Trigger"
        Height="130" Width="300">
    <Window.Resources>
        <Style TargetType="CheckBox">
            <Style.Triggers>
                <Trigger Property="IsChecked" Value="true">
                    <Trigger.Setters>
                        <Setter Property="FontSize" Value="20" />
                        <Setter Property="Foreground" Value="Orange" />
                    </Trigger.Setters>
                </Trigger>
            </Style.Triggers>
        </Style>
    </Window.Resources>
    <StackPanel>
        <CheckBox Content="悄悄的我走了" Margin="5" />
        <CheckBox Content="正如我悄悄的来" Margin="5,0" />
        <CheckBox Content="我挥一挥衣袖" Margin="5" />
        <CheckBox Content="不带走一片云彩" Margin="5,0" />
    </StackPanel>
</Window>
```

因为 Triggers 不是 Style 的内容属性,所以<Style.Triggers>…</Style.Triggers>这层标签不能省略,但 Trigger 的 Setters 属性是 Trigger 的内容属性,所以<Trigger.Setters>…</Trigger.Setters>这层标签是可以省略的,以上代码可以简化为:

```xml
<Trigger Property="IsChecked" Value="true">
    <Setter Property="FontSize" Value="20" />
    <Setter Property="Foreground" Value="Orange" />
</Trigger>
```

运行效果如图 11-26 所示。

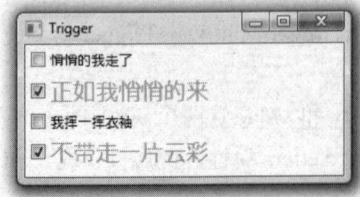

图 11-26 运行效果

2. MultiTrigger

MultiTrigger 是个容易让人误解的名字,会让人以为是多个 Trigger 集成在一起,实际上叫

MultiConditionTrigger 更合适，因为必须多个条件同时成立时才会被触发。MultiTrigger 比 Trigger 多了一个 Conditions 属性，需要同时成立的条件就存储在这个集合中。

让我们稍微改动一下上面的例子，要求同时满足 CheckBox 被选中且 Content 为"正如我悄悄的来"时才会被触发。XAML 代码如下（仅 Style 部分）：

```xml
<Style TargetType="CheckBox">
    <Style.Triggers>
        <MultiTrigger>
            <MultiTrigger.Conditions>
                <Condition Property="IsChecked" Value="true" />
                <Condition Property="Content" Value="正如我悄悄的来" />
            </MultiTrigger.Conditions>
            <MultiTrigger.Setters>
                <Setter Property="FontSize" Value="20" />
                <Setter Property="Foreground" Value="Orange" />
            </MultiTrigger.Setters>
        </MultiTrigger>
    </Style.Triggers>
</Style>
```

运行效果如图 11-27 所示。

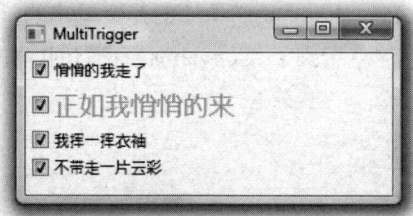

图 11-27　运行效果

3. 由数据触发的 DataTrigger

程序中经常会遇到基于数据执行某些判断情况，遇到这种情况时我们可以考虑使用 DataTrigger。DataTrigger 对象的 Binding 属性会把数据源源不断送过来，一旦送来的值与 Value 属性一致，DataTrigger 即被触发。

下面例子中，当 TextBox 的 Text 长度小于 7 个字符时其 Border 会保持红色。XAML 代码如下：

```xml
<Window x:Class="WpfApplication1.Window1"
        xmlns="http://schemas.microsoft.com/winfx/2006/xaml/presentation"
        xmlns:x="http://schemas.microsoft.com/winfx/2006/xaml" Title="DataTrigger"
        xmlns:local="clr-namespace:WpfApplication1" Height="130" Width="300">
    <Window.Resources>
        <local:L2BConverter x:Key="cvtr" />
        <Style TargetType="TextBox">
```

```xml
            <Style.Triggers>
                <DataTrigger 
                    Binding="{Binding RelativeSource={x:Static RelativeSource.Self}, Path=Text.Length, Converter={StaticResource cvtr}}"
                    Value="false">
                    <Setter Property="BorderBrush" Value="Red" />
                    <Setter Property="BorderThickness" Value="1" />
                </DataTrigger>
            </Style.Triggers>
        </Style>
    </Window.Resources>
    <StackPanel>
        <TextBox Margin="5" />
        <TextBox Margin="5,0" />
        <TextBox Margin="5" />
    </StackPanel>
</Window>
```

这个例子中唯一需要解释的就是 DataTrigger 的 Binding。为了将控件自己作为数据源，我们使用了 RelativeSource，初学者经常认为"不明确指出 Source 的值 Binding 就会将控件自己作为数据的来源"，这是错误的，因为不明确指出 Source 时 Binding 会把控件的 DataContext 属性当作数据源而非把控件自身当作数据源。Binding 的 Path 被设置为 Text.Length，即我们关注的是字符串的长度。长度是一个具体的数字，如何基于这个长度值做判断呢？这就用到了 Converter。我们创建如下的 Converter：

```csharp
public class L2BConverter : IValueConverter
{
    public object Convert(object value, Type targetType, object parameter, CultureInfo culture)
    {
        int textLength = (int)value;
        return textLength > 6 ? true : false;
    }

    public object ConvertBack(object value, Type targetType, object parameter, CultureInfo culture)
    {
        throw new NotImplementedException();
    }
}
```

经 Converter 转换后，长度值会转换成 bool 类型值。DataTrigger 的 Value 被设置为 false，也就是说当 TextBox 的文本长度小于 7 时 DataTrigger 会使用自己的一组 Setter 把 TextBox 的边框设置为红色。

运行效果如图 11-28 所示。

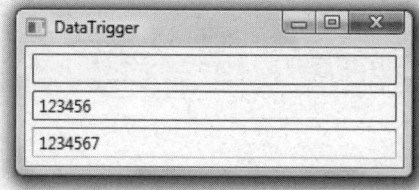

图 11-28 运行效果

4. 多数据条件触发的 MultiDataTrigger

有时我们会遇到要求多个数据条件同时满足时才能触发变化的需求，此时可以考虑使用 MultiDataTrigger。比如有这样一个需求：用户界面上使用 ListBox 显示了一列 Student 数据，当 Student 对象同时满足 ID 为 2、Name 为 Tom 的时候，条目就高亮显示。

示例的 XAML 代码如下：

```xml
<Window x:Class="WpfApplication1.Window1"
    xmlns="http://schemas.microsoft.com/winfx/2006/xaml/presentation"
    xmlns:x="http://schemas.microsoft.com/winfx/2006/xaml" Title="MultiDataTrigger"
    Height="146" Width="300">
    <Window.Resources>
        <Style TargetType="ListBoxItem">
            <!--使用 Style 设置 DataTemplate-->
            <Setter Property="ContentTemplate">
                <Setter.Value>
                    <DataTemplate>
                        <StackPanel Orientation="Horizontal">
                            <TextBlock Text="{Binding ID}" Width="60" />
                            <TextBlock Text="{Binding Name}" Width="120" />
                            <TextBlock Text="{Binding Age}" Width="60" />
                        </StackPanel>
                    </DataTemplate>
                </Setter.Value>
            </Setter>
            <!--MultiDataTrigger-->
            <Style.Triggers>
                <MultiDataTrigger>
                    <MultiDataTrigger.Conditions>
                        <Condition Binding="{Binding Path=ID}" Value="2" />
                        <Condition Binding="{Binding Path=Name}" Value="Tom" />
                    </MultiDataTrigger.Conditions>
                    <MultiDataTrigger.Setters>
                        <Setter Property="Background" Value="Orange" />
                    </MultiDataTrigger.Setters>
                </MultiDataTrigger>
            </Style.Triggers>
```

```
            </Style>
        </Window.Resources>
        <StackPanel>
            <ListBox x:Name="listBoxStudent" Margin="5" />
        </StackPanel>
</Window>
```

示例的 C#代码部分包括声明带有 ID、Name、Age 属性的 Student 类和将一个 List<Student>实例赋值给 ListBox 的 ItemsSource 属性，在此省略。程序的运行效果如图 11-29 所示。

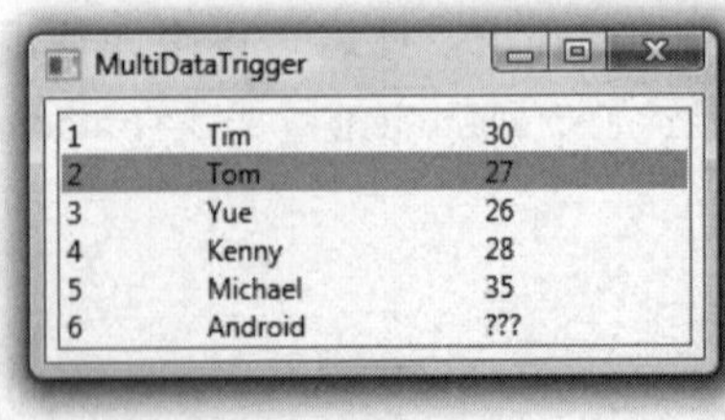

图 11-29 运行效果

5. 由事件触发的 EventTrigger

EventTrigger 是触发器中最特殊的一个。首先，它不是由属性值或数据的变化来触发而是由事件来触发；其次，被触发后它并非应用一组 Setter，而是执行一段动画。因此，UI 层的动画效果往往与 EventTrigger 相关联。

在下面这个例子中创建了一个针对 Button 的 Style，这个 Style 包含两个 EventTrigger，一个由 MouseEnter 事件触发，另一个由 MouseLeave 事件触发。XAML 代码如下：

```
<Window x:Class="WpfApplication1.Window1"
        xmlns="http://schemas.microsoft.com/winfx/2006/xaml/presentation"
        xmlns:x="http://schemas.microsoft.com/winfx/2006/xaml" Title="EventTrigger"
        Height="240" Width="240">
    <Window.Resources>
        <Style TargetType="Button">
            <Style.Triggers>
                <!--鼠标进入-->
                <EventTrigger RoutedEvent="MouseEnter">
                    <BeginStoryboard>
                        <Storyboard>
                            <DoubleAnimation To="150" Duration="0:0:0.2" Storyboard.TargetProperty="Width" />
                            <DoubleAnimation To="150" Duration="0:0:0.2" Storyboard.TargetProperty="Height" />
                        </Storyboard>
                    </BeginStoryboard>
                </EventTrigger>
                <!--鼠标离开-->
                <EventTrigger RoutedEvent="MouseLeave">
                    <BeginStoryboard>
```

```xml
                    <Storyboard>
                        <DoubleAnimation Duration="0:0:0.2" Storyboard.TargetProperty="Width" />
                        <DoubleAnimation Duration="0:0:0.2" Storyboard.TargetProperty="Height" />
                    </Storyboard>
                </BeginStoryboard>
            </EventTrigger>
        </Style.Triggers>
    </Style>
</Window.Resources>
<Canvas>
    <Button Width="40" Height="40" Content="OK" />
</Canvas>
</Window>
```

无需任何 C#代码，我们就获得了如图 11-30 所示的效果（界面上一些可展开/收拢的工具箱或菜单就是使用这种 EventTrigger 制作的）：

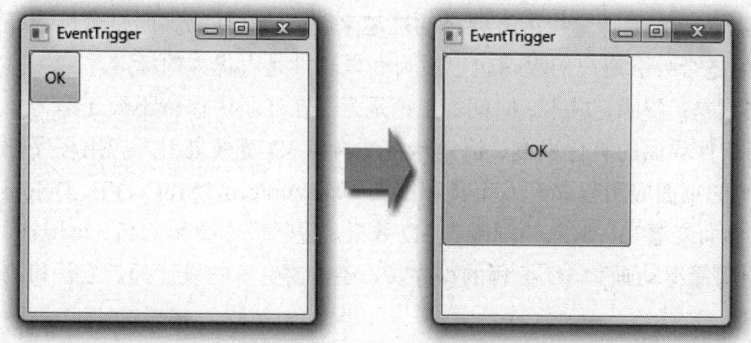

图 11-30　运行效果

至此各种触发器就介绍完了，提醒大家注意一点：虽然在 Style 中大量使用触发器，但触发器并非只能应用在 Style 中——各种 Template 也可以拥有自己的触发器，请大家根据设计需要决定触发器放在 Style 中还是 Template 中。

12
绘图和动画

如今的软件市场，竞争已经进入了白热化的阶段，功能强、运算快、界面友好、bug 少、价格低都已经成为必备条件。这还不算完，随着计算机的多媒体功能越来越强，软件的界面是否色彩亮丽、是否能通过动画、3D 等效果是否吸引用户的眼球也已成为衡量软件是否优秀的标准。

软件项目成功与否的三个要素是：资源、成本、时间。无论是为了在竞争中保持不败还是为了激发起用户对软件的兴趣，提高软件界面的美化程度、恰当地将动画和 3D 等效果引入应用程序都是一个必然趋势。然而，使用传统的桌面应用程序开发工具和框架（如 WinForm、MFC、VB、Delphi 等）进行开发时，为了使软件的界面变漂亮、加入动画或者 3D 效果，边际成本会非常高。体现在：

- 资源消耗增大：需要招聘懂得动画和 3D 编程的程序员，还需要更多的设计师，工薪和沟通成本随之上升。
- 开发时间增加：界面美化、动画和 3D 开发远比业务逻辑开发困难、耗时。
- 成本增加：随着资源消耗的增加和开发时间的拉长，成本必然增加。

之所以会出现这种情况，根本原因在于传统开发工具和框架并没有原生地支持美化用户界面、向应用程序中添加动画和 3D 等效果的功能。举个简单例子，当用户提出希望把 TextBox 的外面改为圆角时，WinForm 或 Delphi 程序员只能通过派生新类并在底层做修改的方法来实现。类似的用户需求还有很多不得不实现，否则客户会怀疑我们的开发能力；即使实现了也没有什么额外的经济效益，因为在客户眼里这些都是很简单的事情。

WPF 的推出可谓对症下药、专门解决上述问题。体现在：

- XAML 语言针对的是界面美化问题，可以让设计师直接加入开发团队、降低沟通成本。
- XAML 的图形绘制功能非常强大，可以轻易绘制出复杂的图标、图画。
- WPF 支持"滤镜"功能，可以像 Photoshop 那样为对象添加各种效果。
- WPF 原生支持动画开发，无论是设计师还是程序员，都能够使用 XAML 或 C#轻松开发制作出炫丽的动画效果。
- WPF 原生支持 3D 效果，甚至可以将其他 3D 建模工具创建的模型导入进来、为我所用。

- Blend 作为专门的设计工具让 WPF 如虎添翼，既能帮助不了解编程的设计师快速上手，又能帮助资深开发者快速建立图形或动画的原型。

本章，我们由静态图形绘制入手，进而学习动画效果的制作，最后领略一下 3D 设置的风采。

12.1 WPF 绘图

与传统 .NET 开发使用 GDI+ 进行绘图不同，WPF 拥有自己的一套图形 API。使用这套 API 不但可以轻松绘制出精美的图形，还可以方便地为图形添加各种类似 Photoshop 的"滤镜效果"及"变形效果"。本节我们就一起研究 WPF 图形 API 的绘图、效果和变形等功能。

在开始学习 WPF 绘图之前请先观察下面一组图片（如图 12-1 所示）。

图 12-1　XAML 绘制的矢量图效果

显然，这组图片是矢量图（Vector Image），无论怎样放大/缩小都不会出现锯齿。你可能会想："这是组 PNG 格式的图片吗？"答案是："No!"这组图片完全是用 XAML 语言绘制的！XAML 绘图本身就是矢量的，而且支持各式各样的填充和效果，甚至还可以添加滤镜，这些功能丝毫不亚于 Photoshop。以前，使用 Photoshop 制作出来的图形需要程序员用 .NET 的绘图接口进行二次转换后才能应用在程序里，现在好了，直接把 XAML 代码拿来用就可以了。

绘图并不是 Visual Studio 的强项，这些漂亮的 XAML 矢量图是怎么画出来的呢？答案是借助 Microsoft Expression Studio 中的 Design 和 Blend 两个工具。Blend 我们已经介绍过，用它可以直接绘制 XAML 图形；Design 可以像 Photoshop 或者 Fireworks 那样绘制图形，再由设计者决定导出为 PNG 或 XAML 格式。虽然"唯代码派"的程序员们在 Visual Studio 里一行一行写代码也能把复杂图形以非可视化的形式创建出来，但在 Design 或 Blend 中画出原型再在 Visual Studio 里进行细节上的修饰才是提高效率之道。

聚沙成塔、集腋成裘，别看前面那些图片很复杂，但都是由有限的几个基本图形组成的。WPF 的基本图形包括以下几个（它们都是 Shape 类的派生类）：

- Line：直线段，可以设置其笔触（Stroke）。
- Rectangle：矩形，既有笔触，又有填充（Fill）。
- Ellipse：椭圆，长、宽相等的椭圆即为正圆，既有笔触又有填充。
- Polygon：多边形，由多条直线段围成的闭合区域，既有笔触又有填充。
- Polyline：折线（不闭合），由多条首尾相接的直线段组成。
- Path：路径（闭合区域），基本图形中功能最强大的一个，可由若干直线、圆弧、贝塞尔曲线组成。

1. 直线

直线是最简单的图形。使用 X1、Y1 两个属性可以设置它的起点坐标，X2、Y2 两个属性则用来设置其终点坐标。控制起点/终点坐标就可以实现平行、交错等效果。Stroke（笔触）属性的数据类型是 Brush（画刷），凡是 Brush 的派生类均可用于给这个属性赋值。因为 WPF 提供了多种渐变色画刷，所以画直线也可以画出渐变效果。同时，Line 的一些属性还帮助我们画出虚线以及控制线段终点的形状。下面的例子综合了这些属性：

```xml
<Window x:Class="WpfApplication1.Window1"
        xmlns="http://schemas.microsoft.com/winfx/2006/xaml/presentation"
        xmlns:x="http://schemas.microsoft.com/winfx/2006/xaml" Title="Lines"
        Height="260" Width="300">
    <Grid>
        <Line X1="10" Y1="20" X2="260" Y2="20" Stroke="Red" StrokeThickness="10" />
        <Line X1="10" Y1="40" X2="260" Y2="40" Stroke="Orange" StrokeThickness="6" />
        <Line X1="10" Y1="60" X2="260" Y2="60" Stroke="Green" StrokeThickness="3" />
        <Line X1="10" Y1="80" X2="260" Y2="80" Stroke="Purple" StrokeThickness="2" />
        <Line X1="10" Y1="100" X2="260" Y2="100" Stroke="Black" StrokeThickness="1" />
        <Line X1="10" Y1="120" X2="260" Y2="120" StrokeDashArray="3" Stroke="Black"
              StrokeThickness="1" />
        <Line X1="10" Y1="140" X2="260" Y2="140" StrokeDashArray="5" Stroke="Black"
              StrokeThickness="1" />
        <Line X1="10" Y1="160" X2="260" Y2="160" Stroke="Black" StrokeEndLineCap="Flat"
              StrokeThickness="6" />
        <Line X1="10" Y1="180" X2="260" Y2="180" Stroke="Black"
              StrokeEndLineCap="Triangle" StrokeThickness="8" />
        <Line X1="10" Y1="200" X2="260" Y2="200" StrokeEndLineCap="Round"
              StrokeThickness="10">
            <Line.Stroke>
                <LinearGradientBrush EndPoint="0,0.5" StartPoint="1,0.5">
                    <GradientStop Color="Blue" />
                    <GradientStop Offset="1" />
                </LinearGradientBrush>
            </Line.Stroke>
```

```
        </Line>
    </Grid>
</Window>
```

实际效果如图 12-2 所示。

图 12-2　运行效果

> **注意**
> 有一点需要注意，初学者常认为绘图一定要在 Canvas 中完成（谁叫它的名字是"画布"呢），其实不然，绘图可以在任何一种布局控件中完成，WPF 会自动根据容器的不同计算图形的坐标。日常工作中，常用的绘图容器是 Canvas 和 Grid。

2．矩形

矩形由笔触（Stroke，即边线）和填充（Fill）构成。Stroke 属性的设置与 Line 一样，Fill 属性的数据类型是 Brush。Brush 是个抽象类，所以我们不可以拿一个 Brush 类的实例为 Fill 属性赋值而只能用 Brush 派生类的实例进行赋值。WPF 的绘图系统包含非常丰富的 Brush 类型，常用的有：

- SolidColorBrush：实心画刷。在 XAML 中可以使用颜色名称字符串（如 Red、Blue）直接赋值。
- LinearGradientBrush：线性渐变画刷。色彩沿设定的直线方向、按设定的变化点进行渐变。
- RadialGradientBrush：径向渐变画刷。色彩沿半径的方向、按设定的变化点进行渐变，形成圆形填充。
- ImageBrush：使用图片（Image）作为填充内容。
- DrawingBrush：使用矢量图（Vector）和位图（Bitmap）作为填充内容。
- VisualBrush：WPF 中的每个控件都是由 FrameworkElement 类派生来的，而 FrameworkElement 又是由 Visual 类派生来的。Visual 意为"可视"之意，每个控件的可视化形象就可以通过 Visual 类的方法获得。获得这个可视化的形象后，我们可以用这个形象进行填充，这就是 VisualBrush。比如当我想把窗体上的某个控件拖拽到另一个位置，当鼠标松开之前需要在鼠标指针下显现一个控件的"幻影"，这个"幻影"就是用

VisualBrush 填充出来的一个矩形,并让矩形捕捉鼠标的位置、随鼠标移动。
下面是使用各种画刷填充矩形的综合实例。

```xml
<Window x:Class="WpfApplication1.Window1"
        xmlns="http://schemas.microsoft.com/winfx/2006/xaml/presentation"
        xmlns:x="http://schemas.microsoft.com/winfx/2006/xaml"
        Title="Rectangle and Brush" Width="600" Height="390">
    <Grid Margin="10">
        <Grid.RowDefinitions>
            <RowDefinition Height="160" />
            <RowDefinition Height="10" />
            <RowDefinition Height="160" />
        </Grid.RowDefinitions>
        <Grid.ColumnDefinitions>
            <ColumnDefinition Width="180" />
            <ColumnDefinition Width="10" />
            <ColumnDefinition Width="180" />
            <ColumnDefinition Width="10" />
            <ColumnDefinition Width="180" />
        </Grid.ColumnDefinitions>
        <!--实心填充-->
        <Rectangle Grid.Column="0" Grid.Row="0" Stroke="Black" Fill="LightBlue" />
        <!--线性渐变-->
        <Rectangle Grid.Column="2" Grid.Row="0">
            <Rectangle.Fill>
                <LinearGradientBrush StartPoint="0,0" EndPoint="1,1">
                    <GradientStop Color="#FFB6F8F1" Offset="0" />
                    <GradientStop Color="#FF0082BD" Offset="0.25" />
                    <GradientStop Color="#FF95DEFF" Offset="0.6" />
                    <GradientStop Color="#FF004F72" Offset="1" />
                </LinearGradientBrush>
            </Rectangle.Fill>
        </Rectangle>
        <!--径向渐变-->
        <Rectangle Grid.Column="4" Grid.Row="0">
            <Rectangle.Fill>
                <RadialGradientBrush>
                    <GradientStop Color="#FFB6F8F1" Offset="0" />
                    <GradientStop Color="#FF0082BD" Offset="0.25" />
                    <GradientStop Color="#FF95DEFF" Offset="0.75" />
                    <GradientStop Color="#FF004F72" Offset="1.5" />
                </RadialGradientBrush>
            </Rectangle.Fill>
        </Rectangle>
        <!--图片填充-->
        <Rectangle Grid.Column="0" Grid.Row="2">
```

```xml
            <Rectangle.Fill>
                <ImageBrush ImageSource=".\logo.png" Viewport="0,0,0.3,0.15"
                    TileMode="Tile" />
            </Rectangle.Fill>
        </Rectangle>
        <!--矢量图填充-->
        <Rectangle Grid.Column="2" Grid.Row="2">
            <Rectangle.Fill>
                <DrawingBrush Viewport="0,0,0.2,0.2" TileMode="Tile">
                    <DrawingBrush.Drawing>
                        <GeometryDrawing Brush="LightBlue">
                            <GeometryDrawing.Geometry>
                                <EllipseGeometry RadiusX="10" RadiusY="10" />
                            </GeometryDrawing.Geometry>
                        </GeometryDrawing>
                    </DrawingBrush.Drawing>
                </DrawingBrush>
            </Rectangle.Fill>
        </Rectangle>
        <!--无填充,用线性渐变填充边线-->
        <Rectangle Grid.Column="4" Grid.Row="2" StrokeThickness="10">
            <Rectangle.Stroke>
                <LinearGradientBrush StartPoint="0,0" EndPoint="1,1">
                    <GradientStop Color="White" Offset="0.3" />
                    <GradientStop Color="Blue" Offset="1" />
                </LinearGradientBrush>
            </Rectangle.Stroke>
        </Rectangle>
    </Grid>
</Window>
```

运行效果如图 12-3 所示。

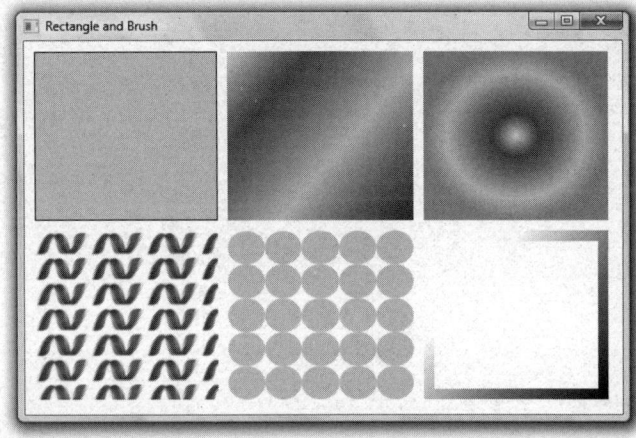

图 12-3　运行效果

在使用画刷的时候，建议先在 Blend 里绘制出大致效果然后再在 Visual Studio 里进行微调。比如，使用 Blend 可以快速绘制出如下线性渐变：

```xml
<LinearGradientBrush EndPoint="0.995,0.997" StartPoint="0.003,0.006">
    <GradientStop Color="#FFB6F8F1" Offset="0" />
    <GradientStop Color="#FF004F72" Offset="1" />
    <GradientStop Color="#FF0082BD" Offset="0.274" />
    <GradientStop Color="#FF95DEFF" Offset="0.665" />
</LinearGradientBrush>
```

但 Blend 生成的代码质量并不高、可读性也比较差——数字过分精确、排列颠三倒四，所以我们需要进行调整。调整后的代码如下：

```xml
<LinearGradientBrush StartPoint="0,0" EndPoint="1,1">
    <GradientStop Color="#FFB6F8F1" Offset="0" />
    <GradientStop Color="#FF0082BD" Offset="0.3" />
    <GradientStop Color="#FF95DEFF" Offset="0.7" />
    <GradientStop Color="#FF004F72" Offset="1" />
</LinearGradientBrush>
```

接下来让我们看一个 VisualBrush 的例子。为了简单起见，目标控件是一个 Button，实际工作中换成复杂控件的效果也一样。程序的 XAML 代码如下：

```xml
<Window x:Class="WpfApplication1.Window1"
        xmlns="http://schemas.microsoft.com/winfx/2006/xaml/presentation"
        xmlns:x="http://schemas.microsoft.com/winfx/2006/xaml" Title="VisualBrush"
        Height="300" Width="400" Background="Orange">
    <Grid Margin="10">
        <Grid.ColumnDefinitions>
            <ColumnDefinition Width="160" />
            <ColumnDefinition Width="*" />
            <ColumnDefinition Width="160" />
        </Grid.ColumnDefinitions>
        <StackPanel x:Name="stackPanelLeft" Background="White">
            <Button x:Name="realButton" Content="OK" Height="40" />
        </StackPanel>
        <Button Content=">>>" Grid.Column="1" Margin="5,0" Click="CloneVisual" />
        <StackPanel x:Name="stackPanelRight" Background="White" Grid.Column="2" />
    </Grid>
</Window>
```

中间 Button 的 Click 事件处理器代码如下：

```csharp
double o = 1.0; // 不透明度计数器
private void CloneVisual(object sender, RoutedEventArgs e)
{
    VisualBrush vBrush = new VisualBrush(this.realButton);
```

```
        Rectangle rect = new Rectangle();
        rect.Width = realButton.ActualWidth;
        rect.Height = realButton.ActualHeight;
        rect.Fill = vBrush;
        rect.Opacity = o;
        o -= 0.2;

        this.stackPanelRight.Children.Add(rect);
    }
```

运行效果如图 12-4 所示。

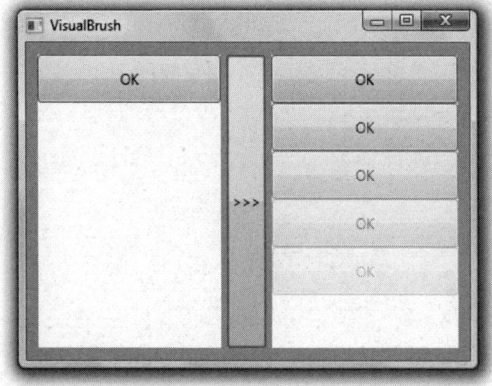

图 12-4　运行效果

3. 椭圆

椭圆也是一种常用的几何图形，它的使用方法与矩形没有什么区别。下面的例子是绘制一个球体，球体的轮廓是正圆（Circle），Width 与 Height 相等的椭圆即是正圆；球体的光影效果使用径向渐变实现。XAML 代码如下：

```
<Window x:Class="WpfApplication1.Window1"
        xmlns="http://schemas.microsoft.com/winfx/2006/xaml/presentation"
        xmlns:x="http://schemas.microsoft.com/winfx/2006/xaml" Title="Ellipse"
        Height="200" Width="200">
    <Grid>
        <Ellipse Stroke="Gray" Width="140" Height="140" Cursor="Hand" ToolTip="A Ball">
            <Ellipse.Fill>
                <RadialGradientBrush GradientOrigin="0.2,0.8" RadiusX="0.75" RadiusY="0.75">
                    <RadialGradientBrush.RelativeTransform>
                        <TransformGroup>
                            <RotateTransform Angle="90" CenterX="0.5" CenterY="0.5" />
                            <TranslateTransform />
                        </TransformGroup>
                    </RadialGradientBrush.RelativeTransform>
```

```xml
                <GradientStop Color="#FFFFFFFF" Offset="0" />
                <GradientStop Color="#FF444444" Offset="0.66" />
                <GradientStop Color="#FF999999" Offset="1" />
            </RadialGradientBrush>
        </Ellipse.Fill>
    </Ellipse>
</Grid>
</Window>
```

运行效果如图 12-5 所示。

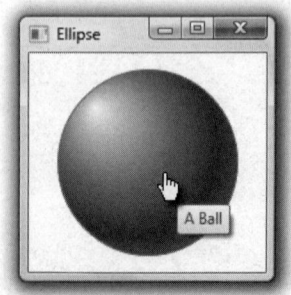

图 12-5 运行效果

与前面提到的一样，椭圆的绘制和色彩填充都是在 Blend 里完成的，在 Visual Studio 里又进行了一些调整（包括规整数值、调整顺序和去掉无用代码）。

4．路径

路径（Path）可以说是 WPF 绘图中最强大的工具，一来是因为它完全可以替代其他几种图形，二来它可以将直线、圆弧、贝塞尔曲线等基本元素结合进来，形成更复杂的图形。路径最重要的一个属性是 Data，Data 的数据类型是 Geometry（几何图形），我们正是使用这个属性将一些基本的线段拼接起来、形成复杂的图形。

为 Data 属性赋值的语法有两种：一种是标签式的标准语法，另一种是专门用于绘制几何图形的"路径标记语法"。本小节我们借助标准语法认识各种基本线段，下一小节我们将学习绘制几何图形的路径标记语法。

想要使用 Path 绘制图形，首先要知道几何图形数据是如何组合在 Data 属性中的。Path 的 Data 属性是 Geometry 类，但 Geometry 类是个抽象类，所以我们不可能在 XAML 中直接使用<Geometry>标签。

```xml
<!--不可能出现-->
<Path>
    <Geometry>
        …
    </Geometry>
</Path>
```

我们可以使用的是 Geometry 的子类。Geometry 的子类包括：
- LineGeometry：直线几何图形。
- RectangleGeometry：矩形几何图形。
- EllipseGeometry：椭圆几何图形。
- PathGeometry：路径几何图形。
- StreamGeometry：PathGeometry 的轻量级替代品，不支持 Binding、动画等功能。
- CombinedGeometry：由多个基本几何图形联合在一起，形成的单一几何图形。
- GeometryGroup：由多个基本几何图形组合在一起，形成的几何图形组。

可能让大家比较迷惑的是：前面已经见过 Line、Rectangle、Ellipse 等类，怎么现在又出来 LineGeometry、RectangleGeometry、EllipseGeometry 类呢？他们的区别在于前面介绍的 Line、Rectangle、Ellipse 类都是可以独立存在的对象，而这些*Geometry 类只能用于结合成其他几何图形、不能独立存在——当我们在 Blend 里选中一组独立的几何图形并在菜单里执行组合路径的命令时，本质上就是把原来独立的 Line、Rectangle、Ellipse 对象转换成*Geometry 对象并结合成一个新的复杂几何图形。

回到 Path 的 Data 属性，下面这个例子是简要展示各个几何图形：

```xml
<Window x:Class="WpfApplication1.Window1"
        xmlns="http://schemas.microsoft.com/winfx/2006/xaml/presentation"
        xmlns:x="http://schemas.microsoft.com/winfx/2006/xaml" WindowStyle="ToolWindow"
        Title="Geometry" Height="350" Width="340">
    <Grid>
        <Grid.ColumnDefinitions>
            <ColumnDefinition Width="160" />
            <ColumnDefinition Width="160" />
        </Grid.ColumnDefinitions>
        <Grid.RowDefinitions>
            <RowDefinition Height="160" />
            <RowDefinition Height="160" />
        </Grid.RowDefinitions>
        <!--直线-->
        <Path Stroke="Blue" StrokeThickness="2" Grid.Column="0" Grid.Row="0">
            <Path.Data>
                <LineGeometry StartPoint="20,20" EndPoint="140,140" />
            </Path.Data>
        </Path>
        <!--矩形路径-->
        <Path Stroke="Orange" Fill="Yellow" Grid.Column="1" Grid.Row="0">
            <Path.Data>
                <RectangleGeometry Rect="20,20,120,120" RadiusX="10" RadiusY="10" />
            </Path.Data>
        </Path>
        <!--椭圆路径-->
```

```xml
            <Path Stroke="Green" Fill="LawnGreen" Grid.Column="0" Grid.Row="1">
                <Path.Data>
                    <EllipseGeometry Center="80,80" RadiusX="60" RadiusY="40" />
                </Path.Data>
            </Path>
            <!--自定义路径(最为重要)-->
            <Path Stroke="Yellow" Fill="Orange" Grid.Column="1" Grid.Row="1">
                <Path.Data>
                    <PathGeometry>
                        <PathGeometry.Figures>
                            <PathFigure StartPoint="25,140" IsClosed="True">
                                <PathFigure.Segments>
                                    <LineSegment Point="20,40" />
                                    <LineSegment Point="40,110" />
                                    <LineSegment Point="50,20" />
                                    <LineSegment Point="80,110" />
                                    <LineSegment Point="110,20" />
                                    <LineSegment Point="120,110" />
                                    <LineSegment Point="140,40" />
                                    <LineSegment Point="135,140" />
                                </PathFigure.Segments>
                            </PathFigure>
                        </PathGeometry.Figures>
                    </PathGeometry>
                </Path.Data>
            </Path>
        </Grid>
</Window>
```

运行效果如图 12-6 所示。

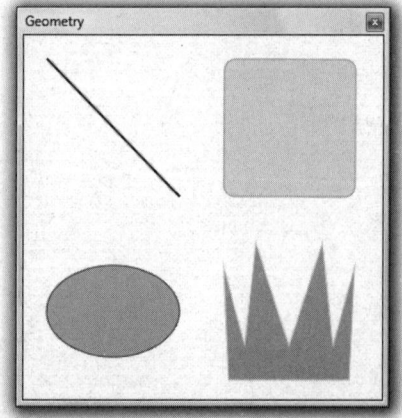

图 12-6　运行效果

其中 LineGeometry、RectangleGeometry 和 EllipseGeometry 都比较简单，现在着重来看 PathGeometry。可以说，WPF 绘图的重点在于 Path，Path 的重点在于 PathGeometry。PathGeometry 之所以如此重要是因为 Path 的 Figures 属性可以容纳 PathFigure 对象，而 PathFigure 的 Segments 属性又可以容纳各种线段用于结合成复杂图形。XAML 代码结构如下：

```
<Path>
    <Path.Data>
        <PathGeometry>
            <PathGeometry.Figures>
                <PathFigure>
                    <PathFigure.Segments>
                        <!--各种线段-->
                    </PathFigure.Segments>
                </PathFigure>
            </PathGeometry.Figures>
        </PathGeometry>
    </Path.Data>
</Path>
```

因为 Figures 是 PathGeometry 的默认内容属性、Segments 是 PathFigure 的默认内容属性，所以常简化为这样：

```
<Path>
    <Path.Data>
        <PathGeometry>
            <PathFigure>
                <!--各种线段-->
            </PathFigure>
        </PathGeometry>
    </Path.Data>
</Path>
```

了解上面这个格式之后，就可以把目光集中在各种线段上。它们是：

- LineSegment：直线段。
- ArcSegment：圆弧线段。
- BezierSegment：三次方贝塞尔曲线段（默认贝塞尔曲线就是指三次曲线，所以 Cubic 一词被省略）。
- QuadraticBezierSegment：二次方贝塞尔曲线段。
- PolyLineSegment：多直线段。
- PolyBezierSegment：多三次方贝塞尔曲线段。
- PolyQuadraticBezierSegment：多二次方贝塞尔曲线。

在绘制这些线段的时候需要注意，所有这些线段都是没有起点（StartPoint）的，因为起点就是前一个线段的终点，而第一个线段的起点则是 PathFigure 的 StartPoint。请看下面这些示例。

LineSegment 最为简单,只需要控制它的 Point(终点)即可。

```xml
<Window x:Class="WpfApplication1.Window1"
        xmlns="http://schemas.microsoft.com/winfx/2006/xaml/presentation"
        xmlns:x="http://schemas.microsoft.com/winfx/2006/xaml" Title="Segments"
        Height="200" Width="300">
    <Grid VerticalAlignment="Center" HorizontalAlignment="Center">
        <Path Stroke="Green" Fill="LawnGreen" StrokeThickness="2">
            <Path.Data>
                <PathGeometry>
                    <PathFigure IsClosed="True" StartPoint="0,0">
                        <LineSegment Point="150,0" />
                        <LineSegment Point="150,30" />
                        <LineSegment Point="90,30" />
                        <LineSegment Point="90,150" />
                        <LineSegment Point="60,150" />
                        <LineSegment Point="60,30" />
                        <LineSegment Point="0,30" />
                    </PathFigure>
                </PathGeometry>
            </Path.Data>
        </Path>
    </Grid>
</Window>
```

运行效果如图 12-7 所示。

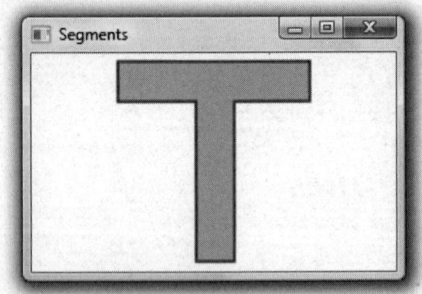

图 12-7　运行效果

ArcSegment 用来绘制圆弧。Point 属性用来指明圆弧连接的终点;圆弧截取自椭圆,Size 属性即是完整椭圆的横轴半径和纵轴半径;SweepDirection 属性指明圆弧是顺时针方向还是逆时针方向;如果椭圆上的两点位置不对称,那么这两点间的圆弧就会分为大弧和小弧,IsLargeArc 属性用于指明是否使用大弧去连接;RotationAngle 属性用来指明圆弧母椭圆的旋转角度。如图 12-8 所示是对几个属性的变化做了详细的对比:

BezierSegment(三次方贝塞尔曲线)由 4 个点决定:

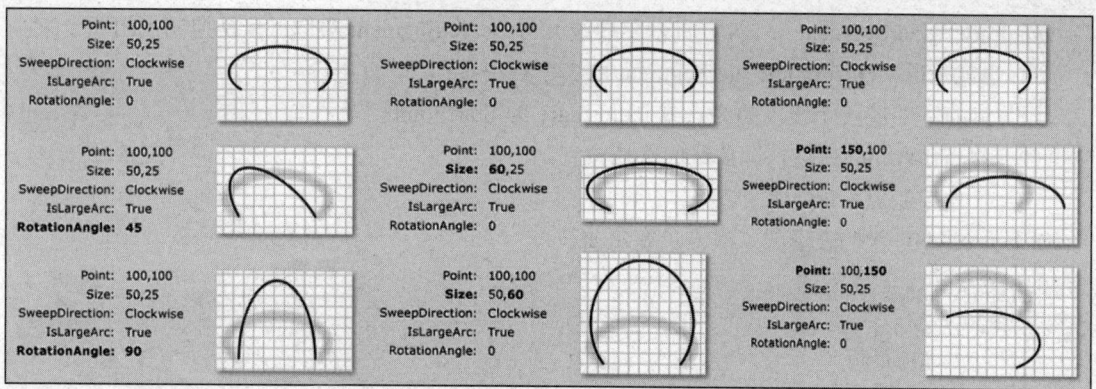

图 12-8 ArcSegment 的几个属性变化时的效果对比

（1）起点：即前一个线段的终点或 PathFigure 的 StartPoint。
（2）终点：Point3 属性，即曲线的终点位置。
（3）两个控制点：Point1 和 Point2 属性。

粗略地说，三次方贝塞尔曲线就是由起点出发走向 Point1 的方向，再走向 Point2 的方向，最后到达终点的平滑曲线，具体算法请查阅维基百科"贝塞尔曲线"词条。

如下为 XAML 代码表示的三次方贝塞尔曲线：

```xml
<Path Stroke="Black" StrokeThickness="2">
    <Path.Data>
        <PathGeometry>
            <PathFigure StartPoint="0,0">
                <BezierSegment Point1="250,0" Point2="50,200" Point3="300,200"/>
            </PathFigure>
        </PathGeometry>
    </Path.Data>
</Path>
```

其显示效果如图 12-9 所示。

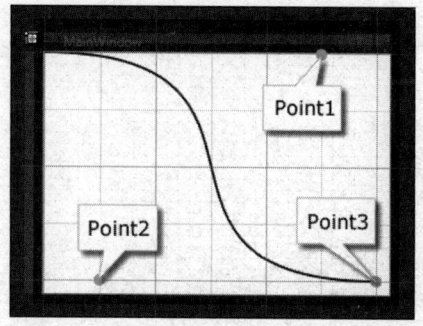

图 12-9 三次方贝塞尔曲线示例

QuadraticBezierSegment（二次方贝塞尔曲线）与 BezierSegment 类似，只是控制点由两个减少为一个。也就是说，QuadraticBezierSegment 由 3 个点决定：

（1）起点：即前一个线段的终点或 PathFigure 的 StartPoint。
（2）终点：Point2 属性，即曲线的终点位置。
（3）一个控制点：Point1。

如下为 XAML 代码表示的二次方贝塞尔曲线：

```xaml
<Path Stroke="Black" StrokeThickness="2">
    <Path.Data>
        <PathGeometry>
            <PathFigure StartPoint="0,200">
                <QuadraticBezierSegment Point1="150,-100" Point2="300,200"/>
            </PathFigure>
        </PathGeometry>
    </Path.Data>
</Path>
```

其显示效果如图 12-10 所示。

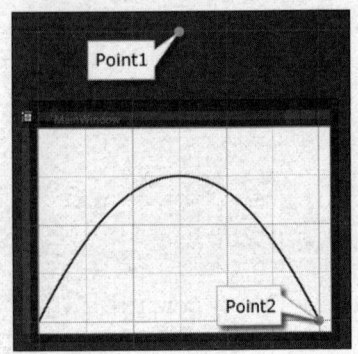

图 12-10　二次方贝塞尔曲线效果

至此，简单的基本路径就介绍完了。如果想绘制出复杂的图画来，我们要做的仅仅是在 PathFigure 把 Segment 一段一段加上去。

GeometryGroup 也是 Geometry 的一个派生类，它最大的特点是可以将一组 PathGeometry 组合在一起。如下面的例子所示：

```xaml
<Path Stroke="Black" Fill="LightBlue" StrokeThickness="1">
    <Path.Data>
        <GeometryGroup>
            <PathGeometry>
                <PathFigure StartPoint="0,0">
                    <BezierSegment Point1="250,0" Point2="50,200" Point3="300,200" />
                </PathFigure>
            </PathGeometry>
```

```xml
            <PathGeometry>
                <PathFigure StartPoint="0,0">
                    <BezierSegment Point1="230,0" Point2="50,200" Point3="300,200" />
                </PathFigure>
            </PathGeometry>
            <PathGeometry>
                <PathFigure StartPoint="0,0">
                    <BezierSegment Point1="210,0" Point2="50,200" Point3="300,200" />
                </PathFigure>
            </PathGeometry>
            <PathGeometry>
                <PathFigure StartPoint="0,0">
                    <BezierSegment Point1="190,0" Point2="50,200" Point3="300,200" />
                </PathFigure>
            </PathGeometry>
            <PathGeometry>
                <PathFigure StartPoint="0,0">
                    <BezierSegment Point1="170,0" Point2="50,200" Point3="300,200" />
                </PathFigure>
            </PathGeometry>
            <PathGeometry>
                <PathFigure StartPoint="0,0">
                    <BezierSegment Point1="150,0" Point2="50,200" Point3="300,200" />
                </PathFigure>
            </PathGeometry>
            <PathGeometry>
                <PathFigure StartPoint="0,0">
                    <BezierSegment Point1="130,0" Point2="50,200" Point3="300,200" />
                </PathFigure>
            </PathGeometry>
        </GeometryGroup>
    </Path.Data>
</Path>
```

运行效果如图 12-11 所示。

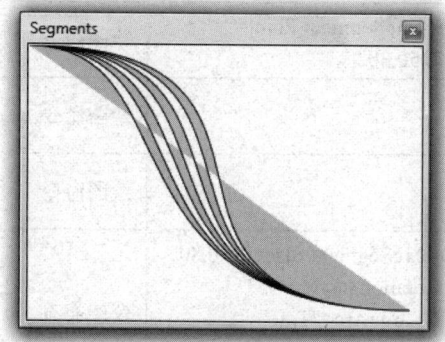

图 12-11 用 GeometryGroup 将一组 PathGeometry 组合起来

5. 路径标记语法

Path 是如此之强大，可以让我们随心所欲地绘制图形，然而它的一大缺点也是不容忽视的，那就是其标签式语法的烦琐。一般情况下，复杂图形（Path）都是由数十条线段连接而成，按照标签式语法，每条线段（Segment）是一个标签、每个标签占据一行，一个图形就要占去几十行代码。而这仅仅是一个图形，要组成一个完整的图画又往往需要十多个图形组合在一起，有可能占据数百行代码！幸好这种事情没有发生，因为我们可以借助专供 WPF 绘图使用的路径标记语法（Path Markup Syntax）来极大地简化 Path 的描述。

路径标记语法实际上就是各种线段的简记法，比如，<LineSegment Point="150,5" /> 可以简写为 "L 150,5"，这个 L 就是路径标记语法的一个"绘图命令"。不仅如此，路径标记语法还增加了一些更实用的绘图命令，比如 H 用来画水平直线，"H 180" 就是指从当前点画一条水平直线，终点的横坐标是 180（你不需要考虑纵坐标，它与当前点的纵坐标一致）。类似地还有 V 命令，用来画竖直直线。

使用路径标记语法绘图时一般分三步：移动至起点→绘图→闭合图形，这三步使用的命令稍有差别。移动到起点使用的是"移动命令"M；绘图使用的是绘图命令，包括 L、H、V、A、C、Q 等，下面会逐一介绍；如果图形是闭合的，需要使用"闭合命令"Z，这样最后一条线段的终点与第一条线段的起点间会连接上一条直线段。

路径标记语法是不区分大小写的，所以 A 与 a、H 与 h 都是等价的。在路径标记语法中使用两个 double 类型数值来表示一个点，第一个值表示横坐标（常记为 x），第二个值表示纵坐标（常记为 y），两个数值既可以使用逗号分隔（x,y）又可以使用空格分隔（x y）。由于路径标记法语中使用空格作为两个点之间的分隔，为了避免混淆，建议使用逗号作为点横纵坐标的分隔符。

如表 12-1 所示是常用路径标记语法的总结。

表 12-1 常用路径标记语法的总结

命令	用途	语法	示例	对应标签式语法	分类
M	移动到起始点	M 起始点	M 10,10	<PathFigure StartPoint="0,0">	移动命令
L	绘制直线	L 终点	L 150,30	<LineSegment Point="150,30" />	绘图命令
H	绘制水平直线	H 终点横坐标	H 180		绘图命令
V	绘制竖直直线	V 终点纵坐标	V 180		绘图命令
A	绘制圆弧	A 椭圆尺寸 旋转角度 是否大弧 顺/逆时针 终点	A 180,80 45 1 1 150,150	<ArcSegment Size="180,80" RotationAngle="45" IsLargeArc="True" SweepDirection="Clockwise" Point="150,150" />	绘图命令

续表

命令	用途	语法	示例	对应标签式语法	分类
C	三次方贝塞尔曲线	C 控制点1 控制点2 终点	C 250,0 50,200 300,200	\<BezierSegment Point1="250,0" Point2="50,200" Point3="300,200" />	绘图命令
Q	二次方贝塞尔曲线	Q 控制点1 终点	Q 150,-100 300,200	\<QuadraticBezierSegment Point1="150,-100" Point2="300,200"/>	绘图命令
S	平滑三次贝塞尔曲线	S 控制点2 终点	S 100,200 200,300		绘图命令
T	平滑二次贝塞尔曲线	T 终点	T 400,200		绘图命令
Z	闭合图形	Z	M 0,0 L 40,80 L 80,40 Z	\<PathFigure IsClosed="True" />	关闭命令

在上述命令中，S 和 T 两个命令比较特殊。S 用于绘制平滑三次方贝塞尔曲线，但只需要给出一个控制点，这个控制点相当于普通三次方贝塞尔曲线的第二个控制点，之所以第一个控制点省略不写是因为平滑三次方贝塞尔曲线会把前一条贝塞尔曲线的第二控制点以起点为对称中心的对称点当作自己的第一控制点（如果前面的线段不是贝塞尔曲线，则第一控制点与起点相同）。例如下面两条曲线就是等价的：

\<Path Stroke="Red" Data="M 0,0 C 30,0 70,100 100,100 S 170,0 200,0" />
\<Path Stroke="Black" Data="M 0,0 C 30,0 70,100 100,100 C 130,100 170,0 200,0" />

与 S 命令相仿，T 命令用于绘制平滑二次方贝塞尔曲线，绘制的时候如果前面的线段也是一段二次方贝塞尔曲线的话，T 命令会把前面这段曲线的控制点以起点为对称中心的对称点当作自己的控制点（如果前面的线段不是二次方贝塞尔曲线则控制点与起点相同）。下面两条曲线等价：

\<Path Stroke="Red" Data="M 0,200 Q 100,0 200,200 T 400,200" />
\<Path Stroke="Black" Data="M 0,200 Q 100,0 200,200 Q 300,400 400,200" />

现在我们就可以使用路径标记语法来绘图了！使用方法是把这些命令串起来、形成一个字符串，然后赋值给 Path 的 Data 属性。使用 Blend 绘图时，Blend 会自动使用路径标记语法来记录数据而不是使用代码量巨大的标签式语法。

6. 使用 Path 剪裁界面元素

实际工作中经常会遇到制作不规则窗体或控件的需求，WPF 在这方面做了良好的支持，仅需使窗体或控件的 Clip 属性就可以轻松做到。

Clip 属性被定义在 UIElement 类中，因此 WPF 窗体和所有控件、图形都具有这个属性。Clip

属性的数据类型是 Geometry，与 Path 的 Data 属性一致。因此，我们只要按需求制作好特殊形状的 Path 并把 Path 的 Data 属性值赋给目标窗体、控件或其他图形，对目标的剪切就完成了。请看下面这个不规则窗体的例子：

```
<Window x:Class="WpfApplication2.Window1"
        xmlns="http://schemas.microsoft.com/winfx/2006/xaml/presentation"
        xmlns:x="http://schemas.microsoft.com/winfx/2006/xaml" Width="300" Height="250"
        Background="LawnGreen" AllowsTransparency="True" WindowStyle="None">
    <Grid VerticalAlignment="Center" HorizontalAlignment="Center">
        <Path Visibility="Hidden" x:Name="clipPath"
              Data="M50.000001,0.5    C77.338097,0.5    99.5,22.661905    99.5,50.000001    99.5,53.417262
99.153721,56.753646  98.494339,59.975975  L98.07753,61.78191  100.14996,60.838246  C115.10204,54.228902  132.04643,50.5
150,50.5    167.95357,50.5    184.89796,54.228902    199.85004,60.838246    L201.92247,61.781907    201.50566,59.975979
C200.84628,56.753646 200.5,53.417262 200.5,50.000001 200.5,22.661905 222.66191,0.5 250,0.5 277.33809,0.5 299.5,22.661905
299.5,50.000001    299.5,77.338095    277.33809,99.5    250,99.5    249.14569,99.5    248.29642,99.478359    247.45273,99.435593
L245.86905,99.315166 246.28394,99.955688 C254.71242,113.3457 259.5,128.69034 259.5,145 259.5,197.1909 210.47517,239.5
150,239.5    89.524818,239.5    40.5,197.1909    40.499998,145    40.5,128.69034    45.28758,113.3457    53.716058,99.955688
L54.130958,99.315166 52.54726,99.435593 C51.703576,99.478359 50.854316,99.5 50.000001,99.5 22.661905,99.5 0.5,77.338095
0.5,50.000001 0.5,22.661905 22.661905,0.5 50.000001,0.5 z" />
        <Button VerticalAlignment="Center" HorizontalAlignment="Center" Width="80"
                Height="25" Name="buttonClip" Click="buttonClip_Click">Clip</Button>
    </Grid>
</Window>
```

是不是被一大片路径标记命令搞晕了？其实它们是我在 Blend 里画出来的，我们没必要深究里面的数据，也没必要为如此繁杂的数据一一做简化。

如果想让一个窗体能够被剪切，那么其 AllowsTransparency 必须设为 True，这个属性设为 True 后，WindowStyle 属性必须设为 None。

窗体中 Button 的 Click 事件处理器如下：

```
private void buttonClip_Click(object sender, RoutedEventArgs e)
{
    this.Clip = this.clipPath.Data;
}
```

运行程序、单击 Clip 按钮，会得到如图 12-12 所示效果。

原来是米老鼠的剪影哦！

虽然任务完成了，但 Blend 生成的路径标记其质量实在是太差了，这是我画了三个椭圆然后合并路径所产生的那么多数据，让我们优化一下。实际上，一个米老鼠的剪影用 4 个 A 命令就能搞定，优化后的数据如下（运行效果不变）：

```
<Path Visibility="Hidden" x:Name="clipPath"
      Data="M 55,100 A 50,50 0 1 1 100,60 A 110,95 0 0 1 200,60 A 50,50 0 1 1 250,100 A 110,95 0 1 1 55,100 Z" />
```

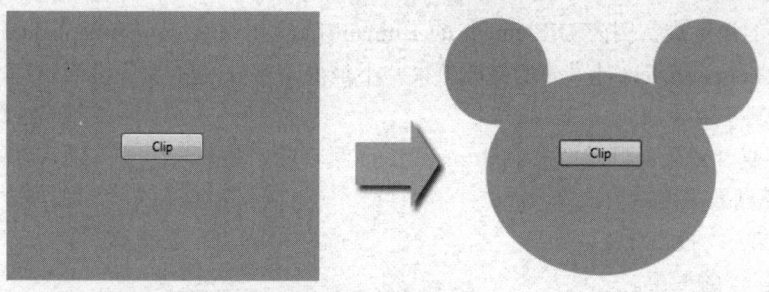

图 12-12　使用 Path 剪截界面元素

12.2　图形的效果与滤镜

以往，令程序员们很头疼的一件事就是要精确实现 UI 设计师们给出的样稿。有些时候程序员可以使用设计师提供的图片作为背景或者贴图，但这些图片往往是位图而非矢量图，所以当应用了这些图片的窗口或控件发生尺寸变化时，图片经常会出现锯齿、马赛克或失真等情况。对于那些对用户体验要求比较高的软件程序员就不能直接使用位图了，只能用代码来实现设计师的设计。要知道，设计师手里用的是 Photoshop、Illustrator、Fireworks 这些专业设计工具，加个阴影、生成个发光效果也就是点点鼠标的事儿，同样的效果让程序员用 C#实现可就没那么容易了，有时候甚至要动用一些在游戏编程中才会用到的技术与知识，这无疑增加了开发的难度与成本。

WPF 的出现可谓是程序员们的福音，因为不但像阴影、发光这种简单效果可以使用一两个属性实现，就连通道、动态模糊这些高级的效果也可以轻松实现。同时，设计师和程序员还可以像为 Photoshop 开发滤镜一样为 WPF 开发效果类库，届时只要把类库引用到项目中就可以使用其中的效果了（微软的官方网站和一些开源网站上已经有很多效果类库可供使用）。

在 UIElement 类的成员中你可以找到 BitmapEffect 和 Effect 这两个属性，这两个属性都能用来为 UI 元素添加效果。你可能会问：为做同一件事准备了两个属性，难道不冲突吗？答案是：的确冲突。WPF 最早的版本里只有 BitmapEffect 这个属性，这个属性使用 CPU 的运算能力为 UI 元素添加效果，这样做的问题是效果一多或者让带有效果的 UI 元素参与动画，程序的性能会因 CPU 资源被大量占用而大幅降低（要么响应变慢，要么刷新或动画变得很卡）。随后的版本中，微软决定转用显卡 GPU 的运算能力为 UI 元素添加效果，于是添加了 Effect 这个属性。这样既减少了对 CPU 的浪费又将应用程序的视觉效果拉平到与游戏程序一个级别。

因为有 Effect 属性代替 BitmapEffect 属性，所以你在 MSDN 文档里可以看到 BitmapEffect 属性被标记为"已过时"，不过在 WPF 4.0 中 BitmapEffect 仍然可以使用，也就是说至少未来两三年里 BitmapEffect 仍然可用。下面让我们浅尝如何使用这两种效果。

12.2.1　简单易用的 BitmapEffect

BitmapEffect 属性定义在 UIElement 类中，它的数据类型是 BitmapEffect 类。BitmapEffect 是一

个抽象类,所以我们只能用它的派生类实例为 UIElement 的 BitmapEffect 属性赋值。BitmapEffect 类的派生类并不多(这也说明 BitmapEffect 能产生的界面效果并不是很丰富),包括如下几个:

- BevelBitmapEffect:斜角效果。
- BitmapEffectGroup:复合效果(可以把多个 BitmapEffect 组合在一起)。
- BlurBitmapEffect:模糊效果。
- DropShadowBitmapEffec:投影效果。
- EmbossBitmapEffect:浮雕效果。
- OuterGlowBitmapEffect:外发光效果。

每个效果都有自己的一系列属性可以调整,比如你可以调整投影效果的投影高度、阴影深度和角度,让用户感觉光是从某个角度投射下来;你也可以调整外发光效果的颜色和延展距离。下面是一个 DropShadowBitmapEffect 的简单例子:

```
<Grid>
    <Button Content="Click Me" Grid.Column="0" Grid.Row="0" Margin="20">
        <Button.BitmapEffect>
            <DropShadowBitmapEffect Direction="-45" Opacity="0.75" ShadowDepth="7" />
        </Button.BitmapEffect>
    </Button>
</Grid>
```

运行效果如图 12-13 所示。

图 12-13　运行效果

对于每个 BitmapEffect 的派生类 MSDN 文档都有相当详细的记述,请大家自行查阅。

12.2.2　丰富多彩的 Effect

绘图软件 Photoshop 能够大获成功的一个重要原因就是它的插件标准是公开的,这样,众多第三方公司和人员就可以为它设计各种各样的插件、极大地丰富它的功能——众人拾柴火焰高。在众多的 Photoshop 插件中,最重要的一类就是滤镜,或者说是图片的效果。比如我想把一张图片制作成老照片的效果,在没有滤镜的情况下,就需要手工调整很多图片属性才能作到,而使用滤镜,则只需把滤镜加载到图片上即可。显然,使用滤镜插件能获得如下好处:

- 提高工作效率。
- 得到更专业的效果。
- 对使用者的技术水平要求相对较低。

WPF 引进了这种"滤镜插件"的思想，其成果就是 UIElement 类的 Effect 属性。Effect 属性的数据类型是 Effect 类，Effect 类是抽象类，也就是说 UIElement 的 Effect 属性可以接收 Effect 类的任何一个派生类的派生类实例作为它的值。Effect 类位于 System.Windows.Media.Effects 名称空间中，它的派生类有 3 个，分别是：

- BlurEffect：模糊效果。
- DropShadowEffect：投影效果。
- ShaderEffect：着色器效果（抽象类）。

你可能会想——强大的 Effect 类其派生类怎么还不如已经废弃的 BitmapEffect 类多呢？答案是这样的：因为模糊和投影效果在编程中用的最多，所以 .NET Framework 内建了这两个效果。这两个效果使用起来非常方便，而且请注意，这两个效果是用 GPU 进行渲染，而不像 BitmapEffect 那样使用 CPU 渲染。ShaderEffect 仍然是个抽象类，它就是留给滤镜插件开发人员的接口。只要你开发出派生自 ShaderEffec 的效果类，别人就可以直接拿来用。

开发着色器效果需要使用 Pixel Shader 语言（简写与 Photoshop 一样，也是 PS）和一些 DirectX 的知识，超出了本书的范围。PS 的最新版本是 3.0，感兴趣的读者可以在微软的官方网站找到它的 SDK 和开发文档。微软 PDC2008 和 PDC2009 的视频中也有一些讲解，http://windowsclient.net/wpf/ 中也可以找到一些资料。

对于大多数 WPF 开发人员来说，我们需要的是现成的效果滤镜，所以官方的滤镜包可以从这里下载：http://wpffx.codeplex.com。解压下载的 zip 文件，可以看到分别为 WPF 和 Silverlight 准备的两套滤镜。进入 WPF 文件夹，ShaderEffectLibrary 文件夹里的项目就是效果库。效果库的使用方法如下。

首先从 http://wpf.codeplex.com/releases/view/14962 下载 Shader Effects BuildTask and Templates.zip，解压 zip 文件后按其中的 Readme 文档进行安装、配置。这是着色器效果的编译/开发环境，没有它，着色器效果项目将不能被编译。如果你想开发自己的效果滤镜，也必须安装这个环境。检验安装是否成功的办法是启动 Visual Studio，查看是否可以新建 WPF Shader Effect Library 项目，如图 12-14 所示。

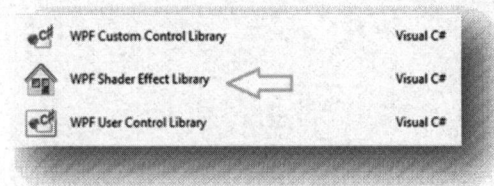

图 12-14 检查安装是否成功

新建一个 WPF 解决方案，把 ShaderEffectLibrary 中的项目添加进来（如图 12-15 所示），并为

WPF 项目添加对 WPFShaderEffectLibrary 项目的引用，你就可以使用效果库里的效果了。

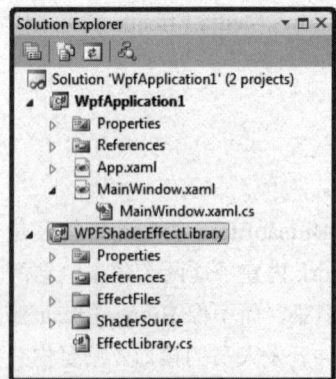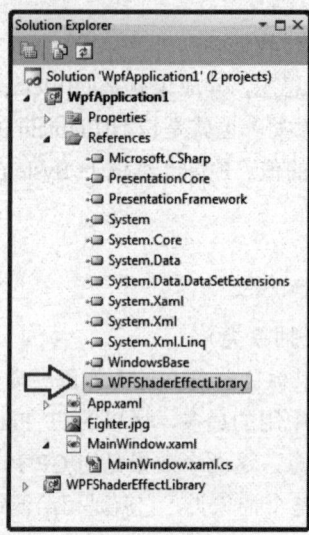

图 12-15　添加 ShaderEffectLibrary 项目

向项目中添加一个图片，并在 XAML 文件中设置其 Effect 属性：

```xml
<Window x:Class="WpfApplication1.MainWindow"
        xmlns="http://schemas.microsoft.com/winfx/2006/xaml/presentation"
        xmlns:x="http://schemas.microsoft.com/winfx/2006/xaml"
        xmlns:selib="clr-namespace:ShaderEffectLibrary;assembly=ShaderEffectLibrary"
        Title="MainWindow" Height="240" Width="520">
    <Grid>
        <!--Layout-->
        <Grid.ColumnDefinitions>
            <ColumnDefinition />
            <ColumnDefinition />
        </Grid.ColumnDefinitions>
        <!--Content-->
        <Image Source="Fighter.jpg" Margin="15" Grid.Column="0">
            <Image.Effect>
                <!--自带效果-->
                <DropShadowEffect BlurRadius="10" Opacity="0.75" />
            </Image.Effect>
        </Image>
        <Image Source="Fighter.jpg" Margin="15" Grid.Column="1">
            <Image.Effect>
                <!--效果库中的效果-->
                <selib:ZoomBlurEffect Center="0.5,0.5" BlurAmount="0.2" />
            </Image.Effect>
```

            </Image>
        </Grid>
    </Window>

运行程序，结果如图 12-16 所示。

图 12-16　运行效果

仅需设置几个属性，层次分明、动感十足的图片效果就出来了！这样的工作既可以由设计师来完成，也可以由程序员来完成。如果对效果不满意，直接在 XAML 文件中修改并保存即可，而不必像以前那样再用 Photoshop 等工具返工。同时，同一张源图片可以加载不同的效果，也不必像以前那样先由设计师制作多个图片再添加进程序，这样，程序的编译结果也会小很多。

12.3　图形的变形

当你看到"变形（Transform）"这个词时，首先会想起什么？拉长、挤扁？放大、缩小？还是……变形金刚？其实，WPF 中的"变形"一词含义很广，尺寸、位置、坐标系比例、旋转角度等的变化都算是变形。

WPF 中的变形与 UI 元素是分开的。举个例子，你可以设计一个"向左旋转 45 度"的变形，然后把这个变形赋值给不同 UI 元素的变形控制属性，这些 UI 元素就都向左旋转 45 度了。这种将元素与变形控制属性分开的设计方案既减少了为 UIElement 类添加过多的属性，又提高了变形类实例的复用性，可谓一举两得。这种设计思路非常符合策略模式中"有一个"比"是一个"更加灵活的思想。

控制变形的属性有两个，分别是：

- RenderTransform：呈现变形，定义在 UIElement 类中。
- LayoutTransform：布局变形，定义在 FrameworkElement 类中。

因为 FrameworkElement 派生自 UIElement，而控件的基类 Control 类又派生自 FrameworkElement，所以在控件级别两个属性你都能看到。这两个属性都是依赖属性，它们的数据类型都是 Transform 抽象类，也就是说，Transform 类的派生类实均可用来为这两个属性赋值。

Transform 抽象类的派生类有如下一些：
- MatrixTransform：矩阵变形，把容纳被变形 UI 元素的矩形顶点看作一个矩阵进行变形。
- RotateTransform：旋转变形，以给定的点为旋转中心，以角度为单位进行旋转变形。
- ScaleTransform：坐标系变形，调整被变形元素的坐标系，可产生缩放效果。
- SkewTransform：拉伸变形，可在横向和纵向上对被变形元素进行拉伸。
- TranslateTransform：偏移变形，使被变形元素在横向或纵向上偏移一个给定的值。
- TransformGroup：变形组，可以把多个独立变形合成为一个变形组、产生复合变形效果。

12.3.1 呈现变形

什么是"呈现变形（Render Transform）"呢？相信大家都知道什么是"海市蜃楼"吧！远远望去，远方的天空中飘浮着一座城市，而实际上那地方没有城市，有的只是沙漠或海洋……海市蜃楼的成因是密度不均的空气使光线产生折射，最终让人眼看到城市的影像呈现在本不应该出现的位置——这就是城市影像的呈现出现了变形。WPF 的 RenderTransform 属性就是要起到这个作用，让 UI 元素呈现出来的属性与它本来的属性不一样！比如，一个按钮本来处在 Canvas 或者 Grid 的左上角，而我可以使用 RenderTransform 属性让其呈现在右下角并且向右旋转 45°。

观察下面这个例子：

```xml
<Grid>
    <Grid.ColumnDefinitions>
        <ColumnDefinition Width="Auto" />
        <ColumnDefinition Width="*" />
    </Grid.ColumnDefinitions>
    <Grid.RowDefinitions>
        <RowDefinition Height="Auto" />
        <RowDefinition Height="*" />
    </Grid.RowDefinitions>
    <Button Width="80" HorizontalAlignment="Left" VerticalAlignment="Top"
        Height="80" Content="Hello">
        <Button.RenderTransform>
            <!--复合变形-->
            <TransformGroup>
                <RotateTransform CenterX="40" CenterY="40" Angle="45" />
                <TranslateTransform X="300" Y="200" />
            </TransformGroup>
        </Button.RenderTransform>
    </Button>
</Grid>
```

在布局 Grid 里，我分划了两行两列，并且第一行的行高、第一列的列宽都由 Button 来决定。同时，我为 Button 的 RenderTransform 设置了一个复合变形，使用 TransformGroup 将一个偏移变形和一个旋转变形组合在一起。偏移变形将 Button 的呈现（而不是 Button 本身）向右移动 300 像素、向下移动 200 像素；旋转变形将 Button 的呈现向右旋转了 45°。在窗体设计器里，我们可以清晰地看到 Button 本身的位置并没有改变（第一行和第一列没有变化），但 Button 却出现在了右下(300,200)的位置，并向右旋转了 45°，如图 12-17 所示。

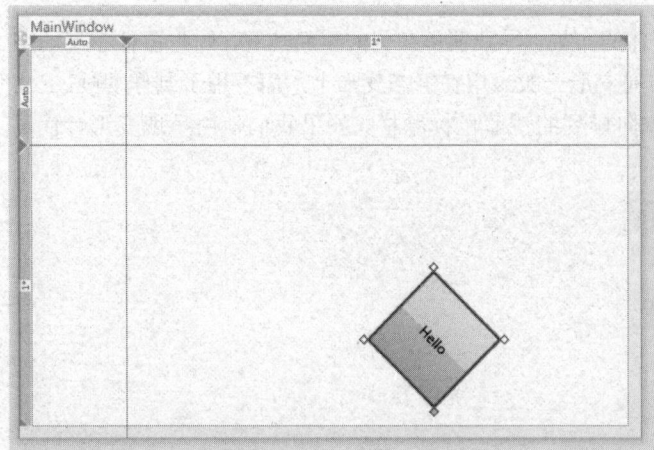

图 12-17　设计器中位置

运行程序，用户看到的结果如图 12-18 所示。

图 12-18　运行效果

用户并不能察觉到究竟是控件本身的位置、角度发生了改变，还是呈现的位置与角度发生了改变。

为什么需要呈现变形呢？答案是：为了效率！在窗体上移动 UI 元素本身会导致窗体布局的改变，而窗体布局的每一个（哪怕是细微的）变化都将导致所有窗体元素的尺寸测算函数、位置测算函数、呈现函数等的调用，造成系统资源占用激增、程序性能陡降。而使用呈现变形则不会遇到这样的问题，呈现变形只改变元素"出现在哪里"，所以不牵扯布局的改变、只涉及窗体的重绘。所以，当你需要制作动画的时候，请切记要使用 RenderTransform。

12.3.2 布局变形

与呈现变形不同，布局变形会影响窗体的布局、导致窗体布局的重新测算。因为窗体布局的重新测算和绘制会影响程序的性能，所以布局变形一般只用在静态变形上，而不用于制作动画。

考虑这样一个需求：制作一个文字纵向排列的浅蓝色标题栏。如果我们使用呈现变形，代码如下：

```xml
<Grid>
    <!--Layout-->
    <Grid.ColumnDefinitions>
        <ColumnDefinition Width="Auto" />
        <ColumnDefinition Width="*" />
    </Grid.ColumnDefinitions>
    <!--Content-->
    <Grid x:Name="titleBar" Background="LightBlue">
        <TextBlock Text="Hello Transformer!" FontSize="24"
                   HorizontalAlignment="Left" VerticalAlignment="Bottom">
            <TextBlock.RenderTransform>
                <RotateTransform Angle="-90" />
            </TextBlock.RenderTransform>
        </TextBlock>
    </Grid>
</Grid>
```

设计器显示效果如图 12-19 所示。

图 12-19　设计器显示效果

尽管我们让显示文字的 TextBox "看起来"旋转了 90°，但 TextBox 本身并没有改变，改变的只是它的显示，所以，它的真实宽度仍然把宽度设为 Auto 的第一列撑得很宽。显然这不是我们希望看到的。

分析需求，我们实际上需要的是静态改变 TextBox 的布局，因此应该使用 LayoutTransform。仅需对上面的代码做一处改动：

```
<Grid>
    <!--Layout-->
    <Grid.ColumnDefinitions>
        <ColumnDefinition Width="Auto" />
        <ColumnDefinition Width="*" />
    </Grid.ColumnDefinitions>
    <!--Content-->
    <Grid x:Name="titleBar" Background="LightBlue">
        <TextBlock Text="Hello Transformer!" FontSize="24"
                HorizontalAlignment="Left" VerticalAlignment="Bottom">
            <TextBlock.LayoutTransform>
                <RotateTransform Angle="-90" />
            </TextBlock.LayoutTransform>
        </TextBlock>
    </Grid>
</Grid>
```

设置器中的效果如图 12-20 所示。

图 12-20　运行效果

12.4 动画

何为动画？动画自然就是"会动的画"。所谓"会动"不光指位置会移动，还包括角度的旋转、颜色的变化、透明度的增减等。细心的读者一定已经发现，动画本质就是在一个时间段内对象位置、角度、颜色、透明度等属性值的连续变化。这些属性中，有些是对象自身的属性，有些则是上一节所学的图形变形的属性。有一点需要注意，WPF 规定，可以用来制作动画的属性必须是依赖属性。

变化即是运动。"没有脱离运动的物体，也没有脱离物体的运动"，唯物主义哲学如是说。WPF 的动画也是一种运动，这种运动的主体就是各种 UI 元素，这种运动本身就是施加在 UI 元素上的一些 Timeline 派生类的实例。在实际工作中，我们要做的事情往往就是先设计好一个动画构思、用一个 Timeline 派生类的实例加以表达，最后让某个 UI 元素来执行这个动画、完成动画与动画主体的结合。

简单的动画由一个元素来完成就可以了，就像一个演员的独角戏，WPF 把简单动画称为 AnimationTimeline。复杂的（即并行的、复合的）动画就需要 UI 上的多个元素协同完成，就像电影中的一段场景。复杂动画的协同包括有哪些 UI 元素参与动画、每个元素的动画行为是什么、动画何时开始何时结束等。WPF 把一组协同的动画也称为 Storyboard。

Timeline、AnimationTimeline 和 Storyboard 的关系如图 12-21 所示。

本节内容分为两部分，先研究如何设计独立的简单动画，再研究如何把简单动画组合在一起形成场景。

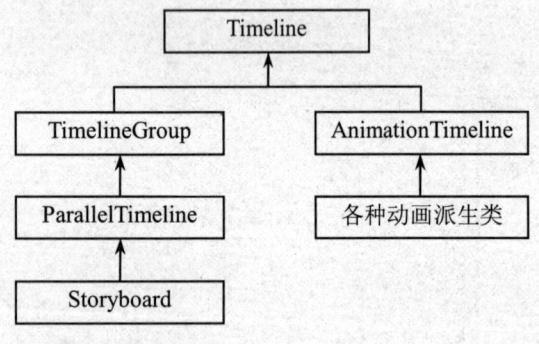

图 12-21　关系图

12.4.1 简单独立动画

前面说过，动画就是"会动的画"，而这个"会动"指的就是能够让 UI 元素或元素变形的某个属性值产生连续变化。任何一个属性都有自己的数据类型，比如 UIElement 的 Width 和 Height 属性为 Double 类型、Window 的 Title 属性为 String 类型。几乎针对每个可能的数据类型，WPF 的动画子系统都为其准备了相应的动画类，这些动画类均派生自 AnimationTimeline。它们包括：

- BooleanAnimationBase
- ByteAnimationBase
- CharAnimationBase
- ColorAnimationBase
- DecimalAnimationBase
- DoubleAnimationBase
- Int16AnimationBase
- Int32AnimationBase
- Int64AnimationBase
- MatrixAnimationBase
- ObjectAnimationBase
- Point3DAnimationBase
- PointAnimationBase
- QuaternionAnimationBase
- RectAnimationBase
- Rotation3DAnimationBase
- SingleAnimationBase
- SizeAnimationBase
- StringAnimationBase
- ThicknessAnimationBase
- Vector3DAnimationBase
- VectorAnimationBase

上面列出的这些类都带有 Base 后缀，说明它们也都是抽象基类。完整的情况下，这些抽象基类又能派生出 3 种具体动画，即简单动画、关键帧动画、沿路径运动的动画。例如 DoubleAnimationBase，它完整地派生出了 3 个具体动画，如图 12-22 所示。

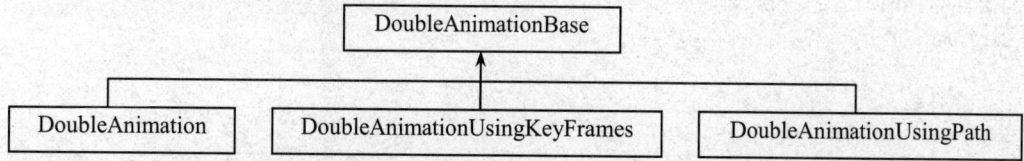

图 12-22 DoubleAnimationBase 派生出的具体动画

而针对于 int 类型属性的 Int32AnimationBase 只派生出 Int32Animation 和 Int32AnimationUsingKeyFrames 两个具体动画类。BooleanAnimationBase 和 CharAnimationBase 的派生类则更少——只有关键帧动画类。

因为在 WPF 动画系统中 Double 类型的属性用得最多，而且 DoubleAnimationBase 的派生类也最完整，所以本节只讲述 DoubleAnimationBase 的派生类。学习完这个类，其他动画类型亦可触类旁通。

1. 简单线性动画

所谓"简单线性动画"就是指仅由变化起点、变化终点、变化幅度、变化时间 4 个要素构成的动画。

- 变化时间（Duration 属性）：必须指定，数据类型为 Duration。
- 变化终点（To 属性）：如果没有指定变化终点，程序将采用上一次动画的终点或默认值。
- 变化幅度（By 属性）：如果同时指定了变化终点，变化幅度将被忽略。
- 变化起点（From 属性）：如果没有指定变化起点则以变化目标属性的当前值为起点。

让我们分析一个简单实例。例子的 XAML 代码如下：

```xml
<Grid>
    <Button Content="Move!" HorizontalAlignment="Left" VerticalAlignment="Top"
        Width="60" Height="60" Click="Button_Click">
        <Button.RenderTransform>
            <TranslateTransform x:Name="tt" X="0" Y="0" />
        </Button.RenderTransform>
    </Button>
</Grid>
```

用户界面上只包含一个 Button，这个 Button 的 RenderTransform 属性值是一个名为 tt 的 TranslateTransform 对象，改变这个对象的 X 和 Y 值就会让 Button 的显示位置（而不是真实位置）变化。Button 的 Click 事件处理器代码如下：

```csharp
private void Button_Click(object sender, RoutedEventArgs e)
{
    DoubleAnimation daX = new DoubleAnimation();
    DoubleAnimation daY = new DoubleAnimation();

    // 指定起点
    daX.From = 0D;
    daY.From = 0D;

    // 指定终点
    Random r = new Random();
    daX.To = r.NextDouble() * 300;
    daY.To = r.NextDouble() * 300;

    // 指定时长
    Duration duration = new Duration(TimeSpan.FromMilliseconds(300));
    daX.Duration = duration;
    daY.Duration = duration;

    // 动画的主体是 TranslateTransform 变形，而非 Button
    this.tt.BeginAnimation(TranslateTransform.XProperty, daX);
    this.tt.BeginAnimation(TranslateTransform.YProperty, daY);
}
```

因为 TranslateTransform 的 X、Y 属性均为 Double 类型，所以我们选用 DoubleAnimation 来使之产生变化。代码中声明了 daX 和 daY 两个 DoubleAnimation 变量并分别为之创建引用实例。接下来的代码依次为它们设置了起始值、终止值、变化时间。最后，调用 BeginAnimation 方法，让 daX 作用在 TranslateTransform 的 XProperty 依赖属性上、让 daY 作用在 TranslateTransform 的 YProperty 依赖属性上。

运行程序，每次单击按钮，按钮都会从起始位置（窗体的左上角）向窗体右下长宽不超出 300

像素的矩形内的某点运动,完成运动的时长是 300 毫秒。效果如图 12-23 所示。

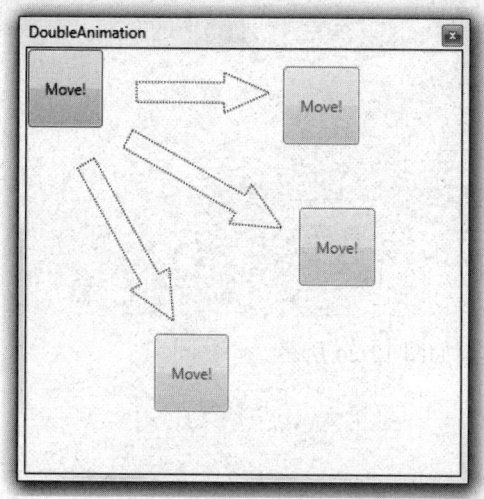
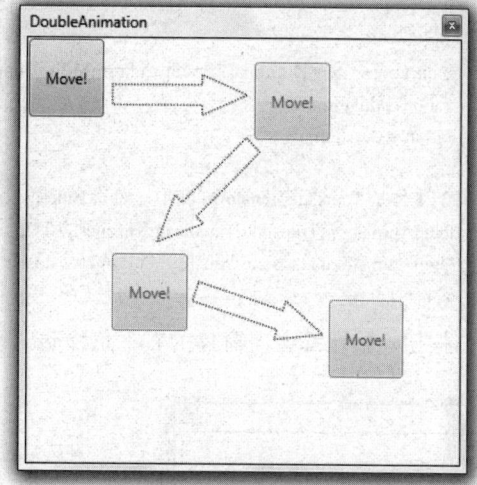

指定起点　　　　　　　　　　　　　不指定起点

图 12-23　运行程序按钮运动效果

> **注意**
>
> 这段代码有以下几处值得注意的地方:
> - 因为指定了 daX 和 daY 的起始值为 0,所以每次按钮都会"跳"回窗体的左上角开始动画。如果想让按钮从当前位置开始下一次动画,只需要把"daX.From = 0D;"和"daY.From = 0D;"两句代码移除即可。
> - 尽管表现出来的是 Button 在移动,但 DoubleAnimation 的作用目标并不是 Button 而是 TranslateTransform 实例,因为 TranslateTransform 实例是 Button 的 RenderTransform 属性值,所以 Button "看上去"是移动了。
> - 前面说过,能用来制作动画的属性必须是依赖属性,TranslateTransform 的 XProperty 和 YProperty 就是两个依赖属性。
> - UIElement 和 Animatable 两个类都定义有 BeginAnimation 这个方法。TranslateTransform 派生自 Animatable 类,所以具有这个方法。这个方法的调用者就是动画要作用的目标对象,两个参数分别指明被作用的依赖属性(TranslateTransform.XProperty 和 TranslateTransform.YProperty)和设计好的动画(daX 和 daY)。可以猜想,如果需要动画改变 Button 的宽度或高度(这两个属性也是 Double 类型),也应该先创建 DoubleAnimation 实例,然后设置起止值和动画时间,最后调用 Button 的 BeginAnimation 方法、使用动画对象影响 Button.WidthProperty 和 Button.HeightProperty。

如果把事件处理器的代码改变成这样:

```
private void Button_Click(object sender, RoutedEventArgs e)
{
    DoubleAnimation daX = new DoubleAnimation();
    DoubleAnimation daY = new DoubleAnimation();

    // 指定幅度
```

```
        daX.By = 100D;
        daY.By = 100D;

        // 指定时长
        Duration duration = new Duration(TimeSpan.FromMilliseconds(300));
        daX.Duration = duration;
        daY.Duration = duration;

        // 动画的主体是 TranslateTransform 变形,而非 Button
        this.tt.BeginAnimation(TranslateTransform.XProperty, daX);
        this.tt.BeginAnimation(TranslateTransform.YProperty, daY);
    }
```

每次单击按扭,按钮都会向窗体的右下角移动。效果如图 12-24 所示。

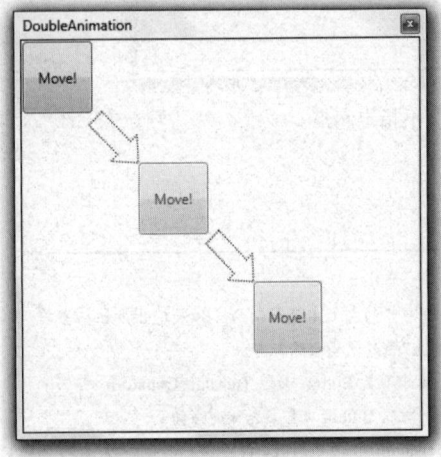

图 12-24 按钮移动效果

2. 高级动画控制

使用 From、To、By、Duration 几个属性进行组合就已经可以制作很多不同效果的动画了,然而 WPF 动画系统提供的控制属性远不止这些。如果想制作更加复杂或逼真的动画,还需要使用以下一些效果。

属性	描述	应用举例
AccelerationRatio	加速速率,介于 0.0 和 1.0 之间,与DecelerationRatio之和不大于 1.0	模拟汽车启动
DecelerationRatio	减速速率,介于 0.0 和 1.0 之间,与AccelerationRatio之和不大于 1.0	模拟汽车刹车
SpeedRatio	动画实际播放速度与正常速度的比值	快进播放、慢动作

续表

属性	描述	应用举例
AutoReverse	是否以相反的动画方式从终止值返回起始值	倒退播放
RepeatBehavior	动画的重复行为，取 0 为不播放，使用 double 类型值可控制循环次数，取 RepeatBehavior.Forever 为永远循环	循环播放
BeginTime	正式开始播放前的等待时间	多个动画之前的协同
EasingFunction	缓冲式渐变	乒乓球弹跳效果

对于这些属性，大家可以自己动手尝试——对它们进行组合往往可以产生很多意想不到的效果。

在这些属性中，EasingFunction 是一个扩展性非常强的属性。它的取值是 IEasingFunction 接口类型，而 WPF 自带的 IEasingFunction 派生类就有十多种，每个派生类都能产生不同的结束效果。比如 BounceEase 可以产生乒乓球弹跳式的效果，我们可以直接拿来使用而不必花精力去亲自创作。

如果把前面例子的代码改成这样：

```
private void Button_Click(object sender, RoutedEventArgs e)
{
    DoubleAnimation daX = new DoubleAnimation();
    DoubleAnimation daY = new DoubleAnimation();

    // 设置反弹
    BounceEase be = new BounceEase();
    be.Bounces = 3; // 弹跳 3 次
    be.Bounciness = 3; // 弹性程度，值越大反弹越低
    daY.EasingFunction = be;

    // 指定终点
    daX.To = 300;
    daY.To = 300;

    // 指定时长
    Duration duration = new Duration(TimeSpan.FromMilliseconds(2000));
    daX.Duration = duration;
    daY.Duration = duration;

    // 动画的主体是 TranslateTransform 变形，而非 Button
    this.tt.BeginAnimation(TranslateTransform.XProperty, daX);
    this.tt.BeginAnimation(TranslateTransform.YProperty, daY);
}
```

运行效果如图 12-25 所示。

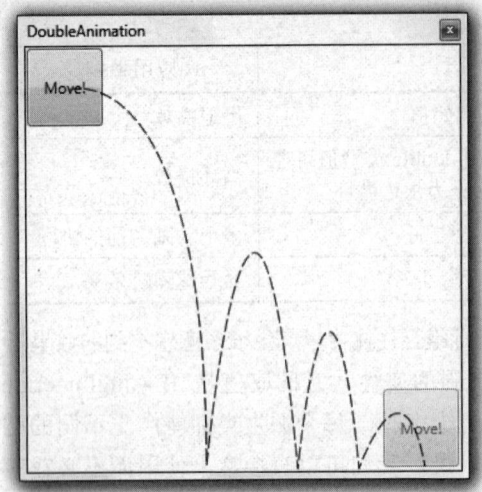

图 12-25 按钮运动曲线

3. 关键帧动画

动画是 UI 元素属性连续改变所产生的视觉效果。属性每次细微的变化都会产生一个新的画面,每个新画面就称为一"帧",帧的连续播放就产生动画效果。如同电影一样,单位时间内播放的帧数越多,动画的效果就越细致。前面讲到的简单动画只设置了起点和终点,之间的动画帧都是由程序计算出来并绘制的,程序员无法进行控制。关键帧动画则允许程序员为一段动画设置几个"里程碑",动画执行到里程碑所在的时间点时,被动画所控制的属性值也必须达到设定的值,这些时间线上的"里程碑"就是关键帧。

思考这样一个需求:我想让一个 Button 在单击后用 900 毫秒的时长从左上角移动到右下角,但移动路线不是直接移动而是走"Z"字形,如图 12-26 所示。

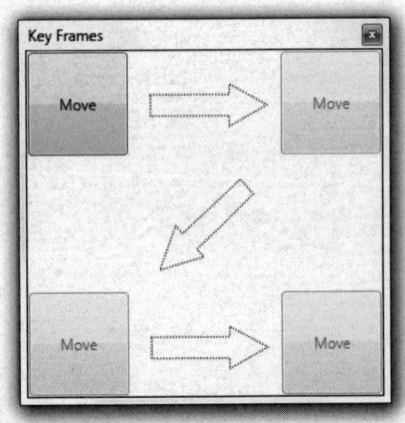

图 12-26 按钮"Z"字形移动路线效果

如果我们不知道有关键帧动画可用而只使用简单动画,那么我们需要创建若干个简单动画分别控制 TranslateTransform 的 X 和 Y,比较棘手的是需要控制这些动画之间的协同。协同策略有两种,一种是靠时间来协同,也就是设置后执行动画的 BeginTime 以等待前面动画执行完毕,另一种是靠事件协同,也就是为先执行的动画添加 Completed 事件处理器,在事件处理器中开始下一段动画。因为是多个动画协同,所以在动画需要改变的时候,代码的改动也会比较大。

使用关键帧动画情况就会大有改观——我们只需要创建两个 DoubleAnimationUsingKeyFrames 实例,一个控制 TranslateTransform 的 X 属性、另一个控制 TranslateTransform 的 Y 属性即可。每个 DoubleAnimationUsingKeyFrames 各拥有三个关键帧用于指明 X 或 Y 在三个时间点(两个拐点和终点)应该达到什么样的值。

程序的 XAML 代码如下:

```xml
<Grid>
    <Button Content="Move" VerticalAlignment="Top" HorizontalAlignment="Left"
            Width="80" Height="80" Click="Button_Click">
        <Button.RenderTransform>
            <TranslateTransform x:Name="tt" X="0" Y="0" />
        </Button.RenderTransform>
    </Button>
</Grid>
```

Button 的 Click 事件处理器代码如下:

```csharp
private void Button_Click(object sender, RoutedEventArgs e)
{
    DoubleAnimationUsingKeyFrames dakX = new DoubleAnimationUsingKeyFrames();
    DoubleAnimationUsingKeyFrames dakY = new DoubleAnimationUsingKeyFrames();

    // 设置动画总时长
    dakX.Duration = new Duration(TimeSpan.FromMilliseconds(900));
    dakY.Duration = new Duration(TimeSpan.FromMilliseconds(900));

    // 创建、添加关键帧
    LinearDoubleKeyFrame x_kf_1 = new LinearDoubleKeyFrame();
    LinearDoubleKeyFrame x_kf_2 = new LinearDoubleKeyFrame();
    LinearDoubleKeyFrame x_kf_3 = new LinearDoubleKeyFrame();

    x_kf_1.KeyTime = KeyTime.FromTimeSpan(TimeSpan.FromMilliseconds(300));
    x_kf_1.Value = 200;
    x_kf_2.KeyTime = KeyTime.FromTimeSpan(TimeSpan.FromMilliseconds(600));
    x_kf_2.Value = 0;
    x_kf_3.KeyTime = KeyTime.FromTimeSpan(TimeSpan.FromMilliseconds(900));
    x_kf_3.Value = 200;
```

```
                dakX.KeyFrames.Add(x_kf_1);
                dakX.KeyFrames.Add(x_kf_2);
                dakX.KeyFrames.Add(x_kf_3);

                LinearDoubleKeyFrame y_kf_1 = new LinearDoubleKeyFrame();
                LinearDoubleKeyFrame y_kf_2 = new LinearDoubleKeyFrame();
                LinearDoubleKeyFrame y_kf_3 = new LinearDoubleKeyFrame();

                y_kf_1.KeyTime = KeyTime.FromTimeSpan(TimeSpan.FromMilliseconds(300));
                y_kf_1.Value = 0;
                y_kf_2.KeyTime = KeyTime.FromTimeSpan(TimeSpan.FromMilliseconds(600));
                y_kf_2.Value = 180;
                y_kf_3.KeyTime = KeyTime.FromTimeSpan(TimeSpan.FromMilliseconds(900));
                y_kf_3.Value = 180;

                dakY.KeyFrames.Add(y_kf_1);
                dakY.KeyFrames.Add(y_kf_2);
                dakY.KeyFrames.Add(y_kf_3);

                // 执行动画
                this.tt.BeginAnimation(TranslateTransform.XProperty, dakX);
                this.tt.BeginAnimation(TranslateTransform.YProperty, dakY);
            }
```

在这组关键帧动画中，我们使用的是最简单的关键帧 LinearDoubleKeyFrame，这种关键帧的特点就是只需你给定时间点（KeyTime 属性）和到达时间点时目标属性的值（Value 属性）动画就会让目标属性值在两个关键帧之间匀速变化。比如这两句代码：

```
                x_kf_1.KeyTime = KeyTime.FromTimeSpan(TimeSpan.FromMilliseconds(300));
                x_kf_1.Value = 200;
                x_kf_2.KeyTime = KeyTime.FromTimeSpan(TimeSpan.FromMilliseconds(600));
                x_kf_2.Value = 0;
```

x_kf_1 关键帧处在时间线 300 毫秒处，目标属性值在这一时刻必须达到 200（是什么属性这时并不知道，但要求这个属性值到这个时间一定达到 200），类似，x_kf_2 在时间线上的位置是 600 毫秒处，目标属性的值为 0。当动画开始执行后，程序会自动计算出目标属性在这两个关键帧之间的匀速变化。

前面的代码中，为关键帧的 KeyTime 属性使用了 KeyTime.FromTimeSpan 静态方法，这样可以得到一个绝对时间点。使用 KeyTime.FromPercent 静态方法则可以获得以百分比计算的相对时间点，程序将整个关键帧动画的时长（Duration）视为 100%。我们可以把前面的代码更改为这样：

```
                // ...
                x_kf_1.KeyTime = KeyTime.FromPercent(0.33);
```

```
x_kf_1.Value = 200;
x_kf_2.KeyTime = KeyTime.FromPercent(0.66);
x_kf_2.Value = 0;
x_kf_3.KeyTime = KeyTime.FromPercent(1.0);
x_kf_3.Value = 200;
// ...
```

之后无论你把 dakX 的 Duration 改为多少,三个关键帧都会将整个动画分割为均等的三段。

4. 特殊的关键帧

DoubleAnimationUsingKeyFrames 的 KeyFrames 属性的数据类型是 DoubleKeyFrameCollection,此集合类可接收的元素类型为 DoubleKeyFrame。DoubleKeyFrame 是一个抽象类,前面使用的 LinearDoubleKeyFrame 就是它的派生类之一。DoubleKeyFrame 的所有派生类如下:

- LinearDoubleKeyFrame:线性变化关键帧,目标属性值的变化是直线性的、均匀的,即变化速率不变。
- DiscreteDoubleKeyFrame:不连续变化关键帧,目标属性值的变化是跳跃性的、跃迁的。
- SplineDoubleKeyFrame:样条函数式变化关键帧,目标属性值的变化速率是一条贝塞尔曲线。
- EasingDoubleKeyFrame:缓冲式变化关键帧,目标属性值以某种缓冲形式变化。

4 个派生类中最常用的是 SplineDoubleKeyFrame(SplineDoubleKeyFrame 可以替代 LinearDoubleKeyFrame)。使用 SplineDoubleKeyFrame 可以非常方便地制作非匀速动画,因为它使用一条贝塞尔曲线来控制目标属性值的变化速率。这条用于控制变化速率的贝塞尔曲线的起点是 (0,0) 和 (1,1),分别映射着目标属性的变化起点和变化终点,意思是目标属性值由 0% 变化到 100%。这条贝塞尔曲线有两个控制点——ControlPoint1 和 ControlPoint2,意思是贝塞尔曲线从起点出发先向 ControlPoint1 的方向前进、再向 ControlPoint2 的方向前进、最后到达终点,形成一条平滑的曲线。如果设置 ControlPoint1 和 ControlPoint2 的横纵坐标值相等,比如 (0,0)、(0.5,0.5)、(1,1),则贝塞尔曲线成为一条直线,这时候 SplineDoubleKeyFrame 与 LinearDoubleKeyFrame 是等价的。当控制点的横纵坐标不相等时,贝塞尔曲线就能出现很多变化。如图 12-27 所示下面这些图是贝塞尔曲线控制点处在典型位置时形成的速率曲线,x1、y1 是 ControlPoint1 的横纵坐标,x2、y2 是 ControlPoint2 的横纵坐标:

下面是 SplineDoubleKeyFrame 关键帧的一个实例。程序的 XAML 代码如下:

```xml
<Grid>
    <Button Content="Move" VerticalAlignment="Top" HorizontalAlignment="Left"
            Width="80" Height="80" Click="Button_Click">
        <Button.RenderTransform>
            <TranslateTransform x:Name="tt" X="0" Y="0" />
        </Button.RenderTransform>
    </Button>
</Grid>
```

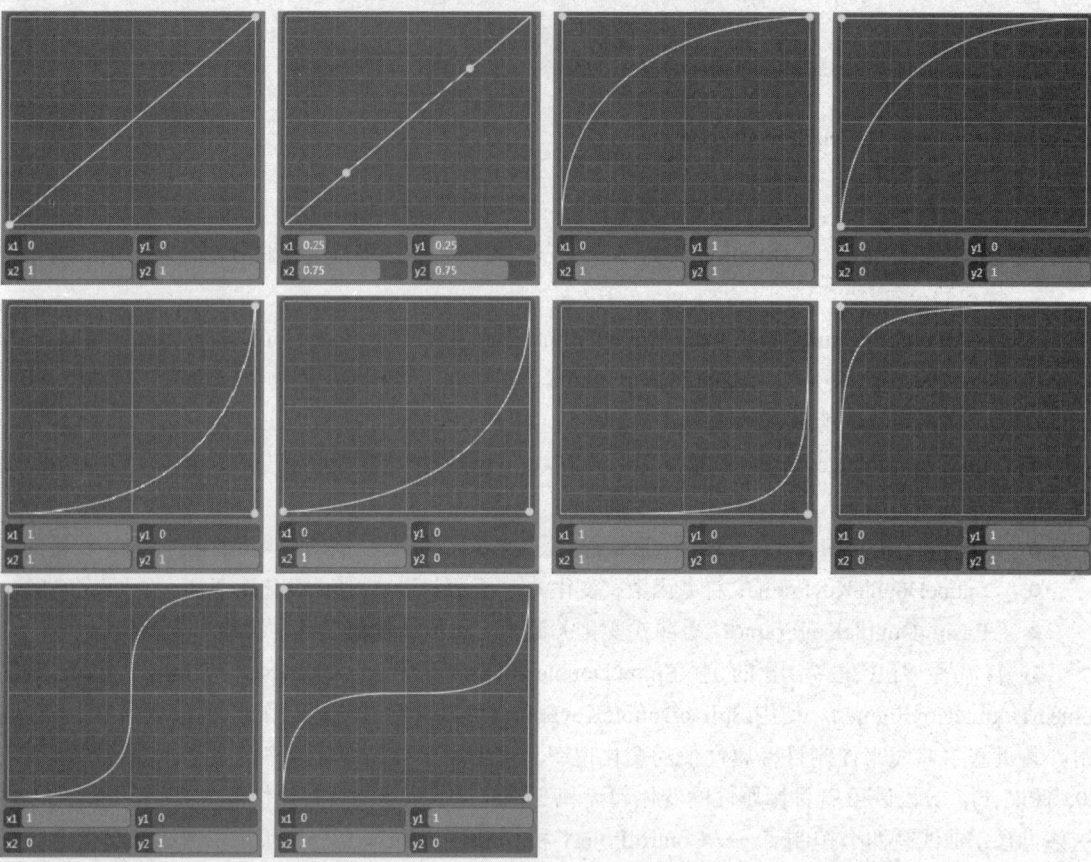

图 12-27 速率曲线

Button 的 Click 事件处理器代码如下：

```
private void Button_Click(object sender, RoutedEventArgs e)
{
    // 创建动画
    DoubleAnimationUsingKeyFrames dakX = new DoubleAnimationUsingKeyFrames();
    dakX.Duration = new Duration(TimeSpan.FromMilliseconds(1000));

    // 创建、添加关键帧
    SplineDoubleKeyFrame kf = new SplineDoubleKeyFrame();
    kf.KeyTime = KeyTime.FromPercent(1);
    kf.Value = 400;
    KeySpline ks = new KeySpline();
    ks.ControlPoint1 = new Point(0, 1);
    ks.ControlPoint2 = new Point(1, 0);
    kf.KeySpline = ks;
    dakX.KeyFrames.Add(kf);
```

```
// 执行动画
this.tt.BeginAnimation(TranslateTransform.XProperty, dakX);
}
```

关键帧动画会控制 Button 的位置变形、让 Button 横向移动。整个动画只有一个关键帧，这个关键帧使用的是 SplineDoubleKeyFrame，变化速率控制曲线的两个控制点分别是(0,1)和(1,0)，与图 12-17 中的最后一幅一致，因此，目标属性值会以"快→慢→快"的形式变化。程序的执行效果如图 12-28 所示。

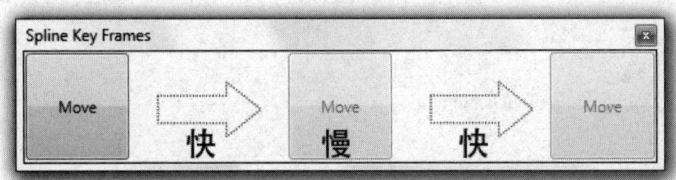

图 12-28　程序执行效果

5．路径动画

如何让目标对象沿着一条给定的路径移动呢？答案是使用 DoubleAnimationUsingPath 类。DoubleAnimationUsingPath 需要一个 PathGeometry 来指明移动路径，PathGeometry 的数据信息可以用 XAML 的 Path 语法书写（详见前面章节）。PathGeometry 的另一个重要属性是 Source，Source 属性的数据类型是 PathAnimationSource 枚举，枚举值可取 X、Y 或 Angle。如果路径动画 Source 属性的取值是 PathAnimationSource.X，意味着这个动画关注的是曲线上每一点横坐标的变化；如果路径动画 Source 属性的取值是 PathAnimationSource.Y，意味着这个动画关注的是曲线上每一点纵坐标的变化；如果路径动画 Source 属性的取值是 PathAnimationSource.Angle，意味着这个动画关注的是曲线上每一点处切线方向的变化。

下面这个示例是让一个 Button 沿着一条贝塞尔曲线做波浪形运动。程序的 XAML 代码如下：

```
<Grid x:Name="LayoutRoot">
    <Grid.Resources>
        <!--移动路径-->
        <PathGeometry x:Key="movingPath" Figures="M 0,150 C300,-100 300,400 600,120" />
    </Grid.Resources>
    <Button Content="Move" HorizontalAlignment="Left" VerticalAlignment="Top"
        Width="80" Height="80" Click="Button_Click">
        <Button.RenderTransform>
            <TranslateTransform x:Name="tt" X="0" Y="0" />
        </Button.RenderTransform>
    </Button>
</Grid>
```

Button 的 Click 事件处理器代码如下：

```
private void Button_Click(object sender, RoutedEventArgs e)
{
    // 从 XAML 代码中获取移动路径数据
    PathGeometry pg = this.LayoutRoot.FindResource("movingPath") as PathGeometry;
    Duration duration = new Duration(TimeSpan.FromMilliseconds(600));

    // 创建动画
    DoubleAnimationUsingPath dapX = new DoubleAnimationUsingPath();
    dapX.PathGeometry = pg;
    dapX.Source = PathAnimationSource.X;
    dapX.Duration = duration;

    DoubleAnimationUsingPath dapY = new DoubleAnimationUsingPath();
    dapY.PathGeometry = pg;
    dapY.Source = PathAnimationSource.Y;
    dapY.Duration = duration;

    // 执行动画
    this.tt.BeginAnimation(TranslateTransform.XProperty, dapX);
    this.tt.BeginAnimation(TranslateTransform.YProperty, dapY);
}
```

感兴趣的话，还可以为动画添加自动返回和循环控制的代码：

```
// 自动返回、永远循环
dapX.AutoReverse = true;
dapX.RepeatBehavior = RepeatBehavior.Forever;
dapY.AutoReverse = true;
dapY.RepeatBehavior = RepeatBehavior.Forever;
```

程序的运行效果如图 12-29 所示。

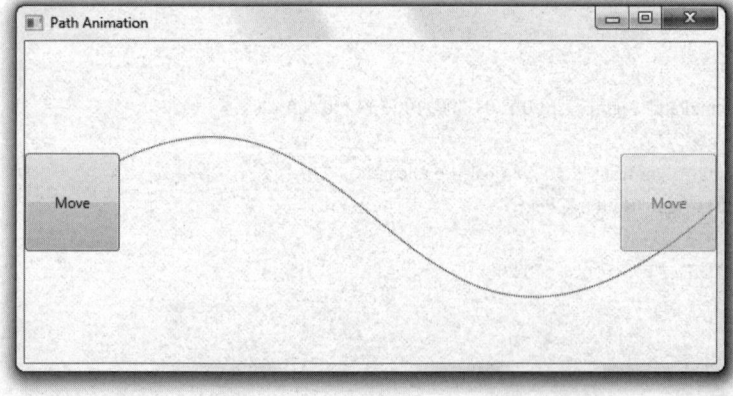

图 12-29　运行效果

12.4.2 场景

场景（Storyboard）就是并行执行的一组动画（前面讲述的关键帧动画则是串行执行的一组动画）。

如果你是一位导演，当你对照剧本构思一个场景的时候脑子里想的一定是应该有多少演员参与这个场景、他们都是什么演员、主角/配角/群众演员分别什么时候出场、每个演员应该说什么做什么……演员具体用谁，由场景的需要来决定。到开机的时候，一声令下，所有演员就会按照预先分配好的脚本进行表演，一个影视片段就算录成了。

设计 WPF 的场景时情况也差不多，先是把一组独立的动画组织在一个 Storyboard 元素中、安排好它们的协作关系，然后指定哪个动画由哪个 UI 元素、哪个属性负责完成。Storyboard 设计好后，你可以为它选择一个恰当的触发时机，比如按钮按下时或下载开始时。一旦触发条件被满足，动画场景就会开始执行，用户就会看到动画效果。

下面是一个 Storyboard 的例子。程序的 XAML 代码如下：

```xml
<Grid Margin="6">
    <!--布局控制-->
    <Grid.RowDefinitions>
        <RowDefinition Height="38" />
        <RowDefinition Height="38" />
        <RowDefinition Height="38" />
    </Grid.RowDefinitions>
    <Grid.ColumnDefinitions>
        <ColumnDefinition />
        <ColumnDefinition Width="60" />
    </Grid.ColumnDefinitions>
    <!--跑道（红）-->
    <Border BorderBrush="Gray" BorderThickness="1" Grid.Row="0">
        <Ellipse x:Name="ballR" Height="36" Width="36" Fill="Red"
             HorizontalAlignment="Left">
            <Ellipse.RenderTransform>
                <TranslateTransform x:Name="ttR" />
            </Ellipse.RenderTransform>
        </Ellipse>
    </Border>
    <!--跑道（绿）-->
    <Border BorderBrush="Gray" BorderThickness="1,0,1,1" Grid.Row="1">
        <Ellipse x:Name="ballG" Height="36" Width="36" Fill="LawnGreen"
             HorizontalAlignment="Left">
            <Ellipse.RenderTransform>
                <TranslateTransform x:Name="ttG" />
            </Ellipse.RenderTransform>
        </Ellipse>
```

```xml
        </Border>
        <!--跑道（蓝）-->
        <Border BorderBrush="Gray" BorderThickness="1,0,1,1" Grid.Row="2">
            <Ellipse x:Name="ballB" Height="36" Width="36" Fill="Blue"
                    HorizontalAlignment="Left">
                <Ellipse.RenderTransform>
                    <TranslateTransform x:Name="ttB" />
                </Ellipse.RenderTransform>
            </Ellipse>
        </Border>
        <!--按钮-->
        <Button Content="Go!" Grid.Column="1" Grid.RowSpan="3" Click="Button_Click" />
</Grid>
```

程序的 UI 如图 12-30 所示。单击按钮后，三个小球分别在不同的时间开始向右以不同的速度移动。

图 12-30　程序的 UI

Button 的 Click 事件处理器代码如下：

```csharp
private void Button_Click(object sender, RoutedEventArgs e)
{

    Duration duration = new Duration(TimeSpan.FromMilliseconds(600));

    // 红色小球匀速移动
    DoubleAnimation daRx = new DoubleAnimation();
    daRx.Duration = duration;
    daRx.To = 400;

    // 绿色小球变速运动
    DoubleAnimationUsingKeyFrames dakGx = new DoubleAnimationUsingKeyFrames();
    dakGx.Duration = duration;
    SplineDoubleKeyFrame kfG = new SplineDoubleKeyFrame(400, KeyTime.FromPercent(1.0));
    kfG.KeySpline = new KeySpline(1, 0, 0, 1);
    dakGx.KeyFrames.Add(kfG);

    // 蓝色小球变速运动
```

```csharp
DoubleAnimationUsingKeyFrames dakBx = new DoubleAnimationUsingKeyFrames();
dakBx.Duration = duration;
SplineDoubleKeyFrame kfB = new SplineDoubleKeyFrame(400, KeyTime.FromPercent(1.0));
kfB.KeySpline = new KeySpline(0, 1, 1, 0);
dakBx.KeyFrames.Add(kfB);

// 创建场景
Storyboard storyboard = new Storyboard();

Storyboard.SetTargetName(daRx, "ttR");
Storyboard.SetTargetProperty(daRx, new PropertyPath(TranslateTransform.XProperty));

Storyboard.SetTargetName(dakGx, "ttG");
Storyboard.SetTargetProperty(dakGx, new PropertyPath(TranslateTransform.XProperty));

Storyboard.SetTargetName(dakBx, "ttB");
Storyboard.SetTargetProperty(dakBx, new PropertyPath(TranslateTransform.XProperty));

storyboard.Duration = duration;
storyboard.Children.Add(daRx);
storyboard.Children.Add(dakGx);
storyboard.Children.Add(dakBx);

storyboard.Begin(this);
storyboard.Completed += (a, b) => { MessageBox.Show(ttR.X.ToString()); };
}
```

毋庸置疑，使用 C#代码实现 Storyboard 非常复杂，除了拿来做研究或遇到非得使用 C#动态创建 Storyboard 的情况，不然我们都是用 XAML 代码创建 Storyboard。Storyboard 一般都放在 UI 元素的 Trigger 里，Trigger 在触发时会执行<BeginStoryboard>标签中的 Storyboard 实例：

```xml
<Button Content="Go!" Grid.Column="1" Grid.RowSpan="3">
    <Button.Triggers>
        <EventTrigger RoutedEvent="Button.Click">
            <BeginStoryboard>
                <Storyboard Duration="0:0:0.6">
                    <!--红色小球动画-->
                    <DoubleAnimation Duration="0:0:0.6" To="400"
                        Storyboard.TargetName="ttR"
                        Storyboard.TargetProperty="X" />
                    <!--绿色小球动画-->
                    <DoubleAnimationUsingKeyFrames Duration="0:0:0.6"
                        Storyboard.TargetName="ttG"
                        Storyboard.TargetProperty="X">
                        <SplineDoubleKeyFrame KeyTime="0:0:0.6" Value="400"
                            KeySpline="1,0,0,1" />
```

```xml
        </DoubleAnimationUsingKeyFrames>
        <!--红蓝小球动画-->
        <DoubleAnimationUsingKeyFrames Duration="0:0:0.6"
              Storyboard.TargetName="ttB"
              Storyboard.TargetProperty="X">
            <SplineDoubleKeyFrame KeyTime="0:0:0.6" Value="400"
                  KeySpline="0,1,1,0" />
        </DoubleAnimationUsingKeyFrames>
      </Storyboard>
    </BeginStoryboard>
  </EventTrigger>
 </Button.Triggers>
</Button>
```

除了为 Button 添加了 Trigger 并去掉对 Click 事件的订阅之外，XAML 代码其他的部分不做任何改动。可以看到，使用 XAML 代码编写 Storyboard 动画比用 C#代码简洁得多——Blend 生成的 Storyboard 代码与之非常类似。

呈现一种掌握 WPF 的轻松方式

分享一个微软技术粉丝的治学精神！

谨以此书

献给亲爱的父母，您们的儿子自立了
献给未来的妻子，这家伙正在向一个好丈夫的方向努力
献给未来的孩子们，我爱你们！